杭州市社科规划办公室资助项目
杭州师范大学研究生优质课程建设项目
杭州师范大学出版专项经费资助项目

HANZIXUE DE XINFANGXIANG

汉字学的新方向

■ 陆忠发 著

ZHEJIANG UNIVERSITY PRESS
浙江大学出版社

图书在版编目（CIP）数据

汉字学的新方向／陆忠发著．—杭州：浙江大学出版社，2009.10

ISBN 978-7-308-07095-9

Ⅰ．汉… Ⅱ．陆… Ⅲ．汉字—文字学—研究 Ⅳ．H12

中国版本图书馆 CIP 数据核字（2009）第 176800 号

汉字学的新方向　　陆忠发 著

责任编辑　张道勤
封面设计　刘依群
出版发行　浙江大学出版社
（杭州天目山路 148 号 邮政编码 310028）
（网址：http://www.zjupress.com）
排　　版　杭州求是图文制作有限公司
印　　刷　杭州浙大同力教育彩印有限公司
开　　本　710mm×960mm　1/16
印　　张　17.75
字　　数　265 千字
版 印 次　2009 年 10 月第 1 版　2009 年 10 月第 1 次印刷
书　　号　ISBN 978-7-308-07095-9
定　　价　36.00 元

浙江大学出版社发行部邮购电话　（0571）88925591

序

科学研究，由实践升华理论，以理论导引实践，赓续推进，渐臻佳境。文字学作为一门科学，以文字为特定之研究对象，也正是如此取得长足进展的。

我国早在东汉之初，许慎撰著《说文解字》，即标志着科学的文字学之发轫。许氏将实践与理论相结合，对古籀篆文系统进行探究，具体地辨明了形义关系，深入地表述了结构规律，全面地揭示了类属系列。体察许君的研究活动，不难看出，理论认识启示实践活动，实践成果丰富理论内涵，乃是贯串于整个研究过程的。

近世西学东渐之新兴文字学的形成，亦为实践与理论相结合之产物。

回顾科学发展历程，当研究进入一定阶段，其探求新知，而有所创获，尚须确认为定论；或歧见杂出，而异说纷争，亟待趋向于共识。是时则有必要由实践到理论，综观学术状况，从横向、纵向进行比照衡估，作出评议，判断高下，鉴定优劣，适当抉择。

陆忠发博士撰著《汉字学的新方向》，即试图鸟瞰中国文字学的研究动态而进行评论。著者认为，“研究‘汉字如何用一定的形体来表达意义’的理论问题”“是一个带根本性的问题”。其所以如此，“是因为许多问题的研究都以它为基础，古文字考释离不开这些相关的理论指导；对汉字进行字素分析、说解字素与字素之间的意义关系①，对汉字形体中包含的历史文化信息的把握，对汉字进行结构类型分类，都应该在已经知道这个汉字如何用一定的形体来表达意义的前提下进行”。故此，著者“主张中国文字学研究的中心应该转移到研究‘汉字如何用一定的形体来表达意义’的理论问题上来”（陆忠发《汉字学的新方向》“前言”）。

人所共知，语词为音义之结合物。文字标志语词，即以一定之字“形”，表示一定之词“义”，标示一定之语“音”，从而“形”、“音”、“义”便成为文字不可或缺之成素。职是之故，研究文字，也就自然涉及“形”、“音”、“义”。独特的标志汉语之文字，属于表意体系，别于拼音符号，其构制原理是“以形示义”。对这样的文字进行研究，则尤须瞩目于“形”与“义”之密切关系。许慎《说文解字》之说解文字以“形”与“义”相验证，即为效仿之典范。若离其道而行之，只顾及“形”，而撇开“义”，亦无视“音”，如此作法，显然是失当的。

陆忠发博士基于这一认识，在著述中，围绕汉字“以形示义”之中心命题，胪列了历来出现的相关之主要学说，分别剖析，相与参验，作出评判，或肯定，或否定，或存疑，表述了自己的看法。其所作之评断，也许未尽得宜，而言中肯綮者，或可供参酌者，则是可取的。

陆君专修文字训诂之学有年，于古今著述有所涉猎。20世纪90年代中，就学于杭州大学中文系，师从祝鸿熹教授，攻读博士学位。1997年季春，完成博士学位论文《汉字文化学研究导论》。临答辩前，我应祝鸿熹教授与杭州大学研究生院之约，审评其文，初知其人。翌年孟夏，我应邀前往西子湖畔出席杭州大学举办的古汉语与古文献国际研讨会，并应召参与主持博士学位论文答辩会，此时，陆君来见，始得谋面。尔后，曾有书信往还。他发表了论著，也曾寄赠与我。由此，我对陆君之为学，也就逐渐有所了解。他攻读博士学位时，受祝鸿熹教授之指导，得黄金贵教授之点拨，扎下研习之根柢，步入求索之路径。他踏上工作

---

① 王宁先生的形位说与字素说相当，王先生书后出，本书就不专门介绍了。

岗位后，勤学不怠，积极进取，时有心得。在文字学界，陆忠发跻身于新生代，堪谓奋勉自励者。他的形象，给我留下了印象。

陆君撰写这样一部书稿，是意欲适应学术需要。我国的文字学，理论建树欲求佳绩，则切盼学界诸同仁属意于此，而尤望中青年学者致力于斯，深入钻研，彼此切磋，开展争鸣，共同探讨，以活跃学术气氛，而促进学术发展。由是观之，陆君之著此书，是具有学术意义的。

陆君著述杀青之日，电传书稿，函索序文。我耽于琐务之余，抽暇略作浏览。窃以为，是书之作，表明著者之治学意向，阐发了一些个人见解，有可取者，有可议者，难免有学者持异辞，亦不失为一己之见。即以陆意之与鄙意而言，有相合者 ，有相左者，而各持其说，亦学术之正常现象。我国的文字学源远流长，有关文献浩如烟海，即就近世论著观之，亦汗牛充栋，陆君视力所及，或有阙如，亦在所难免。而陆君向学之前行不辍，其志可嘉，余是以应承为之序。

向光忠

2009 年 5 月于南开园

前　言

《说文解字》以六书理论分析汉字的构字部件，说解汉字的本义，为后人留下了极为宝贵的财富。但是，《说文解字》对汉字结构和意义的说解过于简单，仅仅凭借“从某某”、“从某从某”这类的说解，并不能说明为什么“从某某”、“从某从某”就可以表达某个意义，更不能说明要表达某个意义，为什么一定要“从某某”或者“从某从某”。因此，六书理论不足以指导人们理解汉字的结构和意义。中国文字学研究还缺乏对一个带根本性的问题的深入探索，即研究“汉字如何用一定的形体来表达意义”的理论问题。当然，这项研究，过去也不是完全空白，许多先生在进行古文字考释的时候都自觉不自觉地涉及了这个问题，如李孝定先生分析“逆”字说：“逆训迎，其字必从辵从屰会意（屰亦声）。从屰象人自外至，从止则象迎之者。故必待辵屰相合，其义乃显。” 这样从表意方法的角度所作的分析真的十分精彩。

研究“汉字如何用一定的形体来表达意义”的理论问题之所以是一个带根本性的问题，是因为许多问题的研究都以它为基础，古文字考释离不开这些相关的理论指导；对汉字进行字素分析、说解字素与字素之间的意义关系，对汉字形体中包含的历史文化信息的把握，对汉字进行结构类型分类，都应该在已经知道这个汉字如何用一定的形体来表达意义的前提下进行。因此，我主张中国文字学研究的中心应该转移到研究“汉字如何用一定的形体来表达意义”的形义理论问题上来。

现在，我们应该转变汉字学研究方向，拓展出若干新的研究领域，使中国文字学研究可以更深入地发展下去。我的这本书提出了我多年思考形成的学术主张。我希望学界同仁能够认同我的思路，通过分析判断，找到适合自己的研究方向，进而共同为中国文字学美好的明天奉献自己的智慧。

陆忠发

2009 年 2 月

附　言：

古文同音通假，“象”“像”二字的使用殊无严格界定。为行文方便，凡今语习惯用“像”字处，本书均改用“象”字。谨此说明。

2009 年 10 月

目　录

第一章　中国文字学若干领域研究回顾

第一节　六书研究

中国文字学研究领域众多，许多研究领域，如字的形、音、义关系研究，字义引申发展研究，俗字研究，古文字研究，《说文》学研究，古汉字与民族古文字对比研究，汉字学史研究，……都应继续推进。但有些领域的研究存在重大失误或需要新的理论指导，这一章主要谈谈这些问题。

1900 多年来，汉字结构的理论研究一直是对六书理论的探讨。不过，六书研究尚有几个重要问题仍在争论之中：一、六书的实质是什么？二、六书之间的界线怎样划分？

下面，我简单地阐述一下我的观点。

一、六书的实质——“四体二用”说

许慎《说文解字》以六书分析汉字结构。何谓六书？许慎在《说文解字叙》中对六书下了定义并举了例字，他说：“一曰指事，指事者，视而可识，察而见义，上下是也；二曰象形，象形者，画成其物，随体诘诎，日月是也；三曰形声，形声者，以事为名，取譬相成，江河是也；四曰会意，会意者，比类合谊，以见指㧑，武信是也；五曰转注，转注者，建类一

首，同意相受，考老是也；六曰假借，假借者，本无其字，依声托事，令长是也。”由于许慎的定义过分地讲究形式，举例也只有两个字，没有把六书的涵义真正讲清楚。因此，历代学者对六书的涵义争议颇大。戴震曾“考自汉已来，迄于近代，各存其说，驳别得失，为《六书论》三卷”，惜其书不传。段玉裁《戴东原先生年谱》谓此书为“论百家六书者”。好在戴震又在《答江慎修先生论小学书》中专辨历来论转注者之谬，进而提出了他的六书四体二用之说。戴震认为造字之法只有象形、指事、会意、形声四种，而转注、假借二者乃是用字之法。戴震说：“大致造字之始，无所凭依。宇宙间，事与形两大端而已。指其事之实曰指事，一、二、上、下是也；象其形之大体曰象形，日、月、水、火是也。文字既立，则声寄于字，而字有可调之声，意寄于字，而字有可通之意，是又文字之两大端也。因而博衍之，取乎声谐曰谐声，声不谐而会合其意曰会意。四书者，字之体止此矣。由是之于用：数字共一用者，如初、哉、首、基之皆为始，卬、吾、台、予之皆为我，其义转相为注曰转注；一字具数用者，依于义以引申，依于声而旁寄，假此以施于彼，曰假借。所以用文字者，斯两大端也。”戴震“四体二用”说的价值，在于划清了造字之法与用字之法的界限，使一千多年来争论不休的六书性质问题得以澄清。“江慎修先生得其书，谓众说纷纭，得此论定，诚无以易。”① 于省吾先生说得好：“清代学者之论六书，以象形、指事、会意、形声为四体，以转注、假借为二用。凡文字之音近或音同者均可互借，凡文字之义同者均可互注，必如是才能充分发挥二用的效能。”②

从是否直接创造字的形体这一点来说，假借确实应归为用字之法。但有些学者主张从语言学的“字”是形音义的结合体这点上说，假借又属于造字法。认为假借是借形造字，虽然它没有直接造出新的汉字字形，但口语中的音义结合体确实有了字形上的体现，音义统一的字由于假借的运用大量地增加。因而假借又属于造字法，实际上即所谓的“造词法”。综合这部分学者的意见，假借造字具体可有以下几种情况：

① 段玉裁《戴东原先生年谱》语。见《戴震集》，上海古籍出版社 1980 年版。

② 于省吾《从古文字学方面来评判清代文字声韵训诂之学的得失》，《史语集刊》1962 年 6 期。

1. 与本字共用一个形体,即同形而异字。如:

花:花木的"花"又借为花费的"花"。
足:手足的"足"又借为足够的"足"。
修:修饰的"修"又借为修长的"修"。
斤:斧斤的"斤"又借为斤两的"斤"。

2. 形体被借用后,久假不归,人们又为本义另造新字。如:

县:借为郡县之"县",后本义又加"心"成为"悬"。
西:借为东西之"西",后本义又加"木"成为"栖"。
新:借为新旧之"新",后本义又加"艹"成为"薪"。

3. 假借义行但本义废而不用。这是第一种情况中本义由于各种原因退出历史舞台的结果,如:

难:本义为鸟名,被废,困难之义行。
而:本义须名被废,连词义行。
来:本义麦名被废,行来之义行。

4. 由于繁难或者流传不广等原因,历史上短暂出现的本字(专造字)被废而不用,假借字通行。如:

许:表地名时,本字"鄦"废,假借字"许"行。
移:表迁移时,本字"迻"废,假借字"移"行。

5. 先假借它字为之,后别造专字。如:

井:刑字未造之前,"刑"假借"井"为之。
隹:唯字未造之前,"唯"假借"隹"为之。

我们认为,这样去理解假借是造字之法是有问题的。造字与否,只能以字形是否增加为准,一个字因假借而多了一个或两个义项,便说是又造了一个或两个字,那么,一字从本义出发引申出其他的意义,也使字之本义之外增加了若干个意义,却不说成是又造了若干个字,仅仅是因为假借的意义与原义无联系。事实上,意义有无联系,有时是不容易讲清楚的,如"西"为"栖"之本字,世上大多数动物都是日落而栖,所以我们很难说日落西方的"西"与"栖"没有关系。井象水井之护壁形,铸造之刑（型的本字）的制作方法与挖水井相似，所以很难说它们之间没有引申关系。因此，我们把自己认为是引申的不说成是造字，把认为是假借的说成是造字，而到底是引申还是假借又没有一定的规则好把握。这样一来，到底有没有造字，全在我，我说它造了，它就造了；我说它没造，它就没造。所以，我们认为，假借还是不看作造字方法较为妥当，毕竟字形也没有增加。

关于转注，自古及今，众说纷纭，观点不下数十种。清人曹仁虎之《转注古义考》举许慎以至清邵长蘅之说25家，《说文诂林》所录有18种45家之多，1999年学林出版社出版的孙中运先生的《论六书之转注——揭开转注字千古之谜》一书，除孙先生自己的说法外，列20种之多。可见，转注问题分歧有多么严重。

如果问我什么是转注，我认为下面的观点应该受到重视：

向光忠先生说："转注是标记同义异音词的一种孳乳新字的方法。"① 向先生举《说文·永部》之"永"与"羕"为例说明"永"声音变化为yang，于是加"羊"以标记新字的读音，造了"羕"，这就是转注。这是我目前所见到的关于因语转而标注字音产生转注字的最早的说法。

孙中运先生的《论六书之转注——揭开转注字千古之谜》的观点与向先生相同。孙氏对转注的真谛表述如下：

"转注"就是"转语注声"的缩语。"转语"就是语言的变化。一个字或因古今音变，或因方言殊异，要按新的读音另造新字，一般说来因转语造新字有三种方法：一是借同音字表义的方法，二是定类标声的方法，三是在原字上加注声的方法。如"赤"字读chi，表示红色的意思，后来有人把赤这个概念称为hong，采取第二种方法，造一个"从糸工声"的形声字"红"。因为颜色都与糸有关，糸是素色的，加染为红色，所以用"糸"定类（如绿色、紫色、素色都从糸），借同音字"工"（上古工、红同音）作标音声旁。"红"与"赤"同义，赤是会意字，"红"是形声字。有的方言称"红"为zhu，为记录这个zhu音，采取第一种方法，就借"株"的初文"朱"代表红色，就创造出一个假借字"朱"。有的方言称红色为xia，就

① 详第四章：形声字发展问题研究。

在“赤”字上加注声旁“叚”，这就是因语转而加注声旁的第三种方法造出来的转注字“赮”，赮是以赤为部首，与赤同类，受意于赤，与赤同义，符合转注字界说要求。再如古人称做饭的锅为“鬲”，读li，鬲是象形字，后来因转语，称鬲为fu，为使语言与文字一致，要造一个读fu的字。有两种方法：一是造形声字，造一个从金父声的“釜”字。另一种办法是在原字“鬲”上加注声旁“甫”，造出一个转注字“䰞”。又有方言称“鬲”作guo，也有两种方法：一是造从金呙声的形声字“锅”。二是在原字“鬲”上加注声旁“戈”，造出转注字“融”。上述的“赮”、“䰞”、“融”都是因转语而注声的转注字。转语有两种，一是方言殊异而转语。二是古今音变而转语。

郭小武同志通过对“考”“老”二字形、音、义的考察，认为所谓转注就是形体上同部首、声音上相近似、字义上可互训的特殊的同源字。《辵部》之“逆”与“迎”、“遘”与“遇”、“趣”与“速”、“述”与《彳部》之“循”都是转注字。①

在2005年中国训诂学会召开的“纪念《周礼正义》出版百年暨陆宗达先生百年诞辰学术研讨会”上，针对有的先生关于转注的发言，我提出了判断现在的研究者关于转注之说是否正确的两个标准：一、我们的转注说必须能够解释许慎的定义；二、必须能够从《说文解字》中找到一批例字。现在，我认为还应该加上一条，就是：要能够说明为什么这类字取名为转注。任何一个关于转注的说法，只要能够同时解释这三个问题，这个说法就是正确的。我们从六书的名与实来看：象形字，字象物之形，名与实相符；指事字，用指示符号直接指示字的字义所指的是象形形体中的哪个部分，名与实相符；会意字，会合若干部件，体现造字意图，名与实相符；形声字，以形旁与声旁组合成字，名与实相符；假借字，本身无字，假借它字，名与实相符。那么，转注字为什么称为转注？只有“转语注声”这个说法才真正涉及到了转注名称的问题，所以这个说法有可能是正确的。

---

① 郭小武《说文八法疏证》，向光忠主编《文字学论丛》第一辑，吉林文史出版社2001年版。

许慎为什么用“建类一首，同意相受”来定义转注呢？“建类一首”就是说：设立一个义类以统一部首，“同意相受”，难懂的是“相”。古汉语中，“相”大多表示相互，但也表示一方对另一方，如《孔雀东南飞》：“便可白公姥，及时相遣归。”所以，“同意相受”谓这个部首中的转注字，其意义受自部首。非谓这个部首里面所有字的意义都相同、可以互相注释。《说文·老部》只有“考”与“老”二字才能满足转语注声的条件，许慎恰恰指出“考”与“老”为转注，正好可以证明这一点。所以上列郭小武同志所说的“逆”与“迎”、“遘”与“遇”、“趣”与“速”、“述”与“循”都不能看成是转注字。

因语转而标注字音产生的字在《说文》中可以找出很多，《老部》、《永部》、《走部》、《见部》等等很多部里都可以找出转注字来。

可见，因语转而标注字音产生转注字，或者说“转语注声”，就是转注的实质。因为转注字是因语转而造的字，新字与原字必然是同源关系。但是，同源关系的字却不一定是转注关系。① 必须是在部首字的基

① 我在拙著《汉字文化学》74-78 页指出，同源词的产生一是王力先生《同源字论》所论的分化（包括方言语转），二是概念的类推。方言语转而别造新字，如《方言》：“煤，火也。楚转语也。犹齐言焜也。”这就是通语的“火”，楚人读与“果”同音，于是另造新字“煤”。《诗·周南·汝坟》：“王室如燬。”陆明德《经典释文》：“楚人名火曰燥，齐人曰燬，吴人曰焜，此方俗讹语也。”火与煤、焜、燬就是因方言分化而形成的同源字。这些字，义存于形而以不同的声旁别语转，故形旁相同而声旁音近，从语源上说是同源字；从每一个新字与通语用字的关系上说，是转注关系。概念的类推产生的同源字，义存于声而往往以不同的形旁别各个字表达的新的概念，甚至字形完全不同于源概念用字，如“分”又有“多”、“乱”义：《鬼谷子·抵巇》：“天下分错。”《后汉书·张衡传》：“吉凶分错，人用朣朦。”分错即纷乱之义。曹植《盘石篇》：“蒹葭弥斥土，林木无分重。”分重犹纷重，盛多的样子。由此类推：事物头絮多、分乱如麻也叫“分”，字作“纷”。曹植《七启》：“故甘灵纷而晨降，景星宵而舒光。”纷即多义。《楚辞·招魂》：“放陈组缨，班其相纷些。”王逸注：“纷，乱也。”天空为水气笼罩，也叫“分”，字作“雰”。《玉篇》：“雰，雾气也。”《素问·六元正纪大论》：“川泽严凝，寒雰结为霜雪。”玉冰注：“寒雰，白气也。其状如雾而不流行，坠地如霜雪，得日晞也。”树木众多、交错生长也叫“分”，字作“棼”。宋·佚名《南郊恭谢三首·导引》：“林棼彩仗明初日，瑞气满晴空。”《正字通》：“棼，林木棼错也。”事物色彩多而杂乱，也叫“分”，字作“斑”、“辬”。《说文》：“辬，驳文也。”《礼记·祭仪》：“斑白者不以其任行乎道路。”注：“发杂色也。”这些字，虽属同源字，但是不存在转注关系。

础上加注声音符号造的形声字才能与部首字形成转注关系。因此，我认为，转注谈的还是字与字之间的关系，不能把转注看成是造字之法。向先生说转注是一种孳乳新字的方法。其实，我们应该这样看：由于语转的缘故，人们用“注声”的方法造了一个读音更接近语言实际的字，这是造字的过程。造出来的字与原来的字之间的关系，人们用“转注”来指称。所以转注还是讲字与字之间的关系，而不是字之结构类型，转注是用字之法。

我们虽然明白了转注是怎么一回事，但我们同时也应该明白转注只是古人对于汉字之间同源关系的一种朦胧的认识，并不是关于同源字的科学的定义。在我们已经有了关于同源字的科学的认识之后，我们就没有必要再在转注问题上花费精力，也没有必要象孙中运先生那样从古往今来的汉字当中去探求哪个字与哪个字是转注关系。[①] 如果要找，我们可以仅仅在《说文》中去找，看看在《说文》中到底哪些字之间是转注关系。这也就够了。

二、六书的界线

六书中的以形体直接表意的象形字、指事字、会意字等表意字，我们在理解的时候有时还存在分歧，具体的字到底应该归哪一类，人们很难下结论。如：，张政烺先生说：“这个字是会意字，或者说是复体象形字。”[②] 赵诚先生说：“亦，甲骨文写作，在人的两臂之左右各加一个点，表示腋下所在之处。可以看成会意字，也可以说是指事字，最好是说成表意字。”[③] 这也是六书研究存在的问题。

---

① 孙先生在《论六书之转注——揭开转注字千古之谜》一书中依据转注的原则找出了大量的转注字，其中大部分都是汉代以后出现的文字。我在拙著《戴震朴学研究》20—23 页谈到转注的实质时不赞同孙先生的转注说，其中的主要原因就是因为这些转注字都不在《说文》当中。不过，根据我现在的认识，孙先生关于转注实质的论述是正确的。

② 《释甲骨文俄、隶、蕴三字》，《中国语文》1965 年 4 期。

③ 《甲骨文虚词探索》，《古文字研究》十五辑，中华书局 1986 年版。

其实,这个问题不难解决。前面,我说过,名与实相符,造字以勾勒事物形体为方法,其字就是象形字。或象全体,或取局部,字皆象物之形;有些事物,光勾勒出它的轮廓,还容易与其他事物的轮廓相混淆,单单凭借这一轮廓还很难让我们想象出造字者所勾勒的是什么事物。这时,造字者就在勾勒事物轮廓的同时,加注提示该事物所处的环境或所作的用途等内容的提示符号,从而引导我们去想象该形体所象的具体事物,限制我们的思维向别的方向去考虑。如:

(齿),象什么?单凭这个形体我们可以想象出许多事物或是想象不出它是什么事物,于是造字时加口,提示这是口中的,这样,我们一见就知道是齿了。

(眉),象什么,也不清楚,于是加了"目",提示这是目上长毛的部分,那自然就是眉了。

这种类型的字,段玉裁注《说文解字叙》称为合体象形。但段玉裁定的合体象形范围显然太宽,如"箕"字,本当看作形声字,也被算作是合体象形了。因此有人提出反对,如唐兰先生《中国文字学》中论象形字时就否定了合体象形的说法。我们认为,段玉裁的合体范围的确是太宽了,但象、等字中的、,既不能看成是独立成字的部件,又不能看成是指示性的符号。因而既不可将、归入会意字之中,也不能将它们归入指事字之中,更不能归入形声字之中。因为虽然这类字的结构添加了其他部件,但是,其直接表示意义的部件仍然是直接勾勒事物的形体,所以,我们仍然把它归为象形字,只不过是加注了提示符号的象形字。

象形字中还有几个数目字"一"、"二"、"三"、"四",这几个字甲骨文分别作一、二、三、亖,它们象筹算的数目之形,所以应该归入象形字之中。

指事字,将造字者的用意指示给我们看,所以,这样的字必然有一部分是指示性的符号,另一部分是具体的被指示者。该指示符号直接指示字的字义所指的是这个确定的事物的形体中的哪一个部分。如:"亦,甲骨文写作,在人的两臂之左右各加一个点,表示腋下所在之处。"所以，这个字只能看成是指事字。甲骨文"上"作二，"下"作亠，"一"代表一个平面[1]，"-"指示字的字义所指的是平面的上或者下，所以"上"、"下"都是指事字。

判断指示符号的方法是：指示符号必须同时满足以下四点要求：1. 这个符号常常只是一个点或者一个简单的符号，如"内"，甲骨文作[illegible]，∩是人的大腿，八指出这里就是大腿的内侧，用以表示"内"的概念；2. 这个点或者一个简单的符号不可能是这个事物的一个部分，如[illegible]（尤，疣的本字）中的"-"是人体的一部分，是身体上面长出的东西；而"[illegible]"的"丶"则不是，因为，刀的上面不可能有"丶"这个东西。所以，"[illegible]"的"丶"是指示符号，[illegible]中的"-"不是指示符号；3. 这个点或者一个简单的符号与其旁边的事物之间在人们的生活常识中没有明确的、可以把握的联系。如[illegible]字，手上加的"-"与手之间在人们的生活常识中可以有明确的、可以把握的联系。人的手上虽然没有"-"这个东西，但是，生活中还是有长出疣的情况发生的，这个"-"人们可以知道是疣。而[illegible]字的"·"，与人之间，在人们的生活常识中没有明确的、可以把握的联系。所以，[illegible]字手上加的点是象形部件，[illegible]字的点则是指示符号；4. 指示符号仅仅与单一的象形部件发生关系，所以，甲骨文[illegible]字，○中间的"·"就不是指示符号。

会意字，会合若干部件，体现造字意图。所以，这若干个部件之间，必然有某种联系存在，否则就不可能"合"了。因此，组成会意字的部件，虽然各象某某具体的事物之形，但是，它不是几个事物的简单的并列，其中至少有一个部件是以某种动作功能参加造字；或者是其间的空间关系能够体现出一种人们可以把握的状态。如[illegible]（执）字，[illegible]象夹持的械具，可用以械系罪犯，造字者以[illegible]表示械系之动作。[illegible]（坠），从阜从人，人与阜之间的空间关系表明这个人正自阜上坠下，"坠落"的概念就这样表示出来了。

有少量的字，其部件代表的事物比较含糊，如，"八"象二物分背之

① 参考第二章第五节。

形，以此表示“分”的概念。“[illegible]”象事物联缀在一起，用来表示“联缀”的概念。我们虽然不能具体地说出它们代表的是什么具体的事物，但是，这些事物之间的关系所体现的状态，是确定的、可把握的。因此，这些字也应该归入会意字之中。

于省吾先生《甲骨文字释林·释具有部分表音的独体象形字》认为[illegible]、[illegible]、[illegible]等字都是独体象形字。[1]其实，会意字当中有一部分字是完整的象形形体，但是这个完整的象形形体的某些部位都不是以其名物本身的身份参加造字，而是以其所具有的某种功能参加造字，所以这些部位往往都具有动作的性质。这样，我们就应该把它们看作是一个独立的表意部件。因此，这个完整的象形形体其实就包涵了两个或者两个以上独立的表意部件。所以我们应该把这种字看成是会意字。但是，这些字毕竟是完整的象形形体，与普通的会意字又有所不同，所以，我们就把它叫做独体会意字。再如：

[illegible]（走），整个字是一个人形，但是，他的四肢均作奔跑状。所以，这个字，人形是一个表意部件，四肢又是另一个表意部件，合起来表示“奔跑”。

[illegible]（大），裘锡圭先生说：这类字，它们所用的字符跟“日”、“月”一样也是象实物之形的，可是所代表的词并不是所象之物的名称，而是跟所象之物有关的“事”的名称，这一点却跟“上”、“下”相近。因此讲六书的人有的把这类字归入指事，有的把这类字归入象形。《说文》说：“大，天大，地大，人亦大，故大象人形。”似乎许慎自己是把“大”看作象形字的。[2]其实，[illegible]用张扬的四肢和人体共同表示“大”的概念。应该看成是会意字。

以上是我对象形字、指事字、会意字所作的理论上的区分，会意字

---

① 这些字与我们前面所说的在勾勒事物轮廓的同时，加注提示该事物所处的环境或所作的用途等内容的符号造的象形字是不同的，那些象形的部位是直接表示事物的本身的，这里的“目”则表示眼睛的动作，前者是以其名物本身的身份参加造字，而后者是以其所具有的某种功能参加造字。

② 裘锡圭《文字学概要》98—99页，商务印书馆1988年版。

与形声字之间也有容易混淆的地方，请参考第四章“中国文字学研究领域的拓展（二）形声字发展问题研究”。

三、新的汉字分类说

六书没法完全解决汉字的结构分类问题。因此，有的先生开始探求新的汉字分类方法，试图解决六书理论存在的不足。主要有以下几种：

1935 年唐兰先生在《古文字学导论》中批判了六书说，认为六书的界说不明确，用六书分类，每个字的归属不清晰，因此有必要寻找新的分类法。他提出了三书说，把汉字分为象形文字、象意文字、形声文字三类。他认为，象形文字是画出一个物体或一些记号，叫人一看就认识这是什么。凡是象形文字，一定是独体的，一定是名词，一定是本名以外不含别的意义。象意文字是图画文字的主要部分，象意文字有时是单体的，有时是复体的。象形和象意同是上古时期的图画文字，不过象意文字，不能一见就明了，而是要人去想的。形声字的特点是有了声符，比较容易识别。陈梦家先生在《殷虚卜辞综述》中把汉字分为象形、假借、形声三种基本类型。陈氏认为假借字必须列为汉字的基本类型之一，唐兰的象形、象意应合并为象形。陈氏说：象形、假借、形声并不是三种预设的造字法则，只是文字发展的三个过程。汉字从象形开始，在发展与应用的过程中变作了声符，是为假借字；再往前发展而有象形与假借之增加形符与音符的过程，是为形声字。形声字是汉字发展的自然的结果。① 裘锡圭先生在《文字学概要》中，认为陈氏三书说是基本合理的，但应把象形改为表意，假借不应该限制在本无其字的假借范围里，应该把通假也包括进去。提出：“三书说把汉字分成表意字、假借字和形声字三类。表意字使用意符，也可以称为意符字。假借字使用音符，也可以称为表音字或音符字。形声字同时使用意符和音符，也可以称为半表意半表音或意符音符字。”在对三书分别进行研究时，还

---

① 科学出版社 1956 年版，76—80 页。

从每一书中再分出一些种类，例如表意字就又分成抽象字、象物字、指示字、象物字式的象事字、会意字、变体字等六种，会意字再分成图形式会意字，利用偏旁间的位置关系的会意字、主体和器官的会意字，重复同一偏旁而成的会意字、偏旁连读成语的会意字和其他等六类。[①] 詹鄞鑫先生在所著《汉字说略》[②] 中提出了新六书说，把汉字区分为象形、指事、会意、象事、形声、变体六类。

新六书说单就汉字的结构进行分类，比三书说把谈汉字结构的二书与谈字与字之间关系的假借包涵其中要合理。如果我们是单单给汉字进行结构上的分类，那么，我们就不应该把假借放进去；如果我们把谈字与字之间关系的假借放进去，那么，我们就应该同样把谈字与字之间关系的转注也放进去。当然，无论我们现在怎么分，都还是有一部分汉字没办法说明其结构。这是我们分类的着眼点没有选择恰当的缘故。我认为我们应该在充分研究汉字的表意方法之后再来讨论汉字的分类问题，到那个时候我们的分类才可能真正符合汉字的实际。

四、结　论

关于六书，我们应该明白，六书本身就是跟小孩子们说的关于篆文分类的基本类型而已，不是什么高深的理论。因此，六书只是关于汉字类型的一个大致的分类，并不是要涵盖每一个汉字，尤其是像后来出现的“乒”、“乓”之类的所谓变体字。也正因为六书不是十分科学的理论，本身只是为了篆文教学的需要做的总结，只反映了秦汉时期的认识水平。所以，我们没有必要用六书去套所有的汉字，花那么多的精力去研究六书到底还有哪些汉字不能涵盖，甚至为了这些没有被六书涵盖的字去改动许慎的六书。我们只要知道六书的实质就可以了。当然，作为文字学研究，我们还是应该尽可能明白，按照古人的六书分类，什么字应该属于哪一书。不过，这其实没有太大的意义，如果真的有什么字

① 商务印书馆 1988 年版，106—107 页。

② 辽宁教育出版社 1991 年版。

说不清楚它应该属于哪一书，也就算了。就是确切地知道每一个字都属于哪一书，又怎么样呢？我们只不过能说出某字“象某某之形”、“从某从某”、“从某某”、“从某，某声”，如此而已。这对于我们把握这个字的形、义关系又有多少作用呢？我们只要认真想一想，就会清楚，《说文》之所以难读，主要原因就在于单单靠“从某从某”、“从某某”、“从某，某声”这样的说解，不足以阐明这个字的形义关系，我们因此就很难通过字形知道这个字为什么是这个意义了。《说文》之所以难读，难就难在这里。[①]有的时候，按照六书的说解，根本就没有办法说清楚字的形义关系。举个例子说，（追）与（导）都应该分析为从止从𠂤，同样的组字部件，不一样的位置，表达的概念就不一样了。六书说不明白这二者的不同到底是因为什么。这说明我们把握一个古文字，仅仅知道它“从某从某”、“从某某”是不行的，我们应该重点把握部件与部件之间的关系。六书对汉字的分析只是外在组成结构的分析，并没有深入到部件与部件之间的关系的层面去研究汉字，它不可能说清楚汉字是如何表义的问题。所以，我认为，关于六书问题的研究到此可以结束了，最起码不要再作为中国文字学研究的中心了。中国文字学研究的中心应该转移了。

第二节　传统字源学研究与现代字素分析

一、传统字源学研究和现代字素分析简介

宋、元以来，学者们试图探讨汉字的构成衍生序列、寻找其中的规律，总结汉字构成的最基本构件，形成了颇有特色的汉字字源学。郑樵提出了“文字子母说”。以“独体为文、合体为字”，区别文与字，文、字与

① 为了解决这个问题，我正在撰写《〈说文解字〉补说》。

母、子，进而说明六书各书与母、子的关系。戴侗《六书故》对文字作了全面、系统的分析，从中归纳出了最基本的字形"文"即"母"，又由文孳生"字"即"子"，子又孳生新字即"孙"。《六书故》从大量汉字中所归纳出的188个文及45个疑文，还有由文孳生的245个字，是构成汉字的最基本构件。这些文、字递相孳生，统领其他汉字，从而构成一个个大的汉字家族。党怀兴先生在这一领域研究成果非常突出，请大家参考党先生的相关论著，我不作详述。

与字源学研究相反，现代学者又从大量的汉字出发，通过对构成汉字的部件的分析来研究汉字的结构。如李圃先生的《甲骨文文字学》，把甲骨文区分为一个个具有形、音、义相统一的造字单位——字素和用以别音别义的缀加成分——字缀，并以此为基础分析甲骨文的结构关系和结构层次，说解甲骨文的表词方式。

二、传统字源学研究和现代字素分析存在的不足

古人的字源学研究和现代学者的字素分析，其用意都是为了探求汉字的形义关系，这个出发点是好的。但是，这些研究仍然没有真正把握汉字的表意性质。把汉字形体看成是不同符号的组合体，母生子，子又生孙，从而形成无穷无尽的汉字，这样研究汉字，没法说明汉字如何表意。对汉字来说，同一个偏旁在不同的汉字中的功能义往往是不同的。对汉字的研究应该从偏旁的功能义出发研究汉字为什么要这样安排字的结构，而不是简单地去研究汉字是由哪些基本的构字部件组成起来的。单纯把汉字分析为一个个部件，还是不能真正揭示汉字的形、音、义关系。

李圃先生的字素分析，在理论上的创新值得肯定。这样的分析对于说清楚汉字的结构有很多帮助，尤其是它能够直观、形象地把古文字的结构关系表述清楚，对于今天大量的没有深入研究古文字的人了解古文字有直接的帮助。所以，李圃先生的字素分析对古文字研究和汉字教学都有重要意义。但是，字素分析存在的问题也十分明显：

1. 甲骨文中相同的形体，在不同的字中表达的意义不同，把它们作为同一个字素是不合理的。如“口”，在□、□、□等字中表示“城”，在□、□等字中表示“头”；而其单独成字则表示“丁”。可见不可混同。

2. 有的不同的形体，其实应该是相同的字素。如□又作□，□和□都表示“宫城”，应该是相同的字素。但是，按照字素分析的原则，则不能作相同的字素对待。

3. 按照目前的研究成果对甲骨文进行字素分析，往往会割裂字的表意关系，无法说解字义。如□，李圃先生《甲骨文文字学》99 页分析到：

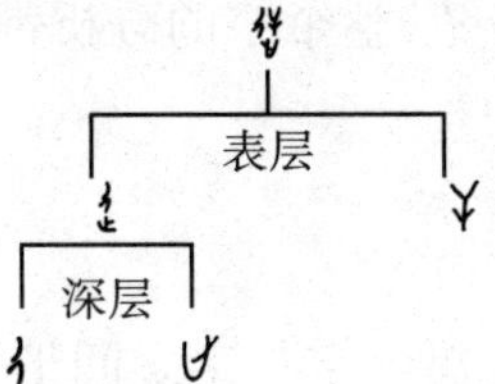

这样分析就错了。其实，□本作□，□表示一个人走过来，□表示一个人走过去，合起来用“两个人相向而行”表示“迎接”的概念。作□者，□是个提示符号，提示道路。合起来用“在道路上，两个人相向而行”表示“迎接”的概念。①所以，□、□、□三者的关系，一旦如李圃先生的上述分析，就会割裂开来，□与□的关系就再也说不清了；□与□之间的关系也说不清了。

其实，如果实在要作这样的字素分析的话，我们应该分析如下：

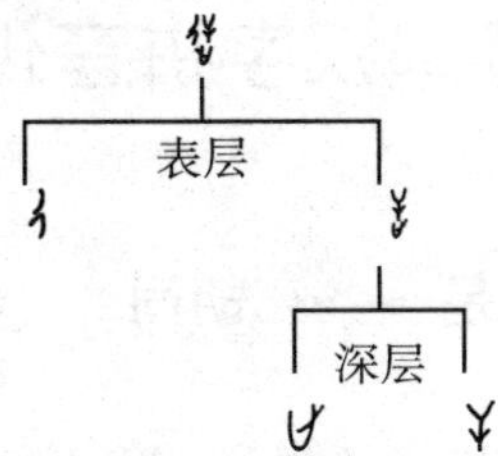

---

① 李先生说“逆”字的字义是古人运用移位造字法将人体□（大）倒置所创造出来的形意表词方式的字，藉以表示动词“逆”的“逆迎”义（《甲骨文文字学》132 页）。也是不对的。

4. 按照字素分析的做法，虽然我们能够分析出汉字的字素，但是，这些字素组合在一起是怎样表意的，还是说不清。如登，甲骨文作[illegible]，我们可以分析其从[illegible]从豆从[illegible]，这些都是字素，但是字义是怎么表示出来的？还是说不清。

对古文字进行字素分析，可能是受到了语法学研究中的层次分析的启发。正确的层次分析，每一层次以及同一层次的两个部分之间的语法关系都是明确的，正确的字素分析，每一层次以及同一层次的两个组字部件之间的意义关系也应该是明确的。任何一个层次的两个部件之间的意义关系说不清楚，整个字的分析都是错的。

三、结　论

传统字源学研究对揭示字与字之间形体上的关联有一些帮助。但是，文字的孳乳并不能简单地归结为“母生子”、“子生孙”关系，我们现在当然不会再像宋元学者那样去研究汉字的发展关系了。对古文字中的直接用形体表意的字（象形字、指事字、会意字）进行字素分析，这个设想是可行的。但是，这个工作必须在对绝大部分直接用形体表意的字的表意方法已经研究清楚的条件下进行。目前还不具备开展这个工作的条件。所以，文字学研究在这方面暂时没有必要花费太多的精力。

第三节　汉字拼音化研究

一、汉字拼音化道路是一条死胡同

为了简捷起见，汉字拼音化的主张和反对汉字拼音化的主张我就略去不提了，这方面的材料俯拾皆是。但是，过去的争论都没有说到问题的根本上面，所以双方的意见似乎都有道理，谁也说服不了谁。其实，沿着汉字拼音化道路走下去必然是一条死胡同。

汉字拼音化道路到底能不能走下去?我们应该从语言对文字的要求的角度来看汉字拼音化或一语双文的前途,这样才能把问题说清楚。

我认为,文字虽然是语言的符号系统,但作为语言符号系统的文字体系实际上是不能进行根本改革的。过去的错误就在于没有认识到这一点,认为既然只是符号,当然就可以任意改了。按照苏联专家的说法,改换文字就像脱掉中山装穿上西装一样没有什么不可以的。其实,我们过去对文字的定义还有问题。对文字的定义,应该加上一个定语表述为"文字是最能与语言相适应的语言的符号系统"。这个"相适应"是语言对文字长期选择的结果。语言根据其自身的性质特点对文字作出选择,一旦选定了,我们就不能再对这个体系作根本性的改革。因为这样做,语言不会答应。所以,对汉字进行拼音化改革或是在书面语中将部分汉字改换成拼音,实行所谓的"一语双文"制,都是对汉字体系作了根本性的改革。这样的改革事实证明是不可行的。为什么不可行?请让我们从语言对文字的要求的角度做一些分析。

认为中国文字要进行改革,是人们看到许多国家使用拼音文字记录语言之方便所引起的。人们看到了拼音文字的便利,却没有去考察这些语言为什么要使用拼音文字,也没认真地想一想汉语能不能使用拼音文字或部分使用拼音去记录。所以我们有必要从语言特点方面来考察一下这些问题。

世界上的语言,可分为有形态变化的语言和无形态变化的语言两类。像我们所熟悉的英语,其形态变化类型就有以下几种:

1. 加头 possible(可能)→ impossible(不可能);
2. 加尾 book(书,单数)→ books(书,复数);
   look(看)→ looking(正在看);
3. 易形 good(好)→ better(较好);
4. 曲折 man(男人,单数)→ men(男人,复数);
   foot(脚,单数)→ feet(脚,复数)。

因为有形态变化的语言,其词汇在使用过程中经常要发生形态的变化,这种语言选择的文字必须是方便这种变化的文字,特别是要方便词的内部曲折变化的需要。所以，任何有形态变化的语言都必须选择拼音文字。这是有形态变化的语言对记录它的文字的要求。

那么，汉语没有形态变化，汉语能不能也用拼音或用部分拼音去记录呢？不能。

汉语音节数量少，只有400多个，汉语构词采用音节累加的方式，而且每个词的音节数量是有限的。汉语中，一个音节一个词的形式比较少，两个以上音节的词也比较少，大量的是两个音节构成一个词。这样一来，用有限的音节组成无数个音节数量相同的词，就必然在语言中产生大量的同音词。在书面语中，这些同音词，其语音形式完全一样，它们之间的相互区分可以依靠两方面的手段：

1. 语境，依靠一定的语言环境对语义的限定作用来排除意义不合于此语境的词，选择意义适合该语境的词。

2. 词形，凭借声音因素以外的词形相互区别开来。

这两者中，语境因素是不十分可靠的。因为第一，在一定的语段中，语境与词义是相互影响的，语段中词义越明确，其语境因素就越清楚；反之，词义越含混，其语境因素也就越模糊。因而，完全依靠语境对语义的限定作用来选择适合该语境的同音词，是不十分可靠的。第二，用语境因素辨别同音词的前提是对所有的有这个声音的同音词都熟悉，否则，就没法准确地运用排除法来确定词义。我们日常口语之所以只凭声音即可达到交际的目的，其原因正在于口语使用的词汇都是最普通最常用的词。所以我们大多数情况下可以闻声而知其义。当然，必要的时候，可以口头上作一些解释，使听者明白。而书面语中不可能只使用那些最常用最普通的词，因为用了一些不常用不普通的词，这往往会对理解造成障碍，使读者无法准确把握词义、文意。实验的结果也正如我们的理论推导一样，魏励先生在《夹用拼音精简汉字》一文中用“双文”做了个实验，结果发现了这样的问题：被汉语拼音代替的词或语素是否为读者所熟悉，对于能否流畅阅读和正确理解文义关系很大，比较熟悉的词，即使改为拼音，借助上下文也能理解，而一些不熟悉的词,改用拼音则不易理解。[①]当然,魏先生想出了一个解决的办法,就是把那些不熟悉的词在文后加个注解，使读者能够正确理解它在文中的含义。然而,对一个词熟悉不熟悉、理解不理解,是因人而异、因人的文化程度而异的,注解对有些人来说纯属多余,而对有的人来说,你认为注解已足够多了,他们仍有不懂的词。这样,文章的作者就不得不做一件颇费脑筋却又未必做得让人人都满意的事——设想我的文章给什么人看,应加哪些注解才合适。所以,书面语中,同音词之间的相互区分,必须凭借词形来区分,只有这样,才能保证语言表达是明白的、精确的。这样，一个汉字代表一个音节的汉字体系就最能适合汉语凭借词形区别同音词的需要。因此,汉语离不开汉字,汉语不允许汉字走上拼音文字的道路。[②]所以我们说汉字的拼音化道路是走不通的。用拼音去代替文章中的部分汉字，实行一语双文也是行不通的。汉字拼音化道路是一条死胡同。

二、日文为什么采用双文制

世界上确有采用双文制比较成功的文字体系，如日文。这又怎么解释呢?

从根本上说,日语是有形态变化的语言,但日语所选用的文字体系大量地采用了不能变化形体的汉字，这似乎与我上面所说的这些相矛盾。这个问题我们有必要做一些分析。

日语的词汇有三种形式：

1. 不变形的词：这类词往往用汉字表示。如：

國際、 太陽、 通信。

---

① 香港《语文建设通讯》40期，1993年。

② 陆俭明教授2009年3月12日在香港中文大学语言学及现代语言系作“计算机时代‘提笔忘字’与汉字书写文化传承之间的矛盾之我见”的演讲中说：“根据我们对汉字发展的历史的分析，对汉字与汉语的关系的分析，以及对汉字输入法发展前途的分析，我们认为，大可不必担心汉字文化的前途。汉字会永远和谐地记录汉语，汉字永存，汉字书写文化也将永存。”（香港《语文建设通讯》92期，2009年5月）

2. 部分变形的词，这些词往往用汉字加拼音表示，其词根用汉字记录，变形部分用拼音记录。如：

連絡する　（连络），　苦勞する　（辛苦），

食べる　（吃），　恥ずかしぃ　（难为情的）。

而同音词则常常借助汉字形体的不同加以区别。如：

受ける（接受）、承ける（继承）、請ける（赎回）均读うける；

怨じる（怨恨）和演じる（表演）均读えィじる；

売れる（畅销）和熟れる（成熟）均读うれる。

3. 习惯用拼音拼写日语词语和来自印欧语系的借词。如：

まずぃ　（难吃的），　に　（两个），

ニユース　（新闻），　エㄥベーㄊー　（电梯）。

从日语的词汇中看，日本文字大量采用汉字，一方面是因为受汉语的影响很深，一方面是借助汉字以形别义的功能来区别同音词。日本文字的体系仍然是拼音文字体系，它既符合有形态变化的语言对文字体系的要求，又巧妙地运用汉字来有效地区别日语中的同音词。对日语来说，现在的日本文字是最完美的。①

三、结　论

事实上，汉字是最符合汉语需要的一种文字体系，它最能与汉语相适应。汉字与汉语相适应表现在：

1. 任何新词都能用汉字表示出来。吴璵教授说："中国文字最大的特点，不是在它的字体演变，而是在它的适用性，永远跟上时代，给人方便而不增添麻烦。中国文字重在构新词，不强调造新字，不论时代、

① 日本曾经提出要废除日文中的汉字，但又不得不在 1946 年公布了 1850 个字的《当用汉字》，说明日本文字少不了汉字。1981 年，日本政府又发布了在《当用汉字》基础上新增了 95 个汉字的《常用汉字表》，"常用"即"经常使用"、"持久使用"的意思，这表明了日本将再也不会提出废除汉字的意愿。

事物怎么变化，怎么复杂，它都可以应付自如。比如近代有飞机、大炮、自来水、脚踏车、电视、电脑等，更新的如核子、中子、镭射、太空梭等，事物虽新，这些字却都是两三千年前的，没有一个是新造的字，不必费神，不须记忆，会读易识，一看便知。不象拼音文字，每一新事物产生都必须造一新字，所以字数天天增多。虽说中国字也有五六万，但中国人常用的不过三四千而已。就凭这三四千字，能适应任何新事物的需要，组成新词，无虞匮乏。几千年如此，亿万年后仍将如此，所以它是'御万物而无滞，历亿载而常新'。"①

2. 汉字能运用以形别义的功能有效地区别同音词，此无须举例。

3. 汉字本身也能显示词义范畴，帮助理解词义。汉字的形符表示字义范畴，能帮助我们理解词义，掌握词性。如：从"手"旁的字，代表的词与手的动作有关，一般为动词。从"食"（饣）旁的字，代表的词与吃的动作或吃的东西有关，一般是动词或名词。

汉字信息处理的速度实际上比拼音文字快。现在，一般的打字人员，每分钟输入 160 个汉字，这已不是什么难以达到的指标了。160 个汉字，合 80 个词。按英语平均一个词 6 个音符计算，英文输入要达到汉字输入的同样速度，输入者每秒钟要击打 8 个键，一般的输入者恐怕很难做得到。在 1999 年五笔字型输入大赛上，来自解放军的王君，以每分钟 293 字的速度夺冠。这样算来，汉字的输入速度更是拼音文字所无法达到的。至于中国文盲之多，乃不学之过，不是汉字的过错。中国近代的落后，乃清政府所采用的相关政策不当所致，不是汉字拖累的结果。中国在历史上曾长期领先于世界，即为明证。②

因此，汉字拼音化改革的工作真的可以结束了。由于没有从语言对文字要求的角度来研究这个问题，我们过去做了太多的无用功。

---

① 详吴[illegible]《中国文字的特性》，香港《语文建设通讯》40 期，1993 年。

② 向光忠先生有专文谈汉字对汉语的适应性，详见《论汉字对汉语的适应性》，《汉字汉语学术研讨会论文集》，吉林教育出版社 1991 年版。请读者参考，此处不详细介绍。

第四节　古文字学研究存在的主要问题

一、古文字考释的方法及其存在的问题

古文字考释的方法，自孙诒让首先总结偏旁分析法之后又有许多先生做过总结，如高明先生《中国古文字学通论》总结的古文字考释方法有：①

1. 因袭比较法：对各个时代字体的因袭关系进行综合比较，从中找出共同的字源和特点，以达到辨认古文字的目的。2. 辞例推勘法：利用文献中的辞例来核校铭文；从铜器铭文的文辞内容，经过分析句义，推勘出应读的本字。3. 偏旁分析法：利用分析字体中的偏旁来考释古文字。4. 据礼俗制度释字：根据历史上的风俗、礼乐、法律等各种制度考察古文字的释字方法。

张秉权先生《甲骨文与甲骨学》② 总结的古文字考释方法有：

1. 直接指证法：完全凭个人的直觉和在金石古文方面的根砥与修养等，不举任何理由，直接指认某为某字。2. 偏旁分析法：即始于孙诒让的分析字体中偏旁的方法。3. 比较对照法：用隶、篆、古文和金石古文字作为比较对照的资料来认甲骨文字之法。即罗振玉氏的“由许书以溯金文、由金文以窥书契，穷其蕃变，渐得指归”的逆推法。4. 寻绎推勘法：按照一词、一句或一段卜辞的文义，去推求一字、一句的含义，即杨树达所强调的“文义之大安”的具体辞例验证以释读古文字之方法，以及李学勤所说的把释定的字放回原文句中检验是否上下贯通。5. 历史考证法：从识别文字入手，进而考证历史。6. 类比研究法：注重于所有辞例的类比整理，包括了解其文法结构、词的组成、同类辞句的演变踪迹、词性等。接近林沄提出的不能仅着眼于单条辞例，要对同类辞

① 北京大学出版社 1996 年版，168—172 页。

例作全面收集、排比与分析。

我在拙著《汉字文化学》[①]、《现代训诂学探论》[②]也总结了考释古文字的方法，认为对古文字的考释工作不外乎两大内容，一是辨字，二是考义。也就是说，首先要辨认字形，知道它是现在的什么字，然后要考释字义。

所谓辨字，就是拿到一个古文字，我们应该通过一定的方法确定它是今天的什么字，或是已知的什么字的异体。辨字的方法，一般有以下几种：

1. 与已知的古文字结构相比照，隶定今体。2. 偏旁分析法。3. 从字形所示字义出发来确定古文字即现在的什么字。

考字义，也常有四大方法。

1. 审字形。2. 考文例。3. 结合文化考义。4. 通过一字在其他文字中作偏旁的情况考该字之造字本义。

总起来说，古文字学界对古文字的考释，于字形注重古今对照；于字义则长于归纳求义，明显具有清代朴学传统。对卜辞中的字义作出考释，其实就是训诂问题。所以，这些方法是行之有效的。但是，在这方面，仍有不足：我们还应该注意结合字在后来的语言中的引申情况来确定字的本义。之所以可以用这个方法辨别字的本义，道理很简单，词义的引申发展总是有一定规律的，找准了它的本义，就能顺利地理清其意义的引申发展线索；找错了它的本义，其意义的引申发展线索就理不清。所以，我们要验证一个意义是不是词的本义，可以试着将其意义的引申发展线索梳理一下。理清了，说明这个意义就是这个词的本义。我在拙著《现代训诂学探论》中将这种方法归纳为演绎的训诂方法之一，请参看。“梳理字义引申发展线索”也是重要的考释古文字方法。

过去从事古文字考释的学者，大多数具有极好的朴学功底，象杨树达先生就是杰出的代表。他们运用训诂之排比归纳的方法求卜辞的字义，往往能够把卜辞的字义说得非常通畅。请看甲骨文[illegible]与[illegible]的用法

① 吉林人民出版社 2001 年第一版，2005 年第二版。

② 浙江大学出版社 2008 年版。

和杨树达先生的考释结论：

1. □人与□人：

《合集》6178：“贞：勿□人呼伐□方，弗其受有祐，二告。”

《合集》6409：“丁酉卜，㱿贞：今□、王□人五千征土方，受有又（佑），三月。

《合集》5760 正：“丙午卜，永贞：□射百令□。”

□众人：

《合集》24：“辛亥卜，争贞：□众人立大史于西，奠……月。”

2. □牛、□羊与□牛、□羊：

《怀》804：“□大甲牛三百。”

《合集》8959：“□羊三百。”

《合集》8936：“贞：□牛于奠。”

《合集》8950：“贞：勿呼□羊。”

杨树达先生《卜辞求义》下 24 页谓：□当释登，读为征，□则□之省文，并谓“此事由今日观之，至为无理，然事实如此也”。[①] 此杨氏通过排比归纳，认为□、□当同义，于是强谓其字形关系如此。

事实是□、□还是有区别的。□当释蒸[②]，卜辞中主要表示献祭：

《合集》32592：“癸未卜，其延蒸菽于羌甲。”

《合集》30974：“辛酉卜，王其蒸新鬯。”

《合集》38686：“庚寅卜，贞：王蒸禾，无有”。

《合集》34596：“丙午蒸宜。”[③]

《合集》34600：“……贞……蒸获”。

《合集》235 ：“贞：蒸……”

《合集》32542：“……贞……其蒸米于祖乙。”

□人则可以读为征。

---

① 《甲骨文字诂林》944 页，中华书局 1996 年版。

② 大多数学者认为蒸与登是一回事，我不这么看。登是表示尸祭的字，蒸是普通的献祭。

③ 宜是熟肉，蒸宜就是献熟肉。

甲骨文廾字表达的是"招集"概念：甲骨文廾字，从左、右手，象两手向中间合拢之状，以此表示"招集"的概念。

吴其昌先生说："盖廾之言执也，引而申之，则为合也、集也、聚也。……推源其本，廾正象左右两手相合之形。两手相合，故可执也。"杨树达先生谓廾之义为征，乃假廾为登，因为登字从癶，故又省登为廾。李孝定先生说："盖卜辞亦有作登人者，惟较少见。作廾人者，则多见。何以少数作本字而多数反作省文。至于假借，必取音近。廾、登音固不近也。"屈万里先生说："廾当读为共，即供给之供也。"①按：廾在卜辞中多用为"廾人"之廾：

《合集》6174："癸巳卜，㱿贞：廾人呼伐𢀛[方]，受有[祐]。"

《合集》7284："乙酉㱿贞：勿呼妇好先于庞廾人。"

《合集》24："辛亥卜，争贞：廾众人立大史于西，奠……月。"

以上列诸辞，以"执"、"供"释之，皆难通。杨树达先生谓廾假借为登，李孝定先生已驳之，是。

从卜辞中看，廾人除从事征战、担当卫队外，也从事一般的劳作：

《合集》8720正："贞廾人呼宅。"

这是廾某地之人从事建筑之事。

以上卜辞中的"廾"，皆"招集"之义。

现在我们要谈谈"招集"为什么用"廾"表示，廾象两手向内聚合之形，此正是招集众人所采用的手势。造字者利用人在招集人时采用的手势巧妙地表达了"招集"的概念。

由"招集"引申为"聚积"：

《合集》8936："贞：廾牛于奠。"

《合集》8949："勿呼廾羊。"

此二辞言聚积牛、羊等畜。

卜辞中的廾也为族名：

《合集》8947正："……亥卜，㱿贞：王其呼廾、𠂤伯出牛，有正。"

《合集》6413："……穷贞：今𢀛、廾征土方。"

---

① 《甲骨文字诂林》943—944页，中华书局1996年版。

《合集》7362："……卜，亘贞：呼[illegible][illegible]次。"

可见，前人的解释多能把卜辞说解得很通畅，但是，还是没有办法解释[illegible]与[illegible]的区别在哪里。古文字学研究与训诂学毕竟不是一回事，仅仅满足于能够把字义说通畅，并不见得就说对了，最根本的一点是我们应该从汉字表意方法、表达概念方法的角度说清楚其所以结构字形的理由。只有这样，才能算得上真正把一个古文字考释清楚了。

过去的古文字考释还没有注意有意识地结合汉字的表意方法、表达概念方法去考释古文字，虽然有的先生在说解古文字时已经涉及了字的表意方法、表达概念方法，但从总体上看都还不是自觉的行动。我们有必要利用前辈们考释成果中合理的部分去总结汉字的表意方法，并把总结出来的汉字表意方法、表达概念方法运用于考释古文字之中。结合汉字表意方法、表达概念方法考释古文字能够有效地解决字形对照、归纳求义等方法解决不了的问题，应该是古文字考释的又一个重要方法。我在下面的介绍中，很多古文字的考释都是结合汉字表意方法、表达概念方法进行的，请注意体会这一点。向光忠先生主编的《文字学论丛》第四辑[①]收入了我的《结合汉字表意方法考释古文字举例》一文，请参考。

二、古文字学理论建设存在的不足

随着古文字考释工作的深入，人们开始总结古文字形体发展变化和形旁相互通用的一般规律。在这方面最值得称道的是唐兰先生的《古文字学导论》，书中"字形演变的规律"一节对字形偏旁的演变规律有细致的分析和总结，研习古文字的人都可以从中获得指导和借鉴。

刘钊先生的《古文字构形学》[②]探讨古文字形体构造的规律，这个研究同样是非常有价值的。《古文字构形学》提出的新的研究领域是值得肯定的，但是，就这部书研究的具体方法言，还是存在一些问题的。首先，仅

---

① 江西教育出版社 2008 年版。

② 福建人民出版社 2006 年版。

从形体上判断一个形体与另一个形体之间的关系，是非常危险的。如 14 页谓□与□为倒书，是同一个字。事实上，□在卜辞中应该是个地名：

《合集》8216："贞勿……往于□"

《合集》8217："丁卯贞：于□，若。"

《合集》8218 正："争贞：在□奠。"

此三例□显然为地名。

《合集》21586："庚午卜，我贞：乎□获。"

乎后的宾语为□，□不得为动词甚明。□既为乎的宾语，其意当为"□地之人"。

而卜辞中□字作动词为攻杀之意，如：

《合集》6577 正："辛丑卜，㱿贞：今日子商其□基方缶，弗其𢦏。"

我们根据《殷墟甲骨刻辞类纂》收入的卜辞统计，18 条可以明确确定字义的□所在的卜辞中，□均是地名①，7 条可以明确确定字义的□所在的卜辞中，□均是动词为攻杀之意②；但是，《合集》8216："贞勿……往于□"□显然是地名。这个例外应该解释为误刻，或者□与□为不同的地方。可见，□与□二者不同字。

再者，由于没有从表意方法的角度去分析古文字的形体构造，有不少字的形体分析有误。如 81 页谓"铸"的金文作□，乃加□为声符。其实，坩锅里面的□是个提示符号，提示矿石和还原的铜液。请参考拙著《汉字文化学》99—101 页的考证。③ 96 页谓甲骨文□，金文作□，乃是加¦为饰笔。其实，¦应该是提示符号，这绝对不是可有可无的饰笔，没有它，字的意义就说不清了。请参考本书第二章第四节的介绍。刘先生是中年学者中的佼佼者，刘先生书中出现了些许错误，这也正好说明研究"汉字如何用一定的形体表达意义"的理论问题是多么重要！

还有不少学者注重总结古文字形旁相互通用的一般规律，如高明

---

① 这 18 条卜辞是：21586（3 条），6536，6537，7418，7419，7420，8217，8218 正，10703，10704，27914，29394，36752（2 条），英 2525，英 2565 正。

② 这 7 条卜辞是：6571 正（3 条），6577（2 条），10711，10712。

③ 吉林人民出版社 2001 年版。

先生《中国古文字学通论》[①] 提出 30 余组“义近形旁通用例”：

大—人　人—女　儿—女　首—页　目—见

口—言　心—言　音—言　肉—骨　身—骨

止—足　止—辵　辵—彳　走—辵　攴—戈

鸟—隹　羽—飞　虫—黾　艸—茻　禾—米

米—食　衣—巾　糸—索—素　系—𢆶　宀—广

土—田　土—阜　谷—阜　山—阜　水—雨　木—片

牙—齿　日—月　火—光　牛羊马鹿犬诸兽旁

王慎行先生《古文字与殷周文明》[②] 总结“古文字义近偏旁通用例”22 组：

天—大—人　人—卩　女—卩　女—母

又—𦥑—彐　又—寸　又—手—攴　攴—殳

𦥑—臼　行—彳　止—彳　口—欠

口—甘　言—欠　皀—食　水—雨

屮—木　韦—革　幺—糸　宀—穴

虫—䖵—蟲　艸—竹

总结“古文形近偏旁混用例” 18 组：

人—刀　大—矢　贝—鼎　目—贝　虫—竹　皿—血

止—屮　山—火　口—日　口—凵　肉—口　肉—夕

肉—月　月—夕　舟—月　舟—凡　木—禾

辛—䇂—丵等

于省吾先生《甲骨文字释林》通过大量的以形、音、义相结合的方法考释古文字的实践向我们展示了考释古文字的具体方法，还总结了古文字形、义方面的若干规律：

1. 古文早期之人形，从止（趾）与否本来无别。

---

① 65 页—145 页，北京大学出版社 1987 年版。

② 1—66 页，陕西人民教育出版社 1992 年版。

2. 古文从止从彳从辵均表示行动之义，每互作。

3. 古文字从止从彳从辵之字每互作。

4. 古文字从爪与从又一也。

5. 古文字从攴与从又有时通用。

6. 从冖与从宀本来有别，而有时混用不分。

7. 古文字中笔画之单双每无别。

8. 早期古文字的偏旁，艸木无别，单复也无别。

9. 古文字从茻与艸无别。

10. 古文字从幺的字也作糸。

11. 舟凡皿三字，早期古文字每互作。

12. 从凡与从巳之字往往通用。

13. 升斗二字在古文偏旁中往往互作无别。

14. 䀠和从䀠之字多含有惊恐之义。

15. 古文偏旁中从戈从弋间有互作者。

16. 说文在偏旁中往往讹从口为从曰。

17. 甲骨文偏旁的位置，在内与在外往往无别。

18. 从实点与从虚廓一也。

19. 甲骨文动词当作名词用的习见。

但是，古文字学界还没有深入探讨形旁相互通用的原因以及不能通用的情况。举个例子说，我们发现，古文字从“人”与从“又”也往往通用，如：“圣”作[illegible]与作[illegible]同义，但是尹作[illegible]，为什么不能作[illegible]？这样的问题要深入探讨下去以最终研究得出古文字的形义理论。

第二章　汉字形义理论研究

第一节　汉字理论研究的重点

汉字是表意体系的文字，汉字理论研究的重点应该是探究“汉字如何用一定的形体来表达意义”的形义理论问题。虽然“六书”和现代字素分析研究都或多或少地涉及到了这个问题，但还不足以从“汉字如何用一定的形体来表达意义”的角度解释汉字的结构。所以，汉字研究还存在以下问题：

一、许多字的结构关系说不清楚，如金（□）如何表意、属六书中哪一类？

二、汉字造字部件难以说清其作用，如母（□）与亦（□）均有两点，我们说不清为什么“亦”字的两点指示字义为“腋下”，而“母”字的两点不是指示字义为“女人的两乳”。

三、由于缺乏“汉字如何用一定的形体来表达意义”的理论指导，古文字考释错误太多或根本无法考释。甲骨学界一直把□、□（警）解释为“艰”，于卜辞无一处可通，这可以确切地证明把□、□解释为“艰”是错误的。□、□，从□从人，如果简单地理解为两个偏旁的组合，那么就没有办法了解古人所会之意，更不用说了解古人在字形中融入的历史文化信息、把握古人造字的巧思了。

四、六书分析不足以说明字的部件之间的关系，从而把握古人是如何表达意义的。如眉（[古文字]）字，从[古文字]从目，人们往往不详两个偏旁之间的关系。不经过形义分析，只有一些具有明显画意的字才能够凭借六书分析了解其所会之义。如：[古文字]（伐）、[古文字]（执）等等。一旦画意隐晦一些，人们就不明古人的用意了。如：武，人们不详其字形是“人荷戈”，表示“威严”之义；逆，人们不知道其字形是用“二人相向而行”表示“迎接”的意思。

那么，我们应该从哪些方面入手来研究“汉字如何用一定的形体来表达意义”的形义理论问题呢？我将在下面的第二节到第六节逐一介绍我多年来思考、探索已经取得的初步成果，以期抛砖引玉。

第二节　汉字的造字手段研究

我们前面说过，汉字的结构中，同一个偏旁在不同的汉字中的功能义往往是不同的，对汉字的研究应该从偏旁的功能义出发研究汉字为什么要这样安排字的结构，而不是不顾及意义，抽象地去研究汉字是由哪些基本的构字部件组成起来的。我们应该从偏旁的功能义出发研究汉字为什么要这样安排字的结构，从而探明汉字的造字手段。

汉字的造字手段有两个：

一、象　征

象征，即以一个或一个以上实体象征某一事或物。具体说来，又有以下几类：

1. 以轮廓象事物，即用事物的全部轮廓或事物最具区别特征的部分的轮廓来象征该事物。如：

[古文字]（豕），象猪身、头、耳、尾、四蹄之形；

[古文字]（鸡），象鸡头、冠、脚、身及尾之形；

[古文字]（凤），象凤头、冠、羽毛、脚之形；

（鱼），象鱼头、鳍、身、尾之形；

（鹿），象鹿角、头、身、尾、四蹄之形；

（舟），象舟身，上有篷盖之形；

（车），象车有衡、軥、两轮、轴、舆、轼等形；

（禾），象水稻有穗、茎、叶、根之形；①

（贝），象贝壳之形；

（用），象夯土器之形；

（辰），象蜃将肉伸出壳外之形，甲骨文中用作地支字；

（冓，遘之初文），象相同的二鱼对接之形，故表示遇、合义；

（刀），象刀柄、刀身之形；

（戊，钺的初文），象柲、刃、锋之形；

（耳），象人耳之形。

以上用物体的全部轮廓来象征该事物。我们见到轮廓就会看出它所象为何物。

用事物最具区别于他事物的部分的轮廓来象征该事物，如：

（牛），象头上角向上圆弯之形，以此象征牛。

（羊），象头上角折向下弯之形，以此象征羊。

（臣），《说文》："臣，牵也。事君也，象屈服之形。"此用一个伏在地上、还要侧转头看着旁边训话者的人的眼睛竖起，来表示臣服之人，即奴隶。这种竖目有别于平常状态的人的眼睛。②

、、，上为自，即鼻子，自是提示环境的提示符号，下象肉豁开之形，它表示的概念即北京话所说的"豁嘴巴"，当为"豁"之初文。甲骨文中作人名用字，盖用此特征指称人。于省吾先生《甲骨文字释林·释臣》一

---

① 甲骨文中的禾指的是水稻，而不是传统所说的粟。详陆忠发《甲骨卜辞中的禾也指水稻说》，《江西社会科学》2005 年 2 期；陆忠发《论水稻是商代的主要农作物》，《农业考古》2008 年 4 期。

② 郭沫若先生以为人俯首则目竖，象臣服之形，其实不确。人俯首目并不竖，当是俯身或伏在地下，然后侧耳向上倾听训话并同时看着训话人之形。记得在一本书上见过一图，正画着奴隶伏在地下转过头听训之形，故以此象臣服之奴隶。于省吾《甲骨文字释林·释臣》引证有纵目之人，谓即臣，恐亦非是。

文列举了一些以身体的特征取名的奴隶名称，可为吾说之旁证。①

这类字抓住事物与其他事物的区别特征来象该事物，难度较前一种加大，而且所造的字较上文所举的字更难见形知义，故这种类型的字在文字中相对较少。

2. 以具有某种功能的器官来象动作或者人，如：

（妻），用具有抓取功能的手（又）来象抓取的动作。

（羞，馐之初文），用具有呈献或抓取功能的手来象呈献或抓取的动作。

（逐），用具有追赶功能的脚来象追逐的人。

（得），用具有抓取功能的手表示获取的动作。

（采），用具有采摘功能的手表示采摘动作。

（为），用具有牵引功能的手表示牵引的人。

（监），用具有视物功能的目表示看的动作。

（望），用具有视物功能的目和站立功能的足表示企而远望的动作。

3. 以可以实施某动作的工具表示动作，如：

（男），是一种单齿木耒，用以点种或挖掘。用表示耕种的动作。

（初），刀可实施剪裁的动作，用刀表示剪裁动作。

（狩），丫（干）与犬均为狩猎工具，用丫与犬表示猎捕的动作。

（了刂），即男阳②，刀可实施割除的动作，故以刀表示割除。

（析），斧斤可实施剖析动作，从斤表示破析之动作。

（伐），戈可实施砍伐的动作，以戈表示砍伐。

（农），蜃壳可用于开垦土地，故以辰（蜃的本字）表示开垦之

① 温少峰、袁庭栋先生疑此字象鼻涕不止，或象鼻中出血之形，当系鼻炎、鼻窦炎、鼻咽癌、鼻衄等病之症状。详《殷墟甲骨卜辞研究——科学技术篇》309页，四川社会科学院出版社1983年版。恐不确。

② 此从马叙伦说，详《研究中国历史必须了解中国文字》，文中说即男阳，隶定为"了"。故吾隶为了刂，了刂为割男阳专字，了刂后与椓混淆莫辨。马文见《中国建设》4卷4期。

动作。

（执），象夹持的械具，可用以械系罪犯，故以表示械系之动作。

4. 以可实施某动作的器官和工具来表示该动作，如：

（刖），象锯子类的工具，与手合起来表示截锯动作。

（牧），象鞭或棒形，与手合起来表示驱赶的动作。

（圣），象夯筑之器，与手合起来表示夯筑之动作。

（殷），象砭针，与手合起来表示刺按之动作。

（弃），即畚箕之类的工具，用于弃物，与手合起来表示丢弃之动作。

（敝，即撇、擎），象棒，与手合起来表示敲击动作。

（耤），即耒，一种农具，与人合起来表示耕耤之动作。

（史、事），为狩猎工具，与手合起来表示狩猎之动作。渔猎时代大事即狩猎，故引申为一切事为之事。

（斫），象刀斧之类的工具形，与手合起来表示砍斫的动作。

二、义素意合

汉字造字，其意义元素都是有机地组合在一起的，共同体现一个造字意图。这是汉字造字的又一个重要手段。汉字的意义元素不是简单地组合在一起，他们之间有主从关系（或者支配与被支配关系），有相关关系（如环境、场合、位置等等）；即使是简单的画面，没有明显的支配与被支配关系，也肯定有画面的中心——那个有生命的事物（就如中国画一样）。如：

（寇），从宀、从（人）、从“·”、从，“·”是提示符号，提示人的头部；表示一个人手持锤子之类的凶器，象一个人手持凶器去敲击另一个人的头部。是起支配作用的部件，是被支配的部件，与之间的支配与被支配关系是主要关系，“宀”也是提示符号，它提示一个人手持凶器去敲击另一个人的头部这一动作发生的地点是在

[illegible]的家里，它与[illegible]与[illegible]之间的关系是相关关系。这些组字部件所表示的意义元素组合在一起就表达出“入室行凶抢劫”之义。

[illegible]（集），从隹从木，象鸟停在树木之上，表示停止之义。这是一个静止的画面，画面中的鸟和树之间没有明显的支配与被支配关系，但是，“鸟停在树上”就是这个画面的中心。其他元素都忽略不计了。

形声字的造字更加简单，人们认识了意义承载于声音的道理，意义不同而声音相同的概念，人们用不同的形旁加以提示，加以区别。这样，用两个部件就可以明确地表达概念了。

汉字的意义元素不会很多，汉字造字总是把最核心的意义元素组合在一起，适当地添加其他相关的意义元素共同体现一个造字意图；汉字表达每一个意义元素的轮廓也很简单。这样，意合之后的汉字形体一般比较简单，这是汉字一直保持方块字形态的根本原因。

第三节　汉字表意方法研究①

这个问题探求汉字结构部件之间的意义关系，从而探明“汉字如何用一定的形体来表达意义”的理论问题。这个问题的研究，我已经初步取得了一些成果，现在介绍给大家，既是个启发，又可以引起讨论。

文字是全社会共同使用的语言符号系统，表意汉字直接用字形代表语言中的词，其结构就必须为全体成员所共同理解。造字要为识字者所共同理解，所采用的表意方法，必须能够为全体社会成员共同理解。这样，造字者与识字者才能达到心灵的互通，从而使识字者理解造字者的原意，领会汉字结构所要表达的意思。下面我们就着重分析一下象形、指事、会意字的表意方法。

---

①　我在拙著《汉字文化学》（吉林人民出版社 2001 年、2005 年版）第八章也介绍了汉字的表意方法，这里对过去的说法有所修正。两处说法不同的，以此处为准。

一、象形字的表意方法

许慎说象形字的造字方法就是“画成其物，随体诘诎”。总的来说，象形字的表意方法就是用线条把事物的轮廓勾勒出来，让人们见形知物。具体说来，象形字的表意方法有三类。

1. 直接勾勒事物的全部轮廓，见形知物。如：

（象），勾勒出象的外形，有大耳朵、长鼻子，一见就知道是大象，不会想到是犬或是猪。

（鱼），勾勒出鱼的外形，有头、鳍、身、尾，见其形即知道是鱼。

2. 勾勒一事物最具区别于他事物的特征的部位之轮廓来表示该事物。如：

（牛），勾勒其头部轮廓，突出其角向上圆弯之形，表明这是牛。

（羊），勾勒其头部轮廓，突出其角折向下弯之形，表明这是羊。

这类字抓住一事物区别于另一事物的特征来造字，难度较前一种类型更大一些。

以上两种表意方法，为众所熟知，我们只简介如上。

3. 勾勒轮廓并加提示符号。如：

（葉），本不明所象，于是加木提示是树上长的叶子。

（屎），不明为何物，故加提示此物出自人后。

（尿），亦不明为何物，加提示自人前下出。

（果），为何物亦难明，加木提示为树上结的果。①

（瓜），亦不明所象为何物，加提示是瓜藤上结的果实。

（膝），不明为何物，故加，象腿和脚之形，有了的提示，我们就明白是膝部。

（无释），不明为何物，故加提示这是人背部或颈椎上的肿瘤抑或是第七颈椎肥大之症。

（涎），本不明为何物，加提示自人口中流出。

① 中间的“十”也是提示符号，提示○是圆而实的事物。懂得绘画原理的人不难理解这一点。

（尤，疣的初文），是人体生出的瘤状物，但是单单看很难说出是什么东西，加手为提示符号，提示这是手指上长出的像这个样子的东西。手指上原本不可能有这样的东西。现在手指上有了这个东西，人们便知道这个东西就是疣了。

（金），早周金文字作：，：表示叠在一起的金属块，但字义并不明显，易被误解为他物，后来加上，提示：是用来作为制造箭镞（ ）和斧头（ ）的原料的。这样表意就清楚了。①

二、指事字的表意方法

指事字的表意方法就是在事物形体上面加一个符号，指出造字者所要表达的意义是这个事物的某某部位，这个问题已见前面的介绍，此从略。

三、会意字的表意方法

会意字的特点是“比类合谊，以见指撝”，它集合两个或两个以上形体来体现字义。会意字的表意方法可以区分为四大类：

1. 象 事

我这里所说的象事，指的是会意字的各个组成部分或若干组成部分之间存在着主宾关系，它利用一方对另一方的支配关系来象征某些事情，所以我把它叫“象事”。主宾双方之外的其他部分，提示事情发生的场合、环境等因素，从而共同达到明白地表意的目的。如：

（寇），从宀从元（人）从，象一个人手持凶器去敲击另一个人的头部，宀则提示出这一动作发生的地点是在的家里。这几个部分合在一起就表达出“入室行凶抢劫”的概念。舀鼎铭：“匡众厥臣廿夫寇舀禾十秭。”引申为入侵，《书·费誓》：“无敢寇攘。”再引申为入

① 参见康殷《古文字学新论》234页，容宝斋1983年版。康殷先生能够这样解释古文字，真的很高明。

侵者、盗贼。《玉篇》:“寇,贼寇也。”

（集）,从佳从木,象鸟停在树木之上,表示“停止”的概念。《说文》:“雧,群鸟在木上也。”桂馥《义证》引《禽经》曰:“独鸟曰止,群鸟曰集。”引申为至,为聚集等义。《国语·晋语一》:“多而骤立,不其集亡。”韦昭注:“集,至也。”《书·胤征》:“乃季秋月朔,辰弗集于房。”孔传:“集,合也。”

（弃）,从从从, 为畚箕之类的弃秽之器,从持表示抛弃之动作,与合起来表示“丢弃”的概念。甲骨文又作①,即《说文》弃之古文形体所本,亦象弃子。后稷生下来后曾遭丢弃,故取名为弃。

（熯）,象人张口向天祝告之形,表示用绳索系其颈,即火。合起来表示在祭坛上用绳子捆着一个人然后在坛下用火烧的焚人求雨的祭祀活动。《京》2003:“丁亥熯,丁唯亦……”引申为烧、烤。《粹》786:“求雨,唯熯羊,用。又大雨。”再引申为干燥,热。《易·说卦》:“燥万物者,莫熯乎火。”

我们在分析会意字字义时,要分清各部分之间的主宾关系,这对准确理解字义极有好处。其实,会意字表义的方法并不全是象许慎所说的是“合谊”,不全是几个部件各自表达的意义的简单相加,而多数是“象”,会意字的形体结构是象一件事或一种状态,它用这件事、这个状态来表达意义。若不领会这一点,在理解会意字的字义时就容易出错。

《说文》:“武,楚庄王曰:‘夫武,定功戢兵,故止戈为武。’”楚庄王见武字从止从戈,即认为武之义是定功戢兵,即制止战争。许慎引楚庄王之说,亦当认为武之义就是“戢兵”了。其实“止”是行走的器官,代表人在行走,武字从止从戈,其意即一个人荷戈行走。所以于省吾先生说武之本义是“征伐示威”,这是比较接近其造字原意的。②武的本义当用“人荷戈”表示“威严”、“不可侵犯”之义。《左传·僖公三十年》:“因人之力而敝之,不仁;失其所与,不知;以乱易整,不武。”这里的“武”正用本义。

---

① 《甲骨文合集》21430片。

② 《双剑诊殷契骈枝三编·古文杂释》,《于省吾著作集》,中华书局2009年版。

会意字的造字，与中国画的原理有相通之处，这大概是因为书与画本同源之故。中国画必有中心，会意字结构各部分亦分宾主。一般说来，会意字形体各部分之间的宾主关系，可以从以下四个方面来把握。

（1）物或人与工具结合，物或人是宾，工具是主。如：

（烄），即之变形，象人交胫，此即跳舞的一种姿式[①]，所以，即人在跳舞之形。即火，火是焚烧的工具，所以烄的主体是火，其义应该是用火焚人牲的祭祀，而不能理解为人在蹈火（灭火）之意。《前》5·333："贞，勿烄，亡其从雨？"正用本义。

（伐），即人，是戈。戈是杀人的工具，所以伐字以戈为主，以人为宾，表示"砍头"之意，而不能理解为人荷戈去征伐。《粹》246："甲辰贞：又祖乙，伐十羌。"伐十羌，即砍杀十个羌人。伐一次杀一人，故伐又引申为人牲的单位，一人为一伐：《乙》8462："贞：上甲，唯王用五伐、小，用……"《后》上21012："五伐、五"。被伐的人往往由征战而得，故又引申为征战之义：《前》3.31.3："乎多臣伐方。"

（执），象夹棍之类的刑具[②]，用于夹系罪人，即人。此字为主，为宾，表示"拘执"之意，而不能理解为人去执夹棍。《前》8.8.2："卜，王乎执羌，其……"《乙》4693："乙亥卜，央令弗其执量。"因拘执罪人，须先逮捕、捉拿他，故引申为捕、捉之义。《诗·大雅·常武》："铺敦淮渍，仍执丑虏。"再引申为握、持之义：《广韵》："执，持也。"《诗·邶风·简兮》："左手执籥，右手秉翟。"执与秉对文，正握持义。

（焚），从林从火，火为主，林为宾，表示"焚林以猎"。《乙》6738："翌戊，子焚于西。"《屯南》772："今日卜，王其田渊西，其焚，亡灾。"引申为焚烧。《易·旅》："旅焚其次，丧其童仆。"

（折），从草从斤，斤为主，草为宾，表示"砍断"之义。《说文》：

---

① 国红光先生谓交胫之意是女巫对雨师的交媾许诺，详《关于古代的祈雨》，《四川大学学报》1994年3期。此说非是。

② 1937年，殷墟第15次发掘时在一个坑穴内发现了三个带枷的奴隶陶俑，或双手枷在胸前，或双手枷在身后。详胡厚宣《殷墟发掘》图版57，学习生活出版社1955年版。从陶俑看，此刑具即两根棍子捆扎在一起做成的夹棍。

“折，断也，从斤断草。”

（2）人或物与人的动作器官结合，人或物是宾，器官为主。如：

□（奠），从西从□从□，西为宾，□为主，表示两手捧酒登阶进献给神，本义是“献祭”。《林》2.3.2：“丙午卜，贞：卓奠岁，羌、卅□、□一牛于宗，用。八月”。《诗·召南·采蘋》：“于以奠之？宗室牖下；谁其尸之？有齐季女。”引申为进献：《书·康王之诰》：“一二臣卫，敢执壤奠。”孔传：“敢执壤地所出而奠贽也。”再引申为放置：《礼记·内则》：“其相授，则女受以篚；其无篚则皆坐，奠之而后取之。”郑玄注：“奠，停地也。”

□（启），从□即门，从□，□为主，□为宾，表示“开门”之义。《六书故》：“启，开户也。”引申为开：《书·金縢》：“启籥见书，乃并是吉。”《楚辞·天问》：“西北辟启，何气通焉？”王逸注：“言天西北之门，每常开启，岂元气之所通？”开门而见亮，云开而日见与之相类，故引申为天晴、雨止：《合集》13112：“贞：翌辛巳有启。”《佚》406：“贞：今夕不其启。”此义之字后亦作啓。

□（妻），从□从□。□为主，□为宾，表示“抢妻”。《合集》691：“申卜，□……往妻……”，往后当跟动词，此妻盖正“抢妻”之义。引申为妻子之妻：《合集》6057反：“王□曰：有祟，其有来警。迄至九日辛卯，允有来警，自北。□妻□告曰：土方侵我田十人。”

□（俘），从□从□，□为主，□为宾，表示“俘获”。《菁》六：“四日庚申，亦有来警，自北，子□告曰：昔甲辰，方正（征）于□，俘人十有五人。”引申为被俘虏的人口，俘虏：《乙》6694：“贞，我用罗俘。”

（3）人或物与器官和工具的结合体结合，人或物为宾，器官与工具的结合体为主。如：

□（斫）[①]，从木从□，□象手持刀斧之类的工具之形，父辛簋铭作□、父丙卣铭作□，更象手持刀斧之形。其本义当为“斫木”：《粹》1060：“癸巳卜，复斫舟？”《戬》4.7：“弗从斫舟？”斫舟即斫木为舟。[②]

① 旧隶定为枚，非是。

② 参考本书第二章第四节。

（农），从，从持，古者耕种必先伐去林莽，然后方可播种，故字从。丁兴瀛先生说：古者工艺未兴，一切器用，均利用自然物质。大地初出海面也，大蚌巨介，触目皆是，其物边际犀利，中部穹隆，以之启土，殊为便利，故初民尝以为耕具，从手持辰者，表明执辰而耕之状也。①此字为宾，与为主，本义为“耕田”。《说文》：“农，耕也。”《左传·襄公九年》：“其庶人力于农穑。”引申为农事、农业：《商君书·垦令》：“无外交，则勉农而不偷。”再引申为从事农事的人，农民：《书·盘庚》：“若农服田力穑乃亦有秋。”《庄子·让王》：“舜以天下让其友石户之农。”成玄英疏：“农人也。”

（役），从人，从从，人为宾，、为主，表示持驱使他人之义，本义为“役使”、“驱使”。《周礼·秋官·蛮隶》：“蛮隶，掌役校人养马。”贾公彦疏：“为校人所役使以养马。”引申为被役使的人：《左传·定公元年》：“季孙使役如阚公氏，将沟焉。”再引申为劳役：《周礼·地官·小司徒》：“掌建邦之教法……凡征役之施舍，与其祭祀饮食丧纪之禁令。”贾公彦疏：“役谓徭役。”再引申为事情、事件：《左传·昭公十三年》：“为此役也，子若以君命赐之，其已。”杜预注：“役，事也。”

（舂），从从，即午，古杵字，从象臼形，其点是提示符号，提示谷物。此字臼中谷物为宾，与为主，象双手持杵在臼中捣谷之形。本义即“捣谷去谷皮”：《诗·大雅·生民》：“或舂或揄，或簸或蹂。”引申为从事舂谷的人：《墨子·天志下》：“丈夫以为仆、圉、胥靡，妇人以为舂、酋。”

（4）人或人的器官与动物组合，能发出积极的支配性动作的一方为主，另一方为宾。

我在这里所说的“积极的支配性动作”，指的是结合的双方，都有发出动作的能力，但其中的一方发出支配性动作的可能性更大、更快、更积极，这一方就是我所说的能发出积极的支配性动作的一方。如：

（好），从从，二者均可发出动作，但为幼孩，为大人，

① 详丁兴沂《文字学上中国古代社会勾沉》，《学风》3卷6期、7期。

当更有可能发生积极的支配性动作。所以好字为宾，为主，象女子怀抱幼子之形，其本义当是“喜好”之“好”。《诗·大雅·彤弓》：“我有嘉宾，中心好之。”引申为亲爱，和好。《诗·卫风·木瓜》：“永以为好也。”再引申为美，优良。《说文》：“好，美也。”《诗·大雅·崧高》：“其风肆好，以赠申伯。”再引申为美色，女子美貌。《战国策·赵策三》：“鬼侯有子而好，故入之于纣。”

（害），从从（蛇），足与蛇均可发生动作，但相比之下，蛇咬脚的可能性更大。故此字为宾，为主，象蛇从下咬人足之形①，其本义是“伤害”，是个动词。《合集》10124：“贞：隹帝害我年。”引申为降祸。《乙》4516：“父乙害王。”引申为祸害，危害。《合集》29：“贞：王饮有害？”

（拕、拖），从从（蛇）。手与蛇均可发出动作，相比之下，手制服蛇的可能性更大。故此字为主，为宾，象手持蛇头拖曳之形。其本义正是“曳”。《说文》：“拕，曳也。”

2. 象　意

我所说的象意，指的是组成会意字的几个部分之间，地位均等，不分宾主，主要是通过几个部件之间的空间关系来表示字义。象意方法细分又有两类：

（1）结构双方分别向对方发出支配性动作，通过双方的关系达到表意的目的。如：

（斗），从二，象人伸手出击之形，通过二人各出手击打对方，表示“打斗”之意。《尉缭子·制谈》：“金鼓所指，则百人尽斗。”引申为战斗。《孙子·虚实》：“敌虽众，可使无斗。”再引申为争胜，比赛。唐·秦韬玉《贫女》：“敢将十指夸针巧，不把双眉斗画长。”

（尼），从二人，林义光《文源》说：“，人之反文，亦人字。象二人相昵形，实昵之本字。”于省吾先生说尼字构形象一人坐于另一人

---

① 高明先生《古文字类编》解释这个字的形体时说是人的脚踩踏蛇表示伤害之意，非是。

背上[①]，二人相接近，故典籍多训为近。[②]《尸子》："悦尼而来远。"引申为安，和。《广雅·释诂》："尼，安也。"又"尼，和也"。因尼象一人依附坐于另一人身上之形，故尼又有止义：《尔雅·释诂下》，"尼，定也"。郭璞注曰："尼者，止也。"

奇（奇，骑之初文），从二人，上象人跨在另一人身上，下象一人勾背驮着身上的人，二者互为支配对象。乀象一勾背之人，后为表其音读，改乀为可。犹何本作何，为表音作何；亦犹羞本作羞，为表音而作羞。其本义为奇（骑），后改为骑马，故字作骑。

（2）结构双方皆不针对对方发出支配性动作，而是利用各部分之间的空间关系来象征某种意义。如：

𡔷、𡔷（警），从壴从人，象人守鼓报警之形。古者边境设大鼓，有敌寇，即击鼓报警。《史记·周本纪》："幽王为熢燧、大鼓，有寇至，则举熢火，诸侯悉至。"周有大鼓报警，周因殷礼，可能商亦有之。𡔷、𡔷之本义即"警报"义。[③]《合集》6057 正："癸巳卜，㱿贞：旬无𡆥，王固曰：有祟。其有来警？迄至五日丁酉，允有来警自西。沚戓告曰：土方征于我东鄙，𢦏二邑；𢀛方亦侵我西鄙田。"

莫、莫（莫，暮之本字），从日从林或从茻，双方均不表动作，用日落入林莽中这样的空间关系来表示"暮"这个时间概念。

队（坠），从阜从倒人，人并不对阜发出支配性动作，只是用人与阜之间的空间关系表示人自阜上坠下的意思，其本义是"坠落"。《菁》1："癸巳卜，㱿贞：旬无祸。……子央亦坠。"

各（各），从凵从止，凵象居穴形。止不对凵发出支配性动作，字用止与凵之间的空间关系，表示来人已至门口，即将进入之意。各的本义当是"进入"：《粹》1278："御各日，王受又。"各日即入日、落日。与"出

① 忠发按：此字象二人依附在一起之形，参考本书第二章第三节。

② 详于省吾《甲骨文字释林·释尼》，中华书局 1979 年版。

③ 此从康殷先生说，详《古鼓及古文鼓字》，《社会科学战线》1979 年 3 期。唐兰先生释此字为僖，假借为艰难字。于卜辞实不通。故不从。卜辞中"来𡔷"一词多与敌人入侵有关，故以康说为是。

日”相对。足至门口，故又引申为至，来。《人》2941：“贞：王其各。辛，王弗每。”又：宰椃角铭：“王在东门，夕，王各。”

[illegible]（鲁），从鱼从凵，凵象池塘之形，鲁字利用鱼与凵之间的空间关系，表示鱼跃出水面之形，其本义应当是“嘉美”。《乙》7781：“王固曰：吉鲁。”《史记·周本纪》：“周公受禾东土，鲁天子之命。”《史记·鲁周公世家》作“嘉天子之命”。鲁与嘉异文，是鲁与嘉相近。鱼跃出水面，往往会遭人捕获，故引申为笨拙、迟钝之义。《论语·先进》：“参也鲁。”何晏集解引孔安国曰：“鲁，钝也。”《左传·文公十五年》：“鲁人以为敏。”孔颖达疏：“鲁人，鲁钝之人。”

3. 合 义

会意字还有一种表意方法，就是许慎所说的“合谊”。合义就是组成会意字的几个部分的各自原有意义相加之后体现出来的意义。如：

[illegible]、[illegible]（恕），《论语·里仁》“忠恕而已矣。”朱熹注：“如心为恕。”《离骚》“羌内恕己以量人”，王逸注：“以心揆心为恕。”贾谊《新书·道术》：“以己量人谓之恕。” 孔子弟子问孔子“有一言可以终身行之乎”，孔子说大概是“恕”吧。孔子所说的“恕”就相当于我们现在说的“将心比心”。

尘，本作麤，《说文》：“麤，鹿行扬土也。”段注：“引申为扬土之称。”麤本是用象意手法造的会意字。后又造尘。《字汇补》：“尘，同麤。”用小的土粒表示尘土之义。

劣，力少表示弱小。《说文》：“劣，弱也。”《论衡·效力》：“秦汉之事，儒生不见，力劣不能览也。”曹植《辨道论》：“寿命长短，骨体强劣，各有人焉。”

奀，《广韵》：“奀，上大下小。”《集韵》：“本广末狭谓之奀。”

尖，《玉篇·大部》：“尖，小细也。”又《玉篇·小部》：“尖，锐也。”

[illegible]，《字汇补·大部》：“道经佛字。”用西域的哲人表示佛。

另外，方言中使用的把一个双音词拼合在一起的字也是合义字，如：嫑（不要）、甭（不用）等等。

4. 独体会意

前面已经介绍了什么叫独体会意字并分析了一些独体会意字，下面再举一个例子：

[illegible]（奴）[①]，[illegible]用反缚的双手和人体共同表示“奴”的概念。

第四节　提示符号理论与提示符号在字的结构中的作用研究

我1999年在《表意汉字表意手段研究（上）》一文[②]中第一次使用了提示符号的概念，2001年拙著《汉字文化学》出版时，我把新作《论提示符号》作为附录附于书后。其后，我对提示符号继续做了许多探讨，发现许多古文字考释的错误，都是因为没有认识到提示符号的作用造成的。这个过程中，我对提示符号的理论认识也在逐步加深。现在再系统地对提示符号理论做一番介绍。

一、释　名

生活中，许多事物的轮廓都是相似的，如“O”，我们很难说它像什么。文字描绘事物的轮廓，其表达的意义必须是非常明确的，不能让人把握不透。那么，怎样才能清楚地表达出造字者所描绘的轮廓代表什么事物呢？文字就如同绘画，当一个画家要表达“O”是鸡蛋时，他就在“O”旁加一只母鸡。这样，我们就知道这个“O”是鸡蛋。要表达“O”是鸭蛋时，他就在“O”旁加一只鸭子。我们就知道这个“O”是鸭蛋。那么，这个鸡和鸭在这里的作用是什么呢？它们的作用就是提示，提示这个

① 于省吾先生说甲骨文[illegible]从人反缚其手，即“奴”字的本字。见于先生《释奴婢》，《考古》1962年9期。

② 陆忠发《表意汉字表意手段研究（上）》，《杭州师范学院学报》1999年5期。

“O”是鸡蛋或者是鸭蛋。汉字的造字也是这样，为使相似的轮廓所表达的事物能够让识字的人一看就明白，汉字造字也普遍使用起提示作用的部件，如“ ”代表什么？我们很难说，但是 和 所表达的意义我们是明白的，前者是“沙子”，后者是“屎”。然而，“ ”却没有变化，只不过起提示作用的部件不同，我们理解就不一样。水边细小的颗粒状东西当然是沙子，而人的身体后面这样的东西肯定就是屎。可见，起提示作用的部件在汉字中是经常使用的。那么，什么是提示符号呢？我所说的提示符号，指的就是汉字结构中起提示作用的部件，它可能是一个没有独立意义的符号，也可能是一个有完整意义的文字，只要它在字的结构中起提示作用，我们都把它叫提示符号。例如：

瓜，作 ， 象瓜形，但如果将 单独抽出来，则不能确知其为何物，它既象瓜形，也可以说它象其他什么东西之形。总之，谁也不能确切地说 就象瓜形。所以，造“瓜”这个字的时候，为了把人们的思维限定在 表示瓜上，就在 上加 ，提示这是在瓜藤上长出的象 这个样子的东西，那自然就是瓜了。所以我们把 这样一个起提示作用的部件叫提示符号。当然“瓜”字中的 本身不具有独立成字的能力，它只是一个起提示作用的符号。

汉字结构中起提示作用的部件还可能是一个字。如眉（ ）字， 象人的眉毛形，但如果没有“目”，而是将 单独抽出来，则既可以说 象眉毛，又可以说 象别的什么东西。加了“目”之后，整个字就向我们提示 是目上的长得象这个样子的东西。那自然就是眉毛了。因此，在眉字的结构中，“目”这个完整的字起的是提示作用，我们也把它叫提示符号。

二、提示符号与指示符号的不同

不知道有没有学者考虑过这样的问题：母（ ）与亦（ ）均有两点，为什么“亦”的字义为“腋下”，而“母”的字义不是“女人的两乳”。其实，“亦”字的两点是指示符号，而“母”字的两点是提示符号。可见，我们所说的提示符号，与指事字中的指示符号是不同的。二者之间具有如下不同：

1. 指示符号是在象形字的基础上所加注的指示字的字义所指的是这个象形字中的哪一个部分这样的符号，如刃字，刀是象形字，指示符号“、”指示刃这个字的字义指的是刀这个事物的刀刃部分。又如亦字，大是一个人形，··指示亦字的字义指的是人的腋下这个位置。所以，指示符号直接指义。而提示符号是不直接指义的，它不是指示整个字的字义是字的哪一个部件中的哪一个部分，而是通过提示作用，将我们的思维限定在某一个具体的事物上，从而使整个字的结构中原来不明所像的部件确切地表示某一具体的事物，从而使字义明确起来。

2. 指示符号都是简单的符号，往往只有一点两点，是纯粹的符号，本身不具有任何意义；而提示符号则既可以是一个简单的符号，一个纯粹的本身不具有完整意义的符号，也可以是一个复杂的，甚至是一个完整的汉字。

3. 汉字结构中作为提示符号的简单的、纯粹的、本身不具有完整意义的符号，与指示符号仍有不同。指示符号指示整个字的字义指的是象形部件中的某一个部分，它的作用是“指”。指示字中的象形部件的意义是确知的，指示符号就用来指示整个字的字义不是这个象形部件所像的事物，而是这个象形部件中的某一个特定的部分。如刃，它的整个字义不是刀，而是刀中的刀刃部分。

提示符号则不是这样，整个字中的象形部件的意义有时是不确知的。提示符号在字中的作用是提示，它通过与这个象形部件之间的关系，使这个象形部件的意义明确起来，进而使它自己也明确起来，从而使整个结构到底表示什么意义变得明确起来。如主字，𠃊既像油灯的灯盏形，又像祖宗牌位形，单单把𠃊拿出来，表义是不明确的。于是加0提示这个𠃊上面还有0，于是人们便明白了，𠃊不是祖宗牌位，因为祖宗牌位上不可能有0这个东西。有0这个东西的只有油灯的灯盏了。于是0也就自然而然地是火苗之象了。前面举过的“瓜”字也是这样，𠃋、𠆢本均不明所象为何物，它通过二者之间的关系，使𠃋可以确知为瓜，则□即瓜藤了。

三、提示符号在造字中的作用

提示符号在造字中的作用是提示，就我目前的研究来说，其作用主要有以下几类。

1. 提示个性特征

有些事物同属于某一大类，但这一大类中又可分出一些彼此有区别的小类。造字时，小类与小类之间或小类与大类之间的区分，往往用提示符号来提示各自的个性特征，从而使它们区分开来。如女与母，她们都是女性。造字者为了区别女和母，就把女作□，母则在□的基础上加注提示符号··，以突出这种女性正处于哺乳期，其两乳要比平常的女性大。再如动物中，公、母的区分，凭形体不大能够区别开来，所以造字时往往是在同样的形体上加注提示其性器官的符号，以此将动物的公、母区分开来。如公牛——牡作□，公羊作□，公猪作□。□是雄性生殖器的象形字，在此作提示符号，提示它们是雄性的。□表示雌性生殖器[①]，所以，甲骨文中，母牛作□，母狗作□，母马作□，母羊作□，母虎作□。

1919 年，周作人先生在《新青年》杂志上发表其所译《卖火柴的小女孩》时，将西文中指示女性的人称代词用汉字表示为他[女]，也是运用了提示符号。汉语中没有“性”的语法范畴，汉语中的人称代词没有性别之分，男性女性均用“他”表示。所以用汉语来与西方语言相对译，就出现了性别不对应问题。但翻译者只能用汉语的人称代词“他”来翻译西方的人称代词，为了特别标示这个“他”在这里相当于西文中表示阴性的那个代词，翻译者在汉语代词“他”的右上角加了个“女”提示这个“他”表示的是女性。所以说这个“女”其实就是一个提示符号。

上列诸字中所用的这些提示符号，将事物的个性特征提示出来，从

① 参考第三章第一节释匕。

而使事物字与事物字之间出现了明确的分别。

2. 提示环境

有些字，单用象形的方法象其形，表意还不明确。于是造字者就用提示符号将其出现的环境提示出来，这样，整个字的表意就十分明确了。我上文举过的“瓜”字，就是这样。再如沙，《说文》作，单单看，还不知道到底是什么东西，于是造字者用提示所处的环境是在水边，于是水边分布的密密麻麻的细小的颗粒状东西便是沙了。

当我们看到时，谁也不能知道它是什么东西。然而当它与组合在一起，用提示它是从人的中部洒出的线状物，大家自然就知道就是尿了。所以尿这个字中，象人的小便形，则用一个人作为提示符号，提示这是从人的中间部位出来的液体。

晕，甲骨文作，单单看，还很难看出指什么东西，当加上之后，人们即明白了，原来是环绕太阳四周的圆形东西，这自然就是晕了。所以提示出现的环境是环绕太阳四周。

提示符号提示环境的作用就是把人的思维限定在某一特定的环境之中，让人们去想象这一特定环境之中的某一具体形象是一种什么样的事物，从而使汉字表达的字义变得明确起来。

3. 提示字义

汉字造字往往在已有的文字基础上加注提示字义使用范围的部件，这就是文字学上所说的区别字。如，本义为开门，开太阳加日作，开口加口作，开路先锋作。等等。这些为文字学上所熟知，此不详述。

4. 提示动作行为的结果

本书73页昼字中的“”就是提示结果的提示符号。再如，修饰的“修”，甲骨文作，金文作、，即《说文》字。其中、就提示动作的结果的提示符号，表示用竿杖之类的东西击打人的身体，有很多灰尘从人身上落下来。以此来表达“修饰”的概念。

5. 提示动作的受力点

如，寇字，古文作，人的头部就是提示动作的受力点；斫甲骨文作[1]，木中部的一点提示斫这个动作施加的部位。

6. 提示实施动作的器官

如，舞蹈的“舞”甲骨文作，提示脚是实施动作的器官。企字，甲骨文作，也是提示脚是实施动作的器官。

7. 提示器物中的物品

如，井，古文字作“丼”，“井”是水井四壁的木质支护结构[2]，“·”是提示符号，提示“井”内有水。量，甲骨文作、、、等。下是東，東即囊橐之“橐”的初文。量字上部或作日，或作口，于省吾先生说量的本义“应读为平声，度量之量”，“量字从日，当是露天从事量度之义。”[3]其实，“口”表示的是升、斗等度量之具，“口”和東之间的“一”即概，“日”乃是“口”加上一个提示符号，提示升、斗等量器中有被度量的物品。整个字用“以升、斗和概等度量之具度量囊橐中的物品”来表示“度量”的概念。[4]杜伯盨铭“盨”字作，从米，米提示所盛为米；蔡侯盘铭“盘”字作，从，提示盛酒。

8. 提示用途

兮甲盘铭“盘”字作，此于上加，提示是可敲击之物。古以盘为打击乐器，但是既像盘子形又像舟形。加，提示为可敲击之物以别于舟。

---

① 这个字过去都解释为枚，卜辞中有“枚舟”一词，向来解释不一，郭沫若先生谓枚舟盖犹言汎舟或操舟（见《殷契粹编考释》）。温少峰、袁庭栋先生复申郭说曰：枚为木之干，枚舟者，以撑杆行船也（见《殷墟甲骨卜辞研究——科学技术篇》272页，四川社会科学院出版社1983年版）。我过去也从“枚”之释（《汉字文化学》155—156页）。这些错误都是没有注意到提示符号的作用造成的。

② 详杨鸿勋《论古文字宫、、、井的形和义》，《考古》，1997年7期。

③ 于省吾《甲骨文字释林·释量》415页，中华书局1979年版。

④ 有研究生问我，日月中间的点怎么解释？我想，这些点也是提示符号。中国古代传说日中有三足乌，月中有玉兔。这些点应该就是提示这些东西。

9. 提示质料

伯侯父盘"盘"字作[古文字]，中自父盨"盨"字作[古文字]，蔡侯匜作[古文字]。"金"都是提示符号，提示其质料是铜。玉玺的"玺"或者从"金"、从"木"作，都是提示质料的提示符号。

10. 提示器物形状

盘，作[古文字]，而虢季字白盘作[古文字]，上揭诸字之加[古文字]，皆提示其形状是敞口的。伯盨"盨"字作[古文字]，加[古文字]（斗），亦提示其形状是斗形。盉假禾为之，免盉、伯口盉、员盉、伯春盉铭从"皿"皆提示其形状。

11. 提示动作器官的频率

奔的古文字形体有作[古文字]者，从[古文字]从[古文字]，[古文字]即走，表示跑，奔就是"飞快地跑"。"飞快地跑"的概念怎么表达呢？人们都知道，人"飞快地跑"的时候，他的腿脚会快速地交替，看上去就像有好几条腿、好几只脚似的。奔从[古文字]，正是用好几个脚提示其脚的频率快，用以表达"飞快地跑"的概念。

《说文·夰部》："奰，惊走也。一曰往来也。从夰、㬱。《周书》曰：'伯奰。'古文㬱，古文囧字。"忠发按：㬱，古文字当作[古文字]，像睁大眼睛向两边看，人的两个眼睛不可能一个向左一个向右同时看，作[古文字]正是眼睛转动的频率快的意思，人、动物在惊恐的状态下，眼睛会快速地向两边看，故以表示惊恐之状。"瞿"之双"目"也是用眼睛转动的频率快表达惊恐之意。

四、因不明提示符号而误释古文字举例

因不明提示符号的作用，在考释使用提示符号的古文字时就必然要出错，今只举一个可以进行验证的例子。

甲骨文中有[古文字]、[古文字]、[古文字]三字，古文字学家们的考释很不一致，今择其最具有代表性的说法具列如下：

唐兰先生说：[古文字]字卜辞可见，旧释为豖，字或作[古文字]，亦释为豖，其变

为□则释为牡或从豖矣。余察诸释并误。□当象牡豕之形，故并绘其势，□则作书之时，小变其法，故势不连缀于小腹。牡豕为豭，故□当为豭之本字。

闻一多先生说："唐释□为豭至确。□予初释为'十豕'合文。近知其非，谛审之当释豖，去势豕也。故所从丶旁列以示去之之谊。"为证明豖为去势之豕，闻先生还引经传中从豖为声的椓字字义与毁阴有关。如《诗·大雅·召旻》："昏椓靡共。"郑笺："昏、椓皆奄人也。昏，其官名也；椓，椓毁阴者也。"

姚孝遂先生说：唐兰释□为豭是正确的，但并以□、□为豭则误。闻一多释豖是正确的。[①]

我们先分析一下闻一多先生的说法。闻先生以为豕腹部与丶不连，就说是表示去势之义，这话是有些牵强的。豕去势并不必割除阴茎，只在小猪生下一个月左右阉其睾丸即可。北魏·贾思勰《齐民要术·养猪》，清·张宗法《三农记》均有叙述。再说雄豕的长长的阴茎全部藏于腹内，要把它割除，非动大手术不可。要使猪失去生育能力，完全没有必要割除其阴茎。再看看闻先生的论证，我们认为闻先生的论证并不能说明豖是去势之豕。就从《诗·大雅·召旻》文看，椓在此为名词，然从郑笺"椓毁阴者也"这样的话看，椓本是个动词，在这里临时用作名词，表示被毁坏阴部的人。我们从琢、啄、豛、豥、涿、椓、拯等等同声旁的字中看，它们都有捣、击之义，并无去势之义。所以闻先生说□是去势之豕，他实际上并没有找到证据。我们认为闻先生的说法是错的。

我们再来分析唐兰先生的说法。可以说，唐兰先生的结论是正确的，但他对□、□和□字字形的说法则是错的。唐先生说□象牡豕之形，实际上牡豕生殖器的外阴部在腹部中央偏后一点处的下面，不在两后腿之间，所以说□根本不象牡豕之形。猪为常见动物，大家都可以验证公猪是不是"□"这个样子。□、□也不是书者小变其法，□、□、□字形之间的差别是比较大的，不能算作是小变。

① 以上三家之说均见于省吾主编《甲骨文字诂林》1565—1571 页，中华书局 1996 年版。

通过上面的分析，姚先生的说法，我们不必再作说明，读者也就知其同样是错误的了。

事实上丶、丶、丨皆是提示符号，加提示符号造字并不是象形的手法，所以它不一定按事物的外形特征来安排字的结构，只是在一个形体旁加注一个提示符号即可。因而□、□、和□三字中，提示雄性生殖器的丶、丶、丨与豕或连或不连，其表达的字义都是相同的。所以□、□、□三体，唐兰先生释为豭是对的。

从这个例子中，我们也可以看出，把握提示符号，对于正确理解古文字的结构是非常重要的。

第五节　汉字表达难以表达的概念之方法研究

汉字研究还应该研究汉字表达概念的方法①，它与前面说的汉字表意方法着眼点不同。汉字表意方法研究，探索怎样安排字的结构、利用部件与部件之间的关系来表达造字的意图；汉字表达概念方法的研究着眼于探索造字选择用什么样的部件组合来准确、恰当地表达出一个个概念又不会使人在理解时产生歧解。

语言中，一个声音与一个意义相结合就形成一个概念，一个口语中的词。我这里说的表意汉字对极难表达的概念之表达方法，指的是汉字的形体最初表达的那个概念，后来引申的意义所代表的概念，不在我们的讨论之中。四书之中，象形字、指事字、会意字直接用形体与语言

---

① 汉字表达的到底是概念还是词？过去有过争论。其结果是，汉字表达概念的说法受到了批判。我无意去翻历史的旧案。简单地说，概念 = 音 + 义；口语中的词也是“音 + 义”，书面语中的词 = 形（字）+ 音 + 义。所以，书面语中的词 = 字 + 概念。如果说汉字造字表达的是书面语中的词，那么，其结果就是：书面语中的词 = 字 + 字 + 音 + 义。其错误还不够明显吗？如果说汉字造字表达的是口语中的词，那么，为了避免混乱，还是说成“汉字表达概念”好。

中概念的意义部分相对应，通过字的形体可以直接把握字形所表示的概念本身；形声字则用形旁限定其所表达概念的大致范围，用声旁与语言中概念的声音相对应，通过语言中意义与声音的联系，由声音进而把握意义，其形体本身不能直接显示出所表达的概念的意义。我这里所说的表意汉字指的就是象形字、指事字、会意字三者，形声字也不在我们的讨论之中。有的概念可以“画成其物”，有的概念可以通过比较简单的部件组合表达出来并且让人们都明白。这些相对比较简单，我暂时不讨论这些。我让研究生夏利亚做过一些总结，请大家参考她的硕士论文《汉字造字表词方法初探》。[1]我这里要讨论的是汉字对极难表达的概念之表达方法。表意汉字用比较简单的形体表达概念，有的概念容易表达，有的概念则非常难以用简单的形体表达。那么，我们的先人们是用什么方法把这些难以用简单的形体表达的概念用简单的形体表达出来的呢？我初步探明有以下一些方法。

一、以具有某种功能的工具表达动作概念的本身或者以专门的工具表示使用这种工具的人

这种方法主要是利用人们的联想。例如，当人们看到一个人在野外架起测量仪器，我们就知道他是在测量。测量仪器与测量的动作通过我们的联想联系在了一起。所以，古人造字，在表达“测量”概念的时候，就巧妙地利用了人们对测量仪器与测量的动作之间的联想，造“在”来表达：

在，甲骨文作[illegible]，其形体象什么？目前无人知之。我们不得不曲而求之。甲骨文中的“[illegible]”字，在金文中作“[illegible]”[2]，即今字“阳（陽）”字的古体。[illegible]在甲骨文中的字义是地名。[3]阳在古文献中的常用义是“朝着太阳的地方”。“朝着太阳的地方”这个概念实在很难表达。怎么才能

① 这样的标题是为了论文盲审的需要改的，原来叫《汉字表达概念的方法初探》。
② 金文中的几个“[illegible]”乃是检测是否垂直的悬绳。
③ 于省吾主编《甲骨文字诂林》1100页，中华书局1996年版。

准确表达“朝着太阳的地方”这个概念呢？我们再从“中”字说起。

中是日晷。[1]卜辞中有很多占问“立中”的卜辞，如：

《合集》7370：“……酉卜，贞：翌丙子其……立中，允无风。”

《怀》1611：“甲戌卜，立中，暘日。乙亥，允暘日。”

甲骨文中有“□”字，旧无释。上象房屋，下即中，正象屋前立中之形。这大概就是专门的立中之所，这也就相当于后代的天文台了。

古文字中“前后”的位置关系往往用上下结构关系来表示，“□”字，上象房屋，下即中，正象屋南面立中之形。立中之处就是屋子的南面，是“朝着太阳的地方”。古代立中之处和立圭表测影的地方都在“朝着太阳的地方”。我们的祖先造□，巧妙地利用“立圭表测影的地方”把“朝着太阳的地方”这个概念表达出来了。“朝着太阳的地方”是阳字的本义。□字上面为太阳，下面即是“在”，“在”乃是测日影的表。

“在”在卜辞中的用法与现代汉语中的“在”的用法相同。如：

《合集》13505 正：“己亥卜，内贞：王有石在麓北东，作邑于之。”

这个意义绝非“在”字本义。汉字造字在表达概念时，其常用的方法就是以可以实施某动作的工具来表示动作概念本身。这是我们所熟悉的。测量是一种动作，这个概念很难表达。我们的先人们造了一个“在”字，解决了这一难题：利用当时的测量工具——“表”来表示测量的概念。这运思是非常巧妙的。因为每当人们看到了测量工具，就必然联想到测量的动作。所以“在”字的本义是测量。《尚书·尧典》：“在璇玑玉衡以齐七政。”这里的“在”古注为“察”，是“测量”的直接引申义。

当人们看到手铐的时候，必然会联想到拘执罪人。甲骨文□象夹棍之类的刑具，用于夹系罪人。因此□在卜辞中就表示用夹棍拘执罪人之意：

《合集》6333：“乙酉卜，争贞：往复从臬□□方，二月。”

量，甲骨文作□、□、□等，整个字用“以升、斗和概等度量之具度量囊橐中的物品”来表示“度量”的概念。

---

① 陆忠发《汉字文化学》21—23 页，吉林人民出版社 2001 年版。

“战斗”的概念造“戰”，用“單”和“戈”这两种战斗的兵器表达概念，“狩猎”的概念造“[illegible]”，都是工具表达相关的动作的概念。

我在前面介绍汉字的造字方法时说，汉字造字以具有某种功能的器官来象动作，以可以实施某动作的工具表示动作，以可实施某动作的器官和工具来表示该动作。这些都是利用了人们大脑中器官、工具与动作的联想。

以专门的工具表示使用这种工具的人，也是利用人们大脑中工具与使用这种工具的人之间的特定联系使人们产生的联想。如，中国共产党党旗的图案是锤子和镰刀，锤子和镰刀分别代表工人和农民。这就是以专门的工具表示使用这种工具的人。造字也是如此。

如，商王的卫队叫史，这是我的结论。我们先说说别的先生的观点。商王的史是什么呢？胡厚宣先生有详论，认为“由甲骨卜辞来看，史官者正是出使的或驻在外地的一种武官”。其依据是：“在甲骨卜辞中，史常担任征伐之事。因为史官担任征伐，常驻在外，散居东南西北四方，所以武丁时卜辞或称东史，或称西史。因为史官经常驻在外地，所以又称在某地之史，如武丁时卜辞说在沚史。因为史官经常驻在外地，所以卜辞又常占卜史官是否归来或是否有至。史官的任命，还有一种仪式叫立史。立有建立之意。卜辞说：‘癸酉，贞方大出，立史于北土。’由于方国出来大举进犯，所以才于北土建立史官。这也可知立史实有防御敌方侵犯之意。总之，由甲骨卜辞来看，殷代的史，尚非专门记言记事、掌握国家文书诏令簿书图册的文官，也不是专门担任着王朝钻龟占卜、钻燧取火以及国家庶务的任务，主要乃是担任国家边防的一种武官。至于卜辞为什么只有在西方才立大史，只有在南方才立三大史，这或者是因为殷武丁时代主要敌人是在西方和南方的缘故。”①

对于胡先生的观点，我们不敢赞同，因为：

一、史不是负责军事的官员，卜辞中记录的商王朝的大小战争，史几乎是不参加的。

---

① 胡厚宣《殷代的史为武官说》，胡厚宣主编《全国商史学术讨论会论文集》，《殷都学刊》增刊，1985 年版。

二、卜辞中的“我史”,应当是属于商王的,但王之配偶也有史:

《屯》2363:“丁丑卜,妣庚史惟黑牛,其用。佳。”

《屯》323:“壬辰卜,妣辛史其延,妣癸惟小𫳅。”

《合集》21975:“……癸卯妇史。”

如果史是武官,那么他们当属于商王,王之配偶不应该也有史。

死去的王也有史:

《合集》27070:“其遘上甲史。”

《合集》27125:“大乙史王其饗。”

《合集》27355:“甲申卜,小乙史其延。”

由此可见,史是属于某个具体的王或王之配偶的,所以他们并不是武官。有的史死后还受到后代商王的祭祀,可见其在商王的心目中地位是很高的。

史有的时候也参加打仗:

《合集》6771 正:“贞:方其𢦏(歼)我史。”

《合集》9472 正:“贞:我史其𢦏方。”

史也参加打仗,因此,史应该是武装人员。但是,我们还应注意到,记录史参战的卜辞,往往都要问我史会不会𢦏对方,或问对方会不会𢦏我史,而大量的征伐战争卜辞却绝少见卜问对方会不会𢦏我,我会不会𢦏对方。由此我们可以断定,史只是小股武装人员,所以在遭遇战斗时,还有被歼灭的危险。

综合起来说:史为武装人员,但并不是武官,他们是服务于某个具体的王或王之配偶的人。所以,我们认为史应当是王或王之配偶的保卫人员。

下边,我们再说说,史既为王及其配偶的保卫人员,为什么又有东史、西史、北史、南史诸史。因为,商王在各地有许多类似于后代帝王行宫的宫城,我们可以把它叫“行邑”。[①]东南西北诸史,大概就是保卫这些行邑的保卫人员。

---

① 陆忠发《都邑考》,《杭州师范学院学报》2005 年 2 期。

因为立史事关商王行邑的安全，不可不慎，所以立史时还举行盛典，举行祭祀。而卜辞中之立大史，立小史，大小之别，大概在于保卫人员人数不同，人多的卫队称大史，人少者称小史。因为商代武丁时期主要敌人在西方和南方，所以西方、南方往往要立大史，以加强在那里的保卫力量。①

经过我上面的分析，读者先生应该会同意我的观点，即商王的卫队叫史。我们在卜辞中看到，史亦直接作中：

《合集》33049："癸酉贞：方大出，立中于北土。"

立中即立史。可见，这也是直接使用相关工具表示使用这种工具的人。商王的卫队叫中，我们把军队叫枪（如："党指挥枪"），表达概念的方法完全一样。

二、在观察生活的前提下，选择唯一恰当的事物、事件表达抽象的概念

古代战争，必杀尽战败方的青壮男子，而将其妇孺掳归。所以，要表达"俘获"的概念，可以用抓获敌方的妇女儿童的形象来表达。所以，造字可以造成[illegible]或者[illegible]。那么，后来为什么选择[illegible]来表达"俘获"的概念呢？因为作[illegible]，人们很可能会理解为抢妻，而抓一个小孩子，人们就不可能理解为抢妻了，只能理解为"俘获"②，因为生活中不可能有人去抓一个小孩子做老婆，也没有人会如此粗暴地对待自己的孩子。这就是在观察生活的前提下，选择唯一恰当的事物、事件表达抽象的概念。

现代汉语中表示"停止"意义的"止"、"停"，在上古都不表示"停止"的概念。"停止"的概念非常难以表达。画一棵柳树而枝条不动，人们仍然理解为树；画一个人站在地上不动，人们把这个字理解为"大"；……只有唯一的事物可以准确表达"停止"的概念而又不会使人

---

① 详细的考证请参考陆忠发《商代的史为王室卫队说》，《殷都学刊》2004年3期。

② 俘的本义应该是"俘获"，因为甲骨文"俘"亦作[illegible]，从彳，说明其本义与动作有关，所以其本义应该是"俘获"，"俘虏"之义乃是引申义。

产生歧解，那就是鸟在树上而又不展开翅膀。鸟在树上而又不展开翅膀必然是停止的，所以造字就用□（集）表达“停止”的概念。

“寂静”的概念，极难表达。甲骨文有□字：

《合集》136正：“乙卯卜，古贞……执往芻自□，王固曰：其唯丙戌执，有尾，其唯辛□。”

严一萍先生说：“□与□形颇近，□旧释为家，然□字于此版卜辞绝非家义所能安。疑即□字。《玉篇》：‘□，同寂。’《方言》：‘□，安静也。’今以甲文证之，则安静之义于此版卜辞最为合适。盖自丙戌以后，为牛马春情发动之期，故有交尾之事。此时之牲畜必见骚乱之象，卜兆所示，须至五日后辛未，春情始了，复归安静。由此言之，后世之□殆□之省无疑，其由来古矣。”①严说可从。我在这里要说的是，为什么“寂静”的概念要用□来表示？我在谈家猪概念的表达时说，在农业尚不发达的时代，粮食无剩余，饲养家猪并不普及。但帝王为了祭祀用牲的需要，要饲养家猪以备祭祀之需。□，从豕在屋中，显然是以圈养家猪表示“寂静”的概念。我们发现，从字的结构上看，凡从“者”声的字多有“止”义，或是“止”引申之义。如：躇，《说文》：“峙，躇也。”王力《同源字典》以为躇即“辵”，《说文》：“辵，乍行乍止也。”渚，《尔雅·释水》：“小洲曰渚。”字又作陼，《尔雅·释水》：“小洲曰陼。”《广雅·释水》：“陼，止也。”洲为水中陆地，起阻水作用，故名之渚、陼。躇，《广雅·释诂》“躇，止也。”王念孙疏证曰：“《说文》‘峙，躇，不前也。’《玉篇》音陈如切。《楚辞·九思》云：‘握佩玖兮中路躇。’躇与躇同。亭（停）水谓之潴，义与躇亦相近。”箸，《尔雅·释诂》：“底，止也。”郝疏引《晋语》“底箸滞淫”后云：“是底有滞箸之义。”此箸亦滞义。《战国策·赵策一》：“兵箸晋阳三年矣，旦暮当拔而飨其利。”鲍彪注：“箸言附其城。”这里的“箸晋阳”，指包围晋阳城，亦止引申之义。都，《广雅·释诂》：“都，聚也。”王念孙疏证曰：“都之言豬也。《禹贡》‘大野既豬’、‘彭蠡既豬’、‘荥波既豬’，《史记·夏本纪》并作都。都、豬皆聚也。《僖十六年穀梁传》

① 《释尾》，《甲骨文字研究》第一辑，中华书局1979年版。

云：‘民所聚曰都。’”聚亦止引申之义。猪，《说文》：“豕而三毛丛居者。”许慎的解释大概是错的。驯养的家猪爱睡不爱动，家猪所以名之曰猪，当由止得名。可见，圈养的家猪，只要不要让它饿着，它基本上都是寂静无声地躺着睡觉。以圈养家猪表示“寂静”的概念，虽然不敢说绝对不会使人产生歧解①，但恐怕也是唯一可行的表达了。

“军队”概念的表达，也非常困难。所谓军队，就是武装起来的很多人。如果要画成其物，那么字形将极其复杂。如果写成手拿兵器的人，则又与“戒”、“[illegible]”、“兵”等字混同。如果用举着旗子行走的一群人表示，又与“旅”混同。古人造𠂤字来表达“军队”概念。甲骨文𠂤字，前人多不明所象。《说文·自部》：“自，小自也，象形。”徐锴曰：“今俗作堆。”段玉裁曰：“其字俗作堆，堆行而自废矣。”《正字通·丿部》：“自，堆本字。”《说文·自部》“官”下曰：“自犹众也，此与師同意。”所以古文字学界都释𠂤为“师”，表示军队。这个结论是对的。但是，𠂤何以就是军队，却与自（堆）无关。甲骨文堆作𨸏，与𠂤形体迥异；作为偏旁使用时形体也不同，如[illegible]与[illegible]中间的𨸏与𠂤自非同字。

商代的军队组织分右、中、左三𠂤：

“丁酉贞：王乍（作）三𠂤：右、中、左。”（《殷契粹编》五九七片）

郭沫若先生释曰：“𠂤乃古堆字，然多用为屯聚之屯。此亦当以读屯为适，言作左、中、右之三营以屯聚三军也。”今按：𠂤实象一个个△联属之形，甲骨文横向占空间多的字，皆竖写，故字作𠂤。古军队宿营必搭建简单的帐篷，帐篷彼此联属，师正取象于此。用一个接一个军帐表示“军队”的概念，这也是唯一可行的表达了。

“归来”概念也很难表达，古人造[illegible]字以表达“归来”的概念。卜辞已见“[illegible]”，而许慎据小篆之歸，训为“女嫁也”，解为“从止、从婦省，𠂤声。”徐锴《说文解字系传》、段玉裁《说文解字注》、桂馥《说文解字义证》、朱骏声《说文通训定声》、王筠《说文句读》等皆从此说，近人亦相因循，而且有的学者对照籀文，还断定“𠂤”为增声。杨树达先生《积微

① 寂寞之寂，古作[illegible]，其省为[illegible]，因与家混同，于是乃省之作[illegible]，此无理据可言，可见[illegible]乃人为规定的符号。这正是为了避免歧解而做的人为规定。

居小学述林·文字中的加旁字》云："会意字加声旁者，歸埽同字，歸加声旁自也。"向光忠先生说："歸"本为"𠂤帚"，甲骨文作𠂤帚（《殷虚文字甲编》二一二九）、亦作𠂤帚（《殷虚文字乙编》七三四二）、或作𠂤帚（《殷虚书契前编》八·一·六）、又作𠂤帚（《殷虚书契后编》二·三三·四），金文作𠂤帚（毓且丁卣）、𠂤帚（矢方彝）、𠂤帚（小臣遽簋），后作歸（貉子卣）、歸（㒼簋）、歸（雁侯钟），《说文古籀补》摹录师埽戈之歸，同籀文埽皆为省"自"。显然，从"自"在前，从"止"在后，"自"并非后增，乃是省减，而"又"、"彳"、"止"则是增形。唐兰先生《殷虚文字记》云："𠂤帚当为从帚自声。"不取许氏"从婦省"之说，有所匡正；仍从《说文》的"自声"之解，则相沿袭。然而，端纽、微部、平声之"自"同见纽、微部、平声之"𠂤帚"（歸），尽管韵部相合，却是声类远隔。[①] 向先生说𠂤帚字的形体演变是对的。

那么，𠂤帚字到底是怎么表达"归来"概念的呢？我们看到，𠂤帚从𠂤从帚，𠂤表示军队，帚的本义是"扫晴"之祭，扫晴之祭由妇人担当，故引申为"妇"。书已定型，不便大改，我将另文详之。𠂤帚从𠂤从帚，即从师从女。从师从女，何以就表示"归来"呢？古者，男人征战，妻、女不能不担心。当军队归来的时候，女人们必然会出城迎接。这样，道路中间是归来的将士，道路两旁则是迎候的妻、女。这是将士征战归来的必然场景。《左传·成公二年》记载齐国军队归来时，将士的妻、女迎候的场景正是这样。造字者正是利用将士征战归来的必然场景巧妙地表达出了"归来"的概念。虽然"归来"的概念非常难以表达，但是，古人的造字还是非常巧妙地解决了这个问题。[②]

会意字造字的取象是经过精心选择的。很多时候都是唯一恰当的物象。如从表意方法言，"得"、"取"、"获"都是以手持物，但是所会之意不同，表达的概念不同。贝为货币，有贝即无所不能有，故以"手持贝"表示"得到"；耳，一般不持之，只有战胜之后才持取之，故以"手持耳"表达"攻取"的概念；鸟为飞禽，人手捉不着，只有鸟被人擒获了才有可

---

① 向光忠《古文字讨源辨识举隅》，《王力先生纪念论文集》，商务印书馆 1990 年版。

② 军队出征时，妻、女应该不会被同意去送行的。女人们那种哀哭的场景，实在不利于为将士壮行。

能被人持在手上,故以"手持鸟"表达"擒获"的概念。

三、用画意画出事件的全过程,使人由画意明概念

我们在前面介绍汉字表意方法时所介绍的字，基本上都有非常形象的画意。这种字通过简单的勾勒，画出事件的全过程。看了这个画，人们自然就明白这个字表达的是什么概念了。我再简单地举几个例子:

耤的本义是翻地,甲骨文作[illegible],[illegible]是一种双齿耒,古代的翻土工具。[illegible]形象地勾勒出一个人在使用耒翻地的情形。看了这个画，人们自然就明白这个字表达的是"翻地"概念了。

"打斗"的概念,甲骨文用[illegible]表示,字从二[illegible],象人伸手出击之形,通过二人各出手击打对方,表示打斗之意。非常形象直观。

表达"战斗"概念的古文字我们已经知道有"戰"字。但是《玉篇》说战之古体作[illegible]，我非常相信这是对的。古文字的上下结构往往表示前后的位置关系,所以,[illegible]之"止"表示前面一个人在跑,后面两个"干"表示两个拿着"干"这种兵器的人在后面追击。"战斗"的概念用这种激烈的战斗场面来表达是非常恰当的。

寿县所出吴王残钟铭:"吴王光逗之穆曽(赠)舒金,青吕(铝)尃皇,台(以)作寺吁龢钟。"吴王残钟铭"舒"字作[illegible]，张亚初先生以为即《汗简》卷三之[illegible]，[illegible]《汗简》释为舒字。张先生释其形曰："金文之字由人、[illegible]（予)、舟三部分组成,《汗简》之字以[illegible]、[illegible]（予)、[illegible]、舟四部分组成。按：[illegible]为[illegible]旁的讹变。[illegible]则是[illegible]（予）旁的重出。"① 忠发按：这也是用画意画出事件的全过程表达概念，舒字作[illegible]，或作[illegible]。[illegible]字从"人"、从"舟"、从"[illegible]"，"[illegible]"就是"金"的古体。这个字表示舟上载金,人在前面牵引舟前进，从而形象地表达出了"运输"的概念。[illegible]则不从"人"而从"[illegible]",表示以竿撑船,又从[illegible]（予)则表示其读音。[illegible]为会意字,[illegible]为形声字，结构不同，而表达的概念是相同的。大概此地产铜，常常向外地输出铜,后来直接名此地为舒。考古证实,安徽中南部的铜是炼成铜

---

① 《殷周金文集成引得序言》,中华书局2001年版。

块后用船载入中原的。

四、以张扬的动作表达相关的概念

在介绍独体会意字时，我们说大、走等字的某些部位都不是以其名物本身的身份参加造字，而是以其所具有的某种功能参加造字。所以这些部位往往都具有动作的性质，这样，我们就应该把它们看作是一个独立的表意部件。因此，这个完整的象形形体其实就包含了两个或者两个以上独立的表意部件。所以我们应该把这种字看成是会意字。从表达概念的方法的角度看，这些字的相关部件都是以某种张扬的动作来突显其特有的动作功能从而表达相关的概念。再如：

，亦作，王襄先生说："古允字。"罗振玉先生说："卜辞允字，象人回顾之形，殆言行相顾之意欤？"李圃先生说："象人诚敬之形。"[①] 忠发按：允不象人回顾之形，亦不象人诚敬之形。甲文祝之ㅂ象人张口向上祝祷之形，之ㅂ亦象人张口向上祝祷之形，之亦表示人口向下之形。则字之当象人撮口吮吸之形。《说文》："吮，嗽也。"《韩非子·备内》："医善吮人之伤，含人之血。"《白虎通·号》："衣皮毛，饮泉液，吮露英。"吮吸之义，正与允字字形所示字义相合，故允正象人撮口吮吸之形，允乃吮之本字。通过吮吸，可以真切地感受到事物的真实存在，故引申为"真实的"、"果然"、"的确"等义。赵诚先生说："允，象人鞠躬低头双手向后下垂，以表示尊敬、诚信的样子。用象形字来表示一种较为抽象的意思。"[②] 这也是不对的。

五、运用提示符号使不明的事物明确化

提示符号的作用是提示。不明确的事物，经过提示，往往就容易使人明白。我在前面介绍汉字表意方法和提示符号理论时都已作过介绍。

① 以上各家说见《甲骨文字诂林》38—40 页，中华书局 1996 年版。

② 《甲骨文虚词探索》，《古文字研究》第十五辑，中华书局 1986 年版。

在表达概念的时候，造字者往往使用提示符号使不明的事物明确化。我再举几个例子。

□也作□，吴其昌先生说象□屋上有禾、来之形。□即后世之廪。禾、来之属藏于廪屋，是农穑事也。因而，□即穑字。姚孝遂先生说，□即穑字，□而藏之，示收获之义。① 今按：□字，用□屋上有禾、来表示藏谷于屋，此有违史实。古者谷物窖藏，并不是“屋上有禾来”。□显然象藏谷之窖，□为屋盖，□示屋中有藏谷之窖，禾、来为提示符号，提示窖中所藏为禾、来。故□、□应该是仓廪之廪的本字。□、□为藏谷之处，引申有“收藏谷物”之义。后别造廪表示仓廪之廪，□遂专表“收藏谷物”之义，进而滋乳出穑字表示“收藏谷物”之义。

从表达概念的方法看，□表示屋中有藏谷之窖，但是，并不明确。有了禾、来作为提示符号，□表示屋中有藏谷之窖就显然明确了许多。

□亦作□、□，王襄先生谓“古羌字”。该字与羌字形有别，王说固非。商承祚、唐兰先生谓即《说文》死字。于省吾先生说：“契文死字作□，金文作□，晚期金文《𬶍镈》死字从□，《说文》所引古文系六国时古文，□即□之形伪，非契文金文中别有□、□以当□、□也。”已辨明□非死字。然于氏谓□象人戴有羊角形之帽，即商器（般甗）敄字所从之□（一种兵器）。并进而考甲文□即后世文献中的髦或髳字。忠发按：于先生谓□即□演变而来，实难令人信从，故于先生结论亦不可信。李孝定先生说“□字疑为冕免之异构，与金文作□者相似，象人戴冠免之形”。姚孝遂先生也说：“卜辞方国名之□、□等，象人戴帽形，金文作□，小篆作□，犹存其初义，其后免既用为‘脱免’，复孳乳从曰免声之冕字以代之。”②

忠发按：李孝定、姚孝遂先生说是，□、□、□并象冕形，人乃提示符

---

① 以上各家说见《甲骨文字诂林》1971—1974 页，中华书局 1996 年版。

② 以上各家说见《甲骨文字诂林》78—84 页。

号，提示人头上所戴之有装饰物的东西，均为冕字。[1] 此字乃是象形字之第三种类型。如果没有人作为提示符号，[illegible]、[illegible]、[illegible]并象冕形，是不明确的。

佩，金文作[illegible]，《说文》：“佩，大带佩也。从人从凡从巾。佩中必有巾，巾谓之饰。”按：佩字从凡，实无理可说。今谓[illegible]即人，[illegible]为巾，[illegible]则玉器之形。如此，佩字字形可解如下：[illegible]为玉器，巾乃玉器之丝饰，[illegible]是人，乃提示符号，提示[illegible]乃人身上之佩挂之物，合起来表示佩挂的玉器之概念。所以，佩挂的玉器乃佩之本义。佩为身上佩挂之物，当为小的有穿孔可以系丝带的玉器，这是佩与圭、璋等玉器的区别所在。[2] 从字的结构中看，[illegible]为玉器，巾乃玉器之丝饰，如果没有[illegible]作为提示符号，[illegible]为人身上之佩挂之物，也是不明确的。

磷，现代人知道它是一种燃点很低的化学物质，古人对它的认识就是“鬼火”，甲骨文作[illegible]，或作[illegible]，∵象鬼火，“大”是提示符号，提示∵是围绕着人的鬼火。“大”或突出两个脚的动作，是因为人遇到鬼火，没有不吓得乱蹦乱跳的。两个“止”也是提示符号，提示人被吓得乱蹦乱跳。就表达“鬼火”这个概念的方法来说，单单∵不足以使人明白它就是鬼火，造字者用被吓得乱蹦乱跳的人作为提示符号，∵是围绕着人的鬼火就容易使人明白了。

蕴（[illegible]、[illegible]），甲骨学界有过很多探索[3]，唯张政烺先生考其字义为“蕴埋”是正确的。张先生的考释施诸卜辞无不通畅，说明张先生对字义的考释是正确的。张先生的考释除了受现代方言的启发，还有一个重要的原因就是在分析字的结构的时候受到了提示符号的启示。张先生说：“我的看法，[illegible]是木椟也作棺材用。其加四小点者，尤见掩埋之义。”“在[illegible]的四周加四小点，似象埋藏在沙土中的形状。”[4] 这四小点

---

① 有人说篆文[illegible]的古体是[illegible]（见《古汉语研究》2007 年 2 期《释娩》），非是。[illegible]的古体是[illegible]，本义是“冕”，[illegible]用“双手扒开产道帮助婴儿的头出来”表达“分娩”的概念。[illegible]引申为“脱免”，再引申可有“分娩”义，从而取代了[illegible]。[illegible]就废弃不用了。

② 请参考陆忠发《现代训诂学探论》27—28 页，浙江大学出版社 2008 年版。

③ 请参考《甲骨文字诂林》92—103 页和 305—309 页，中华书局 1996 年版。

④ 张政烺《释甲骨文俄、隶、蕴三字》，《中国语文》1965 年 4 期。

就是提示符号。

六、运用提示符号使事物的区别明确化

有一版人民币的图案是工人、农民、解放军，上面是三个人，虽有长幼、男女之别，但都还是一样的人。怎么区分工人、农民、解放军呢？人们都知道，拿着锤子的是工人，抱着麦子的是农民，握着钢枪的是解放军。图案要表示的是三种人，锤子、麦子、钢枪确实只是提示性的物品。图画如此，造字亦然。甲骨文妾作 ，《说文》：“妾，有罪女子给事之得接于君者。”朱芳圃先生说“妾象女头上戴辛，辛为爨薪。妾就是被俘获之妇女，除服役外，兼荐枕席，后渐转为多妻制度中妇女等级之名”。李孝定、赵诚、姚孝遂皆以为妾所以之 ，乃头饰。卜辞中与女、母混，乃泛指配偶言。“相当于后世的内人、太太、娘子”[①]。今按：许慎说妾是也。妾字所从之辛（ ）即剞劂，是一种刀具。郭沫若先生说：“辛绝非头上所插之妆饰，乃于头上或额上所固有之附属物。余谓此即黥刑之会意也。有罪之意无法表示，故借黥刑以表示之。黥刑亦无法表现于简单之字形中，故借施刑之刑具剞劂以表现之。”[②]郭沫若先生的意见是对的。妾在卜辞中往往用为人牲：

《合集》629：“贞：今庚辰夕，用献小臣三十、小妾三十于妇，九月。”

《合集》904 正：“侑妾于妣乙。”

这些卜辞可证妾的身份必然是奴隶，所以可以用作人牲。当然，妾也作配偶：

《合集》14036：“丁亥卜，己贞：子……妾娩不其嘉。”

《英》125 正：“……寅卜……子商妾……盏，娩……”

这两条卜辞是关于王室贵族的妾分娩的，所以妾是配偶。

妾死后也受到祭祀：

《合集》2385：“贞：来庚戌侑于壬妾、妣牝羊 。”

---

① 以上各家说见《甲骨文字诂林》452—455 页，中华书局 1996 年版。

② 郭沫若《甲骨文字研究·释干支》，科学出版社 1962 年版。

《屯》1060："壬寅卜,祝于妣庚暨小妾。"

这些受祭祀的妾,生前应当是王或贵族的配偶。但是,这仍然不能证明妾不是奴隶。这些王或贵族的配偶，应当是女奴中聪颖美貌者被收为妾妃。我们不能因为妾有被收为王或贵族之配偶者，就认为妾的身份不是奴隶。

妾的身份为奴隶,还表现在她们被选为鬼、神之配偶：

《合集》658："辛丑卜,于河妾。"

《合集》660："……于王亥妾。"

"于河妾"即向黄河之神献妾,使为河神之妾。"于王亥妾",即使之做王亥之配偶。王亥为商王高祖,武丁时其妾早已不在人世。所以《合集》660 不是祭祀王亥妾的, 而是为王亥娶妾。王亥早已作鬼, 为王亥娶妾,实际上就是为死去的人娶阳妻。

王亥应当是《史记》所载的契,为商之始祖,此为王亥娶阳妻,也是格外敬重的缘故。为死人娶阳妻, 盖始于此。然而, 谁愿为死人之妻? 必定是连自由、人格也无从谈起的女奴。从字的结构方面说,辛应该是个提示符号,提示这个人是被施过黥刑的人。童、仆等字中的辛都是这样的提示符号。另外, 如动物雌雄的区分, 利用提示性器官的符号, 也是非常有效的方法。

七、运用有形之物的形体变化表示导致这种变化的事物或者原因

有的事物无形, 无形之物最难表达。比如画画, 古人虽有画人难, 画鬼易之说, 那是因为人们没有看到过鬼, 画出来的只要不是人, 便就是鬼了。所以画鬼容易。但是画一个人们都能够感受得到, 却又无影无形的事物,就没有那么容易了。假如我们画风,怎么画? 最合理的画法是画一棵柳树, 柳树的垂条都向一个方向飘动。这就是风。台风来临的时候, 电视上的报道, 总是有被吹弯了腰的树。柳条的飘动、大树的弯曲,这是有形的物; 然而,这有形的物所表现的不是有形的物本身,

而是无形的风。所以，有形的树，是为了提示无形的风。画画如此，造字也如此。

甲骨文[illegible]、[illegible]、[illegible]、[illegible]为同一个字，胡厚宣先生读为敚，即微，杨树达先生《甲骨文中之四方风名与风神》谓敚当读豈，即《诗经》、《尔雅》中之凯风。微本四方风名，《京津》428："南方曰[illegible]。"胡厚宣先生称甲骨文有言"风曰微"。则微为南方风名。杨树达先生称即凯风，《尔雅·释天》："南风谓之凯风。"这些意见都是对的。严一萍先生称"此字象一人披发上扬，手舞足蹈之状，有动摇之义，疑即摇之初文。"[1] 事实上，微象人头发向后飘动之状。字作[illegible]、[illegible]更强调人在被追赶或者跑动时，头发向后飘动。[2] 从表达概念的方法的角度看，风本不容易绘其形，造字者巧妙地利用头发的飘动来表示导致头发飘动的风。

南风吹到中原已微弱不巨，故微引申之义为细为小。《吕氏春秋·有始览》："南方曰巨风。"《淮南子·地形篇》："南方曰巨风。"高诱注并曰："一曰凯风。"巨，古群纽鱼韵，凯，古溪纽微韵，巨当是凯的假借字。

甲骨文有兑字，作[illegible]，赵诚先生说"构形不明。卜辞用为锐，有急速、赶快之义。'戊申卜，马其先，王兑从。'马，职官名；先，动词，走在前面。从，动词，追赶、跟从之义。'兑从'即'锐从'，急速追上之义。兑、锐为古今字"。[3] 忠发按：赵诚先生说"兑"字字义不误，谓兑、锐古今字亦合理。晁福林先生说此字应释为嚣，理由是此字见于三期卜辞，又多作人名，并与康丁之名相合，因此释为嚣是适合的。[4] 其实兑字在卜辞中并不用作人名，晁说非是。此字下象人张开嘴巴之形（[illegible]为人之口，[illegible]为提示符号），上"八"象口中气流喷出，整个字盖用人行走时气喘吁吁，表示"疾速行走"之义：

《合集》28663："……亥卜，翌日戊王兑田大启，大吉，兹用，允大启。"

---

① 以上各家说见《甲骨文字诂林》72—74页，中华书局1996年版。

② 许进雄先生在所著《文字学简编》中称微的本义为击杀老人，是不对的。

③ 《甲骨文虚词探索》，《古文字研究》十五辑，中华书局1986年版。

④ 详《殷墟卜辞中的商王名号与商代王权》，《历史研究》1986年5期。

王兑田，即王快速前往田猎。

《屯》637：“庚寅卜，翌日辛王兑省鱼，不遭雨。吉。”

王兑省鱼，即王快速前往观鱼。

《合集》27945：“戊申卜，马其先，王兑从……大吉。”

王兑从，即王快速赶上。

古文字中，一般的行走，叫“步”；快步行走叫“兑”；跑叫“走”；飞快的跑叫“奔”。步用两个脚一前一后作行走状来表示，跑用人迈开大步、甩起胳膊作奔跑状来表示。快步行走介于“步”与“走”之间，要表达这个概念非常困难，用两个脚一前一后作行走状来表示，那就是一般的行走；用人迈开大步、甩起胳膊来表示，又肯定会使人理解为跑。所以，造字者就用行走时气喘吁吁来表示导致气喘吁吁的原因——“疾速行走”。

“射箭”的概念，甲骨文用“射”表示，“发射（箭射出去）”的概念用“发（發）”表示。“发（發）”甲骨文作，裘锡圭先生说字形象弓弦颤动的样子。[1] 这是对的。“发射”的概念也非常难以表达，执矢搭弓，字为“射”字，也不能确切表达“射出去（发）”的概念。人们知道，箭“射出去（发）”之后，弓弦必然会颤动，于是就用弓弦颤动这样的结果表达导致这样的弓弦颤动的原因——发射。

八、用人体的感受表达相关的概念

请先看看甲骨文字的考释。

甲骨文也作、，旧隶定为湄，在卜辞中每与“日”连言，下往往为“不雨”、“无灾”。如：

《合集》28346：“乙王其田，湄日不雨。”

《合集》29157：“惟宫田省湄日无灾，不遘大雨。”

《合集》28500：“丁丑卜，翌日戊王其田，湄日无灾。”

---

① 裘锡圭《释勿发》，《中国语文研究》第二期，1981年版。但是，裘先生说“發”的形体我不敢苟同，将另文详之。

杨树达先生曰："湄日者，湄当读为弥，弥日谓终日也。"屈万里、姚孝遂先生说同。[①]

以上卜辞中，湄日理解为终日，似乎没有什么不妥的。但是，结合下面的卜辞，就可知湄日理解为"终日"肯定是错的：

《合集》29803："日戊今日湄至昏不雨。"

《后上》十四、六："王其田牢，杋，湄日无灾。"

《京津》3835："今日庚，湄日至昏……"

《邺初》三三·三："[翌]日戊，旦湄至昏不雨。"

后三辞转引自于省吾先生《甲骨文字释林·释湄日》。于省吾先生据湄在卜辞中的以上用法读湄为昧，谓天将明未明之时。[②]读湄为昧，卜辞中"湄日"之义便很难解释，可见于先生之说于词义之训释仍未能通。今观其字形，从□即眉，从□、□，即水，谓眉目旁流水，或从口者，口在眉下，加口为提示环境的提示符号，使□表示眉更为明显。生活中，人们都有这样的感受，下雨的时候，雨水从头上淋下，顺着两眉向两旁流过，眼中打进的雨水也归至眼角流下。这时，我们必然视线朦胧、模糊。验之卜辞，我们发现，如果甲骨文□、□、□隶定为"蒙"，其义为朦胧、模糊，则相关卜辞皆可通其意。卜辞中所谓"蒙日"，谓太阳被乌云遮住了，在云中若隐若现。蒙日未必就下雨，故卜辞记曰"不雨"、"不遘大雨"、"无灾"。《合集》29803一辞，当断为："……日戊，今日蒙，至昏不雨。"《后上》十四·六，杋为求不下雨的祭祀。[③]则此辞谓"王于牢打猎，进行了乞求不下雨的祭祀，虽然太阳被乌云遮住了，若隐若现，但是无灾。"可见，所有的卜辞以"蒙"解之，均可通。

"朦胧"的概念极难表达，造字者就利用人们的生活常识，用下雨的时候人们所感受到的状况，来表示"朦胧"的概念。

甲骨文又有□字，从大矢，其字利用射向人体的矢表达"急速"的概念：

① 以上各家说见《甲骨文字诂林》582—583页，中华书局1996年版。

② 《甲骨文字释林·释湄日》121—123页，中华书局1979年版。

③ 我考杋即后来的"扫天"之祭。详后。

《合集》36776："[illegible]归于牢。"

汉语中，表示速度的词有许多都与箭有关，如"如离弦之箭"、"归心似箭"等等。生活中人们更是感受到，当一支箭向人射过来的时候，其速度之快，简直让人来不及避让。① 所以，造字者就利用射向人体的矢表达"急速"的概念，这也是用人体的感受表达相关的概念。

这样的例子还有很多，如"重"用"人负橐"来表达，都是。这也是非常巧妙的方法之一，我们不能不作介绍。

九、用"一"表示静止的平面，进而表达与静态相关的概念

如"上"、"下"概念就是这样。上作"二"，下作"[illegible]"，这两个字中的"一"表示一个平面，"-"是指示符号，指出在平面的上面或者下面，用以表达"上"、"下"的概念。

[illegible]（止），"一"提示地面，脚停在地面上，表示"停止"的意思。由"停止"引申出"在这里"。

[illegible]（次），"一"提示地面，军队停在地面上，表示"驻扎"的意思。

并，甲骨文作[illegible]，用两个人在静止的地面上肩并肩站着表示"合并"、"并列"的概念。

研究汉字如何表达概念，除了可以指导古文字考释、帮助正确理解汉字结构外，还有非常重要的作用：通过把握概念，可以把古文字与今文字对应起来。每一个汉字最初都代表一个概念，文字的功能是把口语转换成为书面语，由于记录书面语的材料和古人所记录的内容的限制，有许多文字都不可能频繁地在古人留下来的文献如甲骨卜辞、金文辞、简帛文辞以及其他文献上面出现，最终，这些字不被《说文》所收录；再者，有的时候，一个概念已经有了一个汉字表达，人们仍然会

① 现代射箭运动射出去的箭速度达到240公里/小时，比子弹头列车还要快。古代的箭速度恐怕也不会慢太多，就以古代的箭时速120公里计，其速度达33米/秒多。如果一支箭从60米处射来，不到2秒时间就会射中人。射箭应该是当时人类可以创造的最高速度了。

再为这个概念造另外一个或者几个字来。这些字在同时代的文献中出现，我们称为异体字；在不同时代的文献中出现，我们称为古今字。这两种情况导致的结果是：当我们见到一个古文字时，由于没有《说文》可以对照，又没有大量的材料可以排比归纳其意义，这个字我们往往就解释不好了。但是，如果我们从汉字表达概念的角度看，这个古文字所表示的概念，一般在后来的语言中都存在。这样，我们通过表达概念相同这个条件，便很容易判断这个古文字就是后来的某某字。从而把古文字与今文字对应起来。如我在说古文字考释方法时根据甲骨文[illegible]、[illegible]的形体确定它就是“菽”字[1]，就是通过古今概念的对应得出考释结论的。再如：

[illegible]，从[illegible]（鹿）从[illegible]从[illegible]会意，在卜辞中为驱赶动物的一种狩猎方式，故其验辞均为“擒”：

《合集》28320：“惟行南[illegible]，擒有狐，吉。”

《合集》28345：“惟阺[illegible]，获有大鹿，无灾。”

以字之形义考之，当为驱赶之义[2]，其概念与后代的“驱”同。

所以，对汉字表达概念的研究是中国文字学研究不可回避的工作。1900多年的中国文字学研究史中，对汉字表达概念的系统探索一直是空白。我们虽然在汉字表达概念之方法方面做了这些探讨，但是仍然是不系统、不深入的。我的目的是抛砖引玉，让我们共同为中国文字学研究开辟一片新的天地。

为了使人们更多地感受古人造字的巧思，我再介绍几个极难表达的概念，看看我们的先人是怎样巧妙地把它们表达出来的。尽管有些概念很难用一个字形来表达，但我们的先人们，还是准确而简捷地将它们表达出来了，其运思之巧妙，真让我们拍案叫绝！请看《汉字对极难表达的概念之巧妙表达举例》。

---

① 请参考拙著《现代训诂学探论》41—42页，浙江大学出版社2008年版。

② 这个字不能理解为击打鹿或者放牧鹿，因为鹿生性多疑又善于奔跑。所以，生活中不可能出现人击打鹿或者放牧鹿的情况。请参考《古文字形体避免歧解的方法研究》。

十、汉字对极难表达的概念之巧妙表达举例

1. “白昼”概念的表达

从早晨太阳刚升起到太阳落下山去，这长长的时间都叫白昼。如果让我们用一个字的形体来表达“白昼”的概念，今天的我们仍然感到万分困难。然而，这个万难之事，我们的先人们造了一个“昼”字，巧妙地解决了这个难题。

昼，甲骨文作[illegible]，○表示日晷的晷面，[illegible]表示测日影的表杆，[illegible]是手，与表杆合起来表示立一根表杆。晷面中的点是个提示符号，提示所立的表杆就立在晷面中间“·”这个地方，[illegible]表示表杆在太阳下的投影移动的范围。整个字表示：在晷面的“·”处立表杆，则表杆在太阳下的投影将在晷面的“B [illegible] A”这样一个范围内移动。这样就巧妙地把“白昼”的概念表达出来了。当太阳初升时，表杆的投影在 A 处；随着太阳的升高，表杆的投影由 A 向 B 的方向移动，最终在太阳落山时，表杆的投影到达了 B 的位置。表杆的投影由 A 移动到 B 的位置，这就是一个完整的“白昼”。先人们对“白昼”概念的表达是何等巧妙而精确！①

2. “卵”概念的表达

动物的卵一般是圆的。如果画一个“O”表示动物的卵，非常容易引起歧解。“八”表示把物体分开，从“O”从“八”，就是“卯”，表示把东西剖开。剖开之后有蛋黄，那么就肯定是“卵”了。所以，造字者就在“卯”的基础上加两个“·”作为提示符号，提示“O”剖开后有蛋黄，“卵”的概念就这样巧妙地表达出来了。

3. “祭祀用酒”概念的表达

无论是祭祀用酒还是日常喝的酒，它都是酒，一种液态的东西。因此非常难以用一个字形来表达。古人巧妙地造“鬯”字表达出了这个概念。古代宗庙祭祀用的香酒叫鬯，《礼记·曲礼下》：“凡挚：天子鬯；

---

① 参考本章第二节的相关考证。

诸侯圭。"孔颖达疏："天子鬯者，酿黑黍为酒，其气芬芳调畅，故因谓为'鬯'也。"《说文·鬯部》："鬯，以秬酿郁草，芬芳攸服，以降神也。从凵，凵，器也。中象米。"古者酒与糟混和在一起，日常喝酒是酒与糟一起喝下去，祭祀时则以包茅过滤后使用。《左传·僖公四年》："尔贡包茅不入，王祭不供，无以缩酒。" 杜预注："包，裹束也；茅，菁茅也；束茅而灌之酒，为缩酒。"鬯甲骨文作[甲骨文]，上象滤糟之器，下象盛酒之器，合起来用"过滤后的酒"表达"祭祀用酒"的概念。

4. "熟肉"概念的表达

"肉"的概念容易表达，甲骨文作[甲骨文]，象带骨头的条肉。随着火的出现，人们开始吃熟肉，于是，生活中就出现了"熟肉"的概念。如果再以[甲骨文]表示，人们就不明白这个肉是生的还是熟的了。所以必然要为"熟肉"的概念重新造字。然而，"熟肉"的概念非常难表达。从火从肉，则与"炙"无别；从鬲烹肉，又与"羹"混同。

在先秦的历史条件下，待客食肉之时，其食案上总是放着两种肉——煮熟的大肉块和切成小块的切肉。这两种肉都是熟肉。造字者利用用熟肉待客的礼节，造了一个[甲骨文]（宜）字，巧妙地表达了"熟肉"的概念。[甲骨文]表示食案，[甲骨文]即肉，两种肉中间用线条隔开，显然是为了强调这是两种不同的肉。这样，食案上放着两种不同的肉，人们自然就会联想到这肉是熟肉。——"熟肉"的概念就这样巧妙地表达出来了。①

我最近读卜辞，发现[甲骨文]也作为祭品使用：

《合集》34596："丙午蒸宜。"

《合集》32592："癸未卜，其延蒸菽于羌甲。"

《合集》30974："辛酉卜，王其蒸新鬯。"

"蒸宜"与"蒸菽"、"蒸鬯"同例，"宜"是祭品。有了这些证据，[甲骨文]的本义为"熟肉"，就颠扑不破了。

5. "胃"的概念的表达

胃是人、动物的储存食物的器官，其形状像袋子。但是，如果画成

---

① 请参考拙著《现代训诂学探论》44—48 页的考证，浙江大学出版社 2008 年版。

为袋子，就没有办法让人知道是胃。所以这个事物很难表达。为了准确表达“胃”的概念又不致于使人产生歧解，造字者使用了三个提示符号：金文胃作，之像一个袋子，中的“十”是个提示符号，提示这个是饱满的。懂得绘画的人都知道，饱满的物体朝向人的这一面反射光线最强，故用“十”提示这里反射最强以表示这是饱满的东西。果甲骨文作，叶甲骨文作，二者的区别正在于使用了“十”以提示是否饱满，饱满的是果子，扁平的是叶子。中间的几个点，也是提示符号，提示是中盛的东西。但是，仅仅作还不足以说明这就是胃，因为别的装满东西的物体也可以是“”这个样子的。然而，人们也知道，胃与别的袋子的区别最根本的还在于胃是用肉做的袋子。所以造字者又使用了第三个提示符号——肉，提示这是肉做的袋子。这样，“胃”的概念就准确地表达出来了。

6. “平民”和“奴隶”概念的表达

平民和奴隶都是人，所不同的是政治、经济地位不同。我们的先人们用“众”表示平民，用“庶”表示奴隶。

众，甲骨文作或，陈梦家先生曰：“卜辞中众与多的用法不同，凡多数的人称之前附加多字，如‘多臣’‘多后’之类，决不加‘众’，而‘多’亦决不作为名词。卜辞的‘众一百’亦决非‘人一百’，所以‘众’必须是一种身份。”① 陈梦家先生的说法是对的。

《合集》24：“辛亥卜，争贞：共众人立大史于西，奠……月。”

史，胡厚宣先生考为商之武官②，我考为商王室的卫队③，不管胡厚宣先生和我的结论哪一个是正确的，此辞都表明“众”绝对不可能是奴隶。从卜辞中看，众除组建商王室的卫队外，主要从事农耕和征战，所以他们应该是国民中最基本的成员，他们应该是平民。

仅仅从卜辞中看，我们只能看出“众”是享有人身自由的国家公民，

① 陈梦家《殷虚卜辞综述》610页，科学出版社1956年版。

② 胡厚宣《商代的史为武官说》，见《全国商史学术讨论会论文集》，《殷都学刊》增刊，1985年版。

③ 陆忠发《商代的史为王室卫队说》，《殷都学刊》2004年3期。

他们因为有自己的国家而享有人身自由，他们作为国民，又要尽国民的义务——纳税和服兵役。“众”为国家“圣田”、“凷田”、“种黍”，只是尽其纳税之责罢了。至于卜辞中表现的“众”参加劳作一定得由国家设立的“小众人臣”管理，这是因为“众”来自四面八方，要他们做什么、怎么做，当然要有人管理，毕竟他们做什么、怎么做，不是在自家的田地里可由自己决定。既然不能由自己决定，当然就得听“小众人臣”管理了。他们参加战争，守卫王室只是尽其服兵役之责罢了。总之，商代的“众”，其身份是平民。

了解了“众”字的形和义就会明白古人造字的巧妙了。

关于字形，高田忠周先生说：“众字元有二体，一从目，一从日，日在上亦照临之意也。”① 从日者，甲骨文字形似之；从目者，周代金文伪日为目，如师寰殷铭作⿱目乑。今谓众不从日、目，亦无照临之意。口乃象宫城之形②，宫城中主殿往往居四合院之中，故又作曰，“-”是提示符号，提示主殿，如河南偃师二里头商代宫城遗址就是这样。甲骨文中曰并不全是日，如[古文字]字中的曰就不能理解为日。所以，⿱口乑字中的口或曰均象宫城，⿱口乑、⿱曰乑用宫城外聚集的很多人来表意。那么，什么人常在宫城外聚集呢？当然是王城中的居民——享有人身自由的平民。从周代文献中看，周代宫城内要为居民留下聚会场所——朝。王城之中，最为宏伟的建筑即王之宫城。这里当然是市民向往之所，所以周王会开放一部分朝，让市民游玩观赏。通过对比商周宫城，我们发现，周代的宫城为四合院式的建筑，由廷将朝分为内朝和外朝，其外朝是可以对平民开放的。而商代宫城内部，廷居中，朝相连，没有划分为内朝和外朝，因此，商代宫城内部是不会允许平民进入的。③ 那么，居民聚会场所必在宫城外。造字者巧妙地利用了宫城与聚会的人之间的位置关系表达了“平

---

① 见《甲骨文字诂林》151—164 页，中华书局 1996 年版。

② 考古文献所称“宫室”、“宫殿”、“王宫”、“宗庙”等四合院建筑，皆为王之“宫城”，在商称“邑”，在周称“都”，是君臣处理政务和君王及其家庭生活居住的地方，所以称为“宫室”、“宫殿”、“宗庙”是不合适的。

③ 请参考商初二里头宫城图和西周凤雏宫城图。

民”的概念。

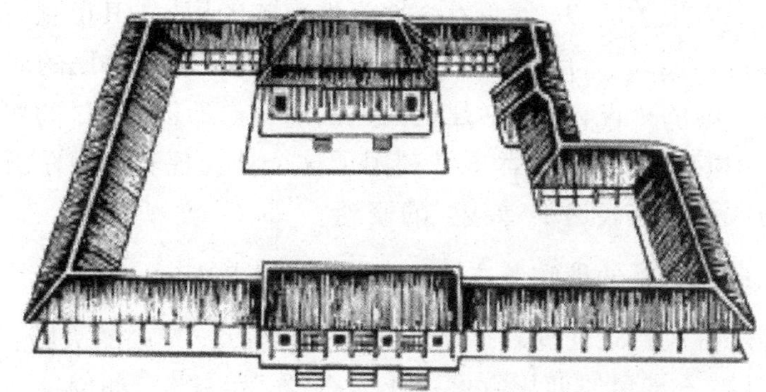

商初二里头宫城图（出自 2004 年 7 月 28 日《福建日报》http://www.fjww.com/old/shownews.asp?newsid=427）

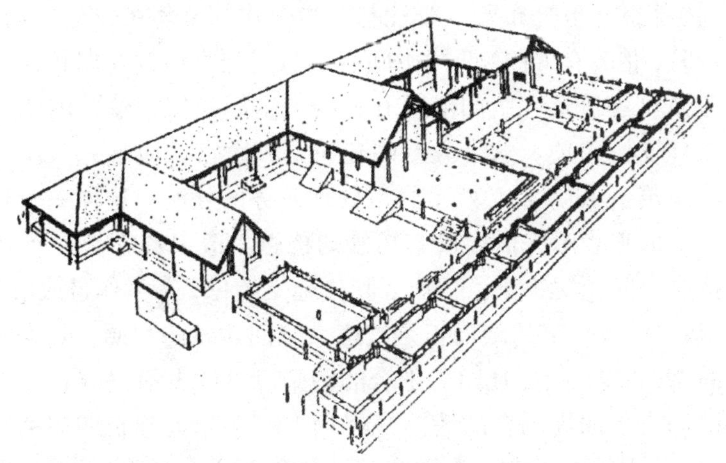

西周凤雏宫城图（杨鸿勋先生《建筑考古学论文集》97 页）

“奴隶”概念的表达也相当巧妙，造字者用“庶”巧妙地表达了“奴隶”的概念。庶，甲骨文作，为古岩字，表示山峦，在这里是提示符号，提示为山洞；表示聚居的人群。利用人与山洞之间的位置关系表示聚居在山洞中的人。从人类居所的发展来看，人类最早居住山洞之中。大约 7000 年前的仰韶时期，一般的平民都居住在地穴式的房屋之中，即在地上挖一个 1 米深左右的大圆坑或大方坑，在坑的中间竖立一根柱子支撑屋顶所造的房子。[①] 商代中期的殷墟遗址考古表明，在奴隶主大房子周边，分布着一些半地穴式的房屋，其形制与地穴式的房屋相似，但其穴深则只有半米左右。这些应该是平民的居所。限于商及商以前的条件，不可能建造大量的房屋。所以，大量的奴隶当仍然居住在山洞之中。造字者正是利用了这个社会现实，用在山洞之中居住着的大量的人表达了“奴隶”的概念。

7. 古代君臣处理政务之所——“廷”的表达

廷是古代君臣处理政务之所，是一个高大、宽敞的大殿，朝是大殿下的广场。[②] 如凤雏西周宫城这座四合院式的建筑，四周是一间接一间的十余平方米的房屋围成的城，屋前有廊相联。城内居中偏北处有一座大空间建筑，由东向西横贯全城。此建筑东、北、西三面有墙，整个南面无墙，内部整齐地分布着三排柱基。整个建筑座落在夯土台基上，南有三个台阶，北墙有二门，两门中间有一过道与宫城的北屋相连。我们可以想象出该建筑是一个向南敞开式的大空间建筑，建筑内用一根根高大的立柱支撑屋顶。这个大空间建筑是整个宫城内唯一一座可容纳很多人的建筑，因此，它必然是君臣处理政务的处所。这样一个建筑如何用一个字形来表示，需要极其巧妙的构思。造字者造了一个“廷”字巧妙地把这个问题解决了。“廷”，周代金文始见，字多作□或□，偶尔也作□、□。[③] “廷”字的结构正是这座大空间建筑的写照：□表示未完全围合的墙，古文字中，凡四周围合的墙则以“□”表示，如□，其上为屋盖，“□”即表示四周围合的墙。“廷”用“□”表示此建筑四周的墙未围合。□表示一排排的柱基，□则表示柱基和立柱。□乃□之讹，即唐兰先生所谓凡垂直之竖往往加一点所致。□是人，□表示人立在地上，下面的一横是提示符号，提示地面；人身上的一横也是垂直之竖加上一点所致。所以“廷”字的正体必作□或□，后讹变出□、□诸形，这就是金

① 杨鸿勋《仰韶文化居住建筑发展问题的探讨》，《考古学报》1975 年 1 期。

② 陆忠发《朝廷本义考》，《语言研究》2005 年 4 期。

③ 请参看《金文编》第 0287 字。

文中“廷”字多作或，偶尔作、的原因。“廷”字利用人与墙、立柱（或柱基）之间的空间关系表达了“廷”的概念。因为人处在这个建筑之中，其周围都是一个个立柱，其所在的地下则是一个个整齐排列的柱基。从商周考古所获得的多个宫城遗址来看，只有这个建筑的内部空间有多个立柱支撑，造字者正是抓住了廷这种建筑结构的特点造出了“廷”字。

8. “家猪”概念的表达

甲骨文中，野猪用“豕”表达，甲骨文作，这是一个象形字，整个形体象野猪之形。所以要表达野猪的概念并不难，只要“画成其物”即可。家猪与野猪形体相近，若皆“画成其物”，便很难区分。造字者用“彘”巧妙地表达了“家猪”的概念。《说文》：“彘，豕也。后蹄废谓之彘。”黄金贵先生对彘义做了详细考证，得出的结论是：周秦文献中，彘是家养的猪的专称，如《孟子·梁惠王上》：“鸡豚狗彘之畜，无失其时，七十者可以食肉矣。”《孟子·尽心上》：“五母鸡，二母彘，无失其时。”这些都证明彘为家养猪的专称。汉魏晋期间，彘成为猪的通称，它可以用于家猪，也可以泛指猪而用于野猪，如《左传·庄公八年》：“家人立而啼。”《史记·齐太公世家》表为“彘人立而啼”。《汉书·酷吏传·郅都》：“尝从入上林，贾姬在厕，野彘入厕……上还，彘亦不伤贾姬。”但是，随着养猪的更大发展，猪的概念其实就指家猪，故晋以后彘遂趋汰废矣。[①] 黄金贵先生考彘之周秦以下文献中字义是正确的，唯对其本义的推导，是有问题的。黄先生曰：“甲骨文‘彘’字皆作平肚之豕贯箭状，既无肥耷的肚腹，又靠箭捕获，显为野猪。” 裘锡圭先生《文字学概要》在说解会意字彘时也这么说。[②] 但是，彘不是野猪。张亚初先生说：“我们所以讲彘不是野豕，是因为在成千上万的田猎材料中，只见到获豕、禽豕、逐豕 、眉豕之卜，而未见有获彘，禽彘，逐彘、眉彘的记载。这充分说明，在

---

① 黄金贵《古代文化词义集类辨考》429 页，上海教育出版社 1995 年版。

② 《文字学概要》127 页，商务印书馆 1988 年版。

商代野猪称豕，而不称彘。”[1] 张先生的结论是对的。彘，甲骨文作[illegible]，彘在甲骨卜辞中是家养猪的专称。野猪称豕，家养猪称彘，请略作申述如下：

甲骨卜辞中的“彘”皆为动词，为用牲之法。

《合集》14621：“贞：河[illegible]不其彘”。

《合集》14929 正：“王有匚，彘，不[illegible]。”

《合集》14929 正：“不其彘，二告。”

《周礼·射人》：“祭祀则赞射牲。”郑玄注：“蒸尝之礼有射豕者。”说明古代祭祀有射牲的礼制，彘字字形从矢从豕，张亚初先生认为彘应为射豕的专字。[2] 张先生言之有理。所以卜辞中的彘作为用牲之法，即“用射豕祭祀”之义。但是，“射豕”非彘之本义，“射豕”、“射牲”都是动宾词组，不是物名，因此，“射豕”非彘之本义。

彘既非由田猎所获，必是家养动物。甲骨文中有[illegible]字，在卜辞中为物名：

《合集》857：“往自[illegible]。”

《合集》11274 正：“贞：呼作[illegible]于专。”

可见，[illegible]之义必为“饲养彘”之所，彘为饲养的对象，必然就是家猪了。

那么，表示家猪的字为什么要造成[illegible]呢？我们知道，家猪与野猪在形体上的区别不明显，如果“画成其物”，必然与表示野猪的“豕”字相混淆。所以，表示“家猪”的概念必然要另外想办法造字。在农业尚不发达的时代，粮食无剩余，饲养家猪恐怕并不普及。但帝王为了祭祀用牲的需要，要饲养家猪以备祭祀之需。古帝王祭祀，为了表示对神灵的敬意，往往亲手射杀牺牲：《国语·楚语》下：“天子禘郊之事，必自射其牲。”那么，家猪的概念如何表达呢？——因为当时凡是饲养的家猪都不是为平常食肉所准备的，都是供祭祀用的牺牲。在祭祀之前，帝王必亲自射杀之。所以，饲养的这些猪都是准备射杀作为牺牲用的。于是

① 张亚初《甲骨文金文零释》，《古文字研究》第六辑，中华书局 1981 年版。

② 同上。

造字者就用“以矢射豕”来表示“家猪”的概念。所以彘的本义是“家猪”。

战国以后，随着经济的发展，饲养家猪不光为祭祀之需，人们也为食肉之需而养猪。上引《孟子·梁惠王》文已说明了这一点。后来，人们又依据家猪的特点——不爱动为它重新取了个名字叫猪。[①] 再后来，“猪”就渐渐取代了“彘”了。

9. “结束”概念的表达

古人造“既”表达“结束”的概念。既，甲骨文作、。表示食器，是人，是个提示符号，提示人转身背离之意。此为会意字中之象意字，利用空间关系表意。罗振玉先生谓“既象人食既”。“许君训既为小食，谊与形为不协矣”。李孝定先生谓：“契文象人食已，顾左右而将去之也。引申之义为尽。”忠发按：既之本义为“结束”：

《合集》16057：“明雾既宜……”

雾既，谓雾散去。既为结束之义。

《合集》27416：“于父己父庚既祭乃……”

谓祭祀父己、父庚结束后，乃祭某某先人。

《合集》28000：“……于方既食戍乃伐……”

谓在方国吃完饭之后，戍乃攻伐，结果歼灭了……

《屯》211：“既，大吉。”

为求不下雨的祭祀。[②] 此谓结束了求不下雨的祭祀，结果大吉。这种类型的“既”后虚化为“已经”。

《屯》665：“辛巳贞：雨不既，其燎于”

《屯》665：“辛巳贞：雨不既，其燎于亳土。”

《屯》1105：“辛巳贞：雨不既，其燎于，不用。”

《屯》1141：“辛巳贞：雨不既，其燎于亳土。”

此四辞谓雨不停，向或亳社（土即社）举行燎祭。

《屯》2539：“己未卜，象既，其呼……吉。”

---

① 陆忠发《汉字文化学》117 页，吉林人民出版社 2001 年版。

② 详本书 185-186 页。

《英》849 正：“既陷麋归九月。”

麝从鹿从射，应该是射猎之义。此二辞谓狩猎结束后命令某某怎样，或记载“陷麋”而归的战果。

《英》2476：“辛卯卜，贞，王既沉。”

既沉谓结束沉祭。

凡此，既皆“结束”之义。

陈梦家先生谓：卜辞之“旬四日丙申昃雨自东，小采既。”则“既”亦是雨止日出之义。即《说文》“日颇见也”之“暨”。温少峰、袁庭栋先生因此谓“既”为气象名词，表示“阴后方晴，晴而未正之天气”。忠发按：据上下文，此当谓“雨后方晴”。陈梦家、温少峰、袁庭栋先生之说不可从。前引《合集》16057，本不下雨。又：

《合集》13216：“……未……雨，中日启，[酉彡]既。”

此辞谓某日下雨，中午时开太阳了。然后举行[酉彡]祭，果然“既”。太阳已经出来了，但雨仍在下，（这种天气现象虽不常见，但仍是有的），举行了[酉彡]祭之后，雨终于停了。可见，既也不是指雨止日出，而仅仅是指雨止。

《合集》14534：“辛巳卜，贞，告既，燎于河。”

从卜辞中看，河有掌管下雨的神威。所谓“告既”，应当是人们先向河神乞求不要下雨，结果雨终于停了。于是人们要向河神表示感谢，告诉他雨停了。此“既”专指“雨停了”，后专造“霁”表示“雨止”。“既”与“日颇见”之“暨”不等同。

“结束”的概念极难表达，于是先人造字用“吃完饭”表示“结束”的概念。造字利用人与食器的空间关系，借人吃完饭巧妙地表达了“结束”的概念。

10. “屠杀”概念的表达

所谓屠杀，就是不管男女老幼统统杀死。这个概念也很难用一个字来表达。我研究认为造字者巧妙地造[illegible]表达了这个概念。

甲骨文的[illegible]，亦作[illegible]，均像一支箭射向儿童之形。饶宗颐先生以为[illegible]即[illegible]省，[illegible]即易，则[illegible]即从矢从易，《说文》：“锡，伤也。”所以[illegible]为伤

害之义。李孝定先生《甲骨文字集释》也持此说。按：□与□区别很明显，不当混同。鲁实先先生谓“字象以矢加人之形，示疾病之义，乃疾之古文”。其实，人之疾往往不因受矢伤而得。从卜辞中看，人们认为得疾是神灵降祸的结果。所以，以矢加人并不表示人之有疾。鲁先生说亦不可通。许进雄先生认为□有灾害之义，姚孝遂先生也认为□有灾咎之义。①

考释甲骨文必须体会造字者的用意。欲体会造字的用意，必须了解造字时的社会现实。古代，战而胜者必杀尽战败方的青壮男子，而将其妇孺掳归。这些被掳者就是俘虏，故甲骨文俘作□，用“抓获的儿童”会“俘获”之义，表达“俘获”的概念。若战胜的一方不但杀尽战败方的青壮男子，连妇孺也一并杀之，这就是屠城。所以，甲骨文从矢射子的□正会“屠杀”之义，□之本义为“屠杀”。

《合集》11018 正：“惟□人……”

□人（方）就是屠杀人方的人。

《合集》14208 正：“贞：帝□唐邑。”

邑之本义为宫城，卜辞中“天邑商”为殷王在殷墟的宫城，其余的邑为分布于各地的行邑。② 因此，所谓“□唐邑”，即屠杀唐邑之人。屠杀人方的人我们可以理解，因为人方是商的敌人。唐邑应该都是商王的邑，为什么要屠杀邑中的人呢？我们发现卜辞中凡卜问□邑者，动作的发出者几乎都是帝。个别的也有岳参加：

《合集》8330 正：“惟帝、岳□……”

帝和岳都是神力很大的神，所谓帝和岳屠杀一邑之人，估计是有什么死亡率很高的传染病发作，邑中之人一个接一个死去。殷人不知何故，便以为是帝或岳神将要杀尽邑中所有的人了。这一点，我们可以从殷人对疾病的认识中得到证明。

《合集》13682 正：“午卜，㱿贞：有疾趾，惟黄尹害。”

《合集》13648 正：“贞：疾齿，不惟父乙害，小告。”

---

① 以上诸先生说均见《甲骨文字诂林》“□”下，第539—540页，中华书局1996年版。

② 陆忠发《都邑考》，《杭州师范学院学报》2005年2期。

《合集》2123："贞：疾彳,惟父甲害。"

《合集》5480反："疾彳,惟父乙害。"

《合集》20975："庚辰……王弗疾朕天。"

《合集》2521甲正："贞：惟多妣肇王疾。"

《合集》24222甲正："贞：不惟下上肇王疾,二告。"

《合集》14222乙正："……帝肇王疾。"

《合集》14222丙正："贞：惟帝肇王疾,二告。"

《合集》13855："贞：无降疾。"

得疾要进行祭祀以求除疾。

《合集》13635："贞：疾舌,祟于妣庚。"

《合集》11460甲正："贞：疾口,御于妣甲。"

《合集》13653："癸丑卜,亘贞：疾齿,御于示……"

但是,武丁卜辞中也有"鼠"与"疾"有关的记载：

《合集》13715："丑卜王……鼠……有疾。"

此辞虽残，它已经将鼠与疾病联系在一起了。这表明，武丁时期，可能人们的医学知识尚处于蒙昧阶段，对疾病产生的原理已经有总结，却对大多数疾病产生的原理尚不清楚。

武丁卜辞也有不少卜问"骨风有疾"的卜辞，应该是对骨关节疾病的正确总结。如：

《合集》223："庚寅卜,争贞：子不骨风有疾。"

《合集》9650："丁卯卜,王贞：鼓骨风有疾。十二月。"

《合集》13869："戌申卜,贞：雀骨风有疾。六月。"

《合集》13876："……卯卜,争贞：骨风有疾。五月。"

这类疾病很明显,受了风寒之后便会发作,所以很早就被人们认识了。而且，"骨风有疾"的卜辞都没有要进行祭祀以求除疾的记载，说明人们的医学知识已经认识到这种疾病与神灵无关。二、三、四期卜辞中关于问疾的卜辞已很少,也未见有因为疾而祭祀的记载。如：

《怀》1514："……王……鼠……疾。"

《怀》1655："……惟刀疾。"[①]

《怀》1658b："无至疾。"

这说明当时的人们已经懂得疾病与神灵没有关系。"帝[illegible]邑"卜辞仅仅出现在武丁时期，当时的人们还没有能够认识瘟疫产生的原因，只能把造成人员大量死亡的原因归之于帝和岳了。

古人造字运思之巧妙者还有很多，这十个字只是随手拈来，所谓奇"文"共赏而已。汉字表达概念运思之巧妙，需要我们认真去总结和欣赏。

第六节 古文字形体避免歧解的方法研究

文字是全社会共同使用的语言符号，汉字的形体结构不能太复杂，造字者使用简单的形体表达一个概念，如何能够让使用这个文字的人们在看到这个字的时候，对这个形体所表达的概念的理解与造字者所要表达的概念完全一致，这是造字者必须要考虑的问题。

我们发现，古文字中，容易使人产生歧解的形体往往又重新造了新的形体，如古者君臣谋议政务之所，谓之廷。甲骨文则作[illegible]表示君臣谋议政务之所，此字合宀、耳、口会意，谓口、耳授受之屋，此据建筑物之功能造字。[②] 但是，人在屋子里总会有口、耳授受之行为，所以，[illegible]表示君臣谋议政务之所，不是非常明确，容易使人产生歧解。于是，金文别造[illegible]、[illegible]，以建筑物之结构特征造字，这样就不会有歧解了。

造字者采用什么方法使得他所要表达的概念，在使用这个字的人那里不致于产生歧解，这也是我们需要总结的。

---

① 忠发按：此辞的刀应该是[illegible]（尸）的误摹。

② 有人认为是从宀[illegible]声的形声字。我认为，如果要分析为形声字，也应该分析为从宀[illegible]，[illegible]亦声。

文字形体如何避免使人产生歧解，这里面也充满了古人的智慧。我的研究表明甲骨文字一般用以下几种方法避免表意形体产生歧解：

一、运用人的动作器官代替人表达概念

我为大家说说争议颇大的“尹”。尹，甲骨文作𠂇，卜辞有“多尹”，甲骨学家对多尹的性质早有研究，比较一致的看法是：尹是史官。李孝定先生说：“窃疑尹之初谊当为官尹字。殆象以手执笔之形。”赵诚先生说：“尹，原来是一种史官，所以从又从丨，用一只手拿着一支笔来示意。卜辞有伊尹、黄尹当即这一史官，但在当时地位较高。卜辞还有‘多尹’，可能指称一般史官。”① 姚孝遂先生也说：“尹属史官之类，故从又持笔以象之。”② 众所周知，史官是记事之官，但从卜辞中看，尹司圣田、作寝之事，作寝，圣田皆非史官之职。可见，把尹说成是史官，是有问题的。陈梦家先生意识到把尹说成是握笔之形不妥，他认为尹字乃从又持杖之形，尹之本义与史同：本搏兽之官，进而为祭祀之官，再进而为文书之官。③ 陈梦家先生的说法也与卜辞不合。商王有史官，但不叫尹。王宇信先生说：“甲骨文里的‘作册’就是史官。《尚书·洛诰》里的‘作册逸’，在《左传》、《国语》等书中都作‘史佚’，逸与佚同，是一个人的名字，他的官为‘作册’或‘史’，职司相同。”④ 所以关于尹的性质，至今还是不清楚。

那么，尹到底是什么样的人呢？尹是商王朝的官员，这是没有问题的。他们接受商王的命令，为商王朝服务，商王也很重视多尹，会卜问

---

① 参考《甲骨文字的二重性及其构形关系》，《古文字研究》第六辑和《甲骨文简明词典》60页关于尹和君的有关论述。

② 见《甲骨文字诂林》902—905页，中华书局1996年版。

③ 《史字新释》，《考古学社社刊》第五期，7—12页。

④ 转引自杨志玖《中国古代官制讲座》5页。王宇信、杨升南《甲骨学一百年》（社会科学文献出版社1999年版）461页又说作册是司理典册和册命的职官。其实，司理典册可能是史官的职责之一，所以，作册还应该是史官。

他们是否有咎[1]，也会宴饗多尹。[2] 从卜辞中看，多尹的主要工作是替商王掌管劳作之事：圣田和作寝。圣田就是砌田埂（造水田）[3]，因此，圣田和作寝都是极其繁重的体力劳动。这样的事当然不可能由多尹亲自劳作，最大的可能是多尹督察奴隶进行。所以多尹应该是督察劳作之官。这样的人在劳作现场，不从事具体的劳作，只持杖站着对奴隶劳作进行指挥、监督。他们站久了，则腰酸背痛，于是就拄杖支撑身体以减轻身体的疲乏程度。所以，这种人区别于其他人的特征是常拄杖支撑身体。甲骨文尹字作□，从丨（杖）从□，古文字中“□”往往与“人”同义，如圣田之圣，作□，亦作□。[4] 所以甲骨文尹字正作人拄杖形。[5] 正象这类督察劳作的官员。因此，尹字的本义正是督察劳作之官。由督察劳作之官引申为一般的掌管百工之官，《尚书·顾命》“百尹御事”之尹即是。卜辞中的“右尹”、“绊尹”、“束尹”、“族尹”、“小尹”应该都是某一具体事务或部门的主管官。再引申为一般的官吏，如古代官员称尹，即是。《左传·文公元年》：“使为大师，且掌环列之尹。”杜预注：“环列之尹，宫卫之官。”由督察劳作之官又引申为督察、治理。《说文》：“伊，殷圣人阿衡，尹治天下者。”尹治连文，尹亦治也。《尚书·多方》：“天惟式教我用休，简畀殷命，尹尔多方。”《左传·定公四年》：“故周公相王室，以尹天下。”这里的尹都是治理的意思。从尹字字义引申情况看，尹之本义为督察劳作之官，可以清楚地理清尹字的字义引申线索，这也证明我们考证的尹的本义是正确的。因而卜辞中的多尹就是督察劳作之官。因劳作场所很多，督察劳作之官也就很多，故这些官统称“多尹”。

那么，尹为什么不写成人拄杖形，而要用□代替人呢？如果从人，则字的形体作□，这样就与老、考混为一字。因为古文字中□与□表达

---

① 《甲骨文合集》5612。

② 《甲骨文合集》27894。

③ 陆忠发《圣田考》，《农业考古》1996 年 3 期。

④ 陆忠发《甲骨卜辞所见整治黄河史料》，《农业考古》1998 年 3 期。

⑤ 尹字不象握笔形，笔下当有毛。亦不象持杖形，持杖不会持其上端。

的动作功能是相同的，都表示一个人在进行某种动作。把人替换为 之后，尹与考、老形体上的区别就十分明显了。

再如，后面的“後”，甲骨文作 ，从“止”（表示一个行走的人），从 。 是什么呢？甲骨文奚作 ，于省吾先生说商人编发之形。[①] 1996 年 7 月 28 日下午 5 时许，中央电视台 6 台报道新疆哈密出土一女尸，保存完好。其头发很长，编成一支独辫，直垂至臀下。经 C14 测定，其死亡年代距今 3150 正负 96 年，正是商代的人。[②] 有了这些材料，我们就会明白， 是辫子。我们知道，古文字上下结构往往表示前后关系。所以， 字的“止”是个提示符号，提示一个行走的人。一个行走的人，我们能够看到他的辫子，这就是“後”。“後”的概念非常难以表达，造字者巧妙地利用“一个人，我们看到他的辫子”表达了“後”的概念。[③] 我们现在要讨论的是， 字的“止”为什么不替换成“大”或者 ？我想，答案读者先生已经知道了。如果是这样，“後”与“奚”何以异？及，甲骨文作 ，象一个人从后面抓住另一个人，表示“追及”的概念。但是，这个字与 （虏）很容易混淆。前（歬），如果把“止”换成人，则很可能会使人理解为人站立在舟上。“武”的“止”换成人，则与“伐”混。“逆”之“止”换成人，则很可能会理解为“媾”。这样的例子很多。而使用相同功能的部件来替换，就可以有效地避免产生歧解了。

会意字的组字部件，必须有一个部件是以其功能义参加造字的。从功能上说，具有动作能力的人或者动物，其象形形体本身具有表示动作的功能，其动作器官也具有表示动作的功能；但是，其象形形体本身除了具有表示动作的功能外，还可以是被支配的对象，而动作器官则只有表示动作功能的一种可能。所以，会意字中，象形形体本身有两种理解的可能，动作器官则只有一种理解的可能。因此，用动作器官替

---

① 《甲骨文字释林·释奚》，中华书局 1979 年版。

② 这个材料我最早记载在《汉字文化学》32 页，吉林人民出版社 2001 年。

③ 这个字应该分析为会意字，但是由于不知道分析其表意方法，过去基本上都把它说成是形声字，从止幺声。如刘钊《古文字构形学》98 页，福建人民出版社 2006 年。《甲骨文字释林·释 》虽然认为在卜辞中 的意义是“先后”之“後”，但是，也认为“ 字的造字本义，还须待考”。按照我的分析， 字的本义是非常明确的。

代人的象形形体本身往往可以有效地避免使人在理解汉字结构时产生歧解。

二、造字用生活中的“不可能”来导向人的思维

在前面我们说汉字在表达概念时，往往要选择唯一恰当的物象来表达。这是因为有的部件的组合，在生活中不可能有其他的理解，只能有一种理解。于是，造字就利用了生活中的“不可能”来导向人的思维，把人的思维限定在唯一的可能之中。这样，既准确地表达了概念，又不会使人产生歧解。如：

狩从单从犬，其本义为“狩猎”：

《合集》28771：“王其田狩，无灾。”

我们已经知道这个字用“单”和“犬”这两种狩猎工具表示“狩猎”的概念。但是，为什么不能理解成用单击打犬或者驱赶犬呢？因为生活中不可能有这类事情发生。人用单击打犬或者驱赶犬，犬则早就跑了。

甲骨文有[illegible]字，从戈从虎，其在卜辞中的用例如：

《合集》11450：“王往[illegible]虎，允无灾。”

《合集》10206：“壬辰卜，争贞：其[illegible]，获，九月。”

裘锡圭先生分析说：“这个字所从的戈旁倒写在虎旁之上，以戈头对准虎头，显然是表示以戈搏虎的意思。”[①] 为什么不能理解为用“戈”和“虎”两种狩猎工具表示“狩猎”的概念呢？因为老虎从来就没有作为狩猎工具被人类使用过；为什么又不能理解成击打虎或者驱赶虎，非要理解成“搏击”之义呢？因为老虎绝对不可能乖乖地被人殴打或者心甘情愿地被人驱赶着。[②] 所以，这个字只能理解为人以戈（表示兵器）与老虎相拒，进行搏击，字当释为“搏”。需要进一步说明的是，“这个字所从的戈旁倒写在虎旁之上，以戈头对准虎头”，这就是古文字用上下结构往往表示前后关系的缘故，所以，字的形体表示的是人以戈与老

① 《说玄衣朱襮裣——兼释甲骨文[illegible]字》，《文物》1976年12期。

② 请不要把训虎的事情拿来反驳我。每看到训虎的事情，总是伤感多于快乐。

虎相拒,进行搏击。

牧,甲骨文作[甲骨文字形],为什么不能理解为用两种狩猎工具表示“狩猎”的概念,又不能理解成击打牛呢?因为牛从来就没有作为狩猎工具被人类使用过,人们也没有必要去打一头已经驯服了的牛。只能理解为人驱赶牛,表示“放牧”的概念。

弃,甲骨文作[甲骨文字形],从[甲骨文字形]从[甲骨文字形]从[甲骨文字形],为什么要理解为丢弃的“弃”呢?因为若不是丢弃了,谁会把一个孩子放在盛放垃圾的[甲骨文字形]里面呢?甲骨文又作[甲骨文字形],为什么不能理解为双手搂抱着孩子呢?谁又会把孩子头朝下抱着呢?

直,甲骨文作[甲骨文字形],《说文》:“直,正视也。从十、目。”“直”的概念极难表达,造字者取象于木工的取直,用木工取直之法巧妙地表达了“直”的概念。木工取直之法,必以一目就近视木①,“丨”正是视察的对象,“丨”为什么不会被人理解成用什么东西刺眼睛呢?因为,凡是刺人之物,甲骨文都是用[甲骨文字形]这样的尖锐的物体表示,“丨”显然不能理解成刺人之物,[甲骨文字形]也就不会被人理解成用什么东西刺眼睛了。

讯,甲骨文作[甲骨文字形]、[甲骨文字形]②,从人,反缚其手,[甲骨文字形]是个提示符号,提示用绳索缚手。[甲骨文字形]代表一个说话的人,造字用两个人之间的空间关系(一个人在审讯另一个人)巧妙地表达了“审讯”的概念。那么,人们为什么不会理解成为两个人在交谈呢?因为,交谈的双方不可能一方将另一方捆起来。

在理解这种类型的字的时候,人们利用生活中的种种“不可能”来排除种种错误的理解,剩下唯一的“可能”,这就是造字者所要表达的概念。

三、运用生活常识造字

前面,我介绍过,古代帝王养猪是为了祭祀时作为牺牲用,在用牲

---

① 木工取直为什么不用双目呢?因为人的两眼视力一般不可能完全一样,故成像不可能完全重叠。唯一目视木,才能保证图像绝对单一,直与不直,“一目了然”。

② 此从于省吾先生释,《甲骨文字诂林》488—491页,中华书局1996年版。

时帝王必亲自射杀这个猪。这是古代的生活常识。帝王所养猪就是家猪。如何才能准确表达“家猪”的概念？如果“画成其物”，便很难与野猪相区别。于是造字就用“箭射的猪”（[illegible]，即彘）表示家猪，以区别于用“画成其物”的方法造的表示野猪的[illegible]（豕）。这就运用了生活常识造字。

取，甲骨文作[illegible]，《说文》：“取，捕取也。从又、耳。《周礼》‘获者取左耳。’《司马法》曰：‘载献聝’，聝者，取左耳也。”商承祚先生说取字“正象以手持割耳义”。姚孝遂先生说：“取字从又从耳，本义为军战获耳，引申为一切取获之义。”① 按：“军战获耳”之义，文献所无。其实，取的本义为“攻取”，即战而胜之。甲骨卜辞用其义：

《合集》6588：“……呼师般取龙。”

《合集》891 正：“呼取羌以……”

《合集》5509 正：“丙申卜，𡆥贞：立史呼取……”

《合集》6754：“辛亥卜，贞：其取方，八月。”

“立史”就是组建卫队②，组建卫队，命令其“取”、“取方”、“取羌”这些卜辞中间的“取”都是“攻取”之义是显而易见的。那么，“攻取”为什么用[illegible]表示呢？我们知道，“攻取”的概念非常难以表达，但是，攻取敌人城池之后必然出现的现象就是割下敌人的耳朵回去报功；也只有攻取敌人城池之后才会出现割下敌人的耳朵回去报功的现象。因为战败方不会割下敌人的耳朵回去报功，战斗进行中也不会出现割下敌人的耳朵回去报功的现象。所以，造字就用割下敌人的耳朵回去报功来会“攻取”之意。

以上相关古文字我们都很熟悉，下面再分析几个不熟悉的字。

儿（兒），甲骨文作[illegible]，《说文》：“儿，孺子也。从儿，象小儿头囟未合。”李孝定先生说：“契、金文儿字殊不象头囟未合之形。《礼记·内

① 分别见《甲骨文字诂林》649 页和 652 页，中华书局 1996 年版。

② 请参考胡厚宣《殷代的史为武官说》（胡厚宣主编《全国商史学术讨论会论文集》，《殷都学刊》增刊，1985 年版）和陆忠发《商代的史为王室卫队说》（《殷都学刊》2004 年 4 期）。

则》：'三月之末，择日剪发为鬌，男角女羁。'角者，总角也。又曰：'男女未冠笄者，鸡初鸣咸盥漱，栉縰拂髦，总角，衿缨，皆佩容臭。'是知古之生子，自初生至于弱冠皆作总角。《玉篇》引《苍颉篇》曰：'男曰儿，女曰婴。'婴者头饰，盖男则总角，女则佩头饰也。契、金文儿字皆象总角之形。"[①]姚孝遂先生曰："《释名》：'人始生曰婴儿。'初生之儿，难以总角。……儿字当以'象小儿头囟未合'之说为是。"[②] 按：姚孝遂先生说是。此字人为提示符号，ㄩ为象形，象小儿头囟未合之形。

这个字利用了小孩子的生理和行为特性表达相关概念，熟悉孩子的人一般是不会理解错误的。

飨（[古文字]），在卜辞中是宴飨之义：

《屯》2276："王其飨于廷。"

《合集》27649："甲寅卜，彭贞：其飨多子。"

引申为飨用：

《合集》19851 正："祖乙允飨。"

引申为祭飨：

《合集》16094 反："……勿……飨于祖……"

《屯》341："甲戌卜，于宗飨。"

《礼记·曲礼上》："共食不饱。共饭不泽手。毋抟饭，毋放饭。"这是记载宴飨的礼节。说明宴飨是主客围着食器一起共食的，飨之造字正象主客围着食器共食之形，正是社会现实之写照。

四、造字严格按照一定的原则选择部件组字

我在前面讲汉字的表意方法时提出了理解汉字结构的若干原则，这些原则是确保汉字结构不会使人产生歧解的主要原因。我在前面又说，汉字表达概念，有的时候用画意画出事件的全过程，使人由画意明概念。古人创造的画意，也遵守一定的原则。我们知道，中国画的中心

---

① 《甲骨文字集释》2785 页，台北，1970 年版。

② 《甲骨文字诂林》90 页，中华书局 1996 年版。

是有生命的事物，凡用画意表达概念，其字的结构中必然有明显的支配性动作的发出者存在，组字部件之间有明显的支配与被支配关系存在。这也是我们区分画意与用具有动作性的事物作为提示符号表意的根本原则。如[illegible]字，[illegible]与[illegible]之间不是支配与被支配关系，这个人们都能够理解。所以，[illegible]不是用画意来表达概念。[illegible]（糠）字，[illegible]象风车，[illegible]表示风车的出风口吹出的东西，那就是糠。糠是谷物的皮，这个概念极难表达。造字者巧妙地利用风车与其出风口吹出的象[illegible]这样的东西，表达了“糠”的概念。这是利用社会生活的现实造字，所以人们不难理解。虽然糠必然是吹出来的，但是，风车不会自转，[illegible]与[illegible]之间的支配与被支配关系还是不明显的。

五、运用提示符号

通过提示符号的提示，可以有效地区别汉字的形体所表达的意义、概念，我在提示符号这个部分都有介绍。我们发现，在汉字的历史发展中，凡是字的形体容易使人混淆的，都通过提示符号的使用而变得清楚了，如字形的读音不清楚，就提示其声音而添加声旁；字形承载的意义多了，就添加提示其意义范围的形旁。这样，文字孳乳的结果就使每一个形体的具体用途出现了区别。[①] 我们还发现，汉字形体容易使人歧解的，也用提示符号来消除歧解。如，齐，或以为古“荠”字，谓齐字象荠菜开花后结的角。即荠菜的果实之形。这里是用荠菜果实的形状特征来表达“荠菜”这个概念。[②]

甲骨文齐作[illegible]，单单就甲骨文形体言，谓之象荠菜开花后结的角，表示荠菜，也很难说肯定是错的。《说文·齐部》：“[illegible]，禾麦吐穗上平也。象形。”[illegible]不象禾麦吐穗之形，许说字形不确。从“齐”篆文作[illegible]看，字又增加“二”为提示符号，徐锴曰：“生而齐者莫若禾麦。二，地也。两傍在低处也。” 徐锴说“二，地也”是对的。“二”提示一块平整的地面，[illegible]

① 请参考本书第四章。

② 参见王红霞《表意字的表意方式》，新疆师范大学硕士论文，2005 年 4 月。

用农作物（我认为是穇）谷穗表示农作物，合起来表示在一块平整的地面上，农作物长得一样高。以此表达“齐平”的概念。这个字如果没有“二”的提示，其意义的理解是比较容易使人产生歧解的。添加了“二”这个提示符号以后，再理解为荠菜就没有道理了。因为表示荠菜没有必要提示这一块平整的地面。

金的本义是铜。早周金文字作：，：表示叠在一起的金属块，但字义并不明显，易被误解为他物，后来作↨，加上↕，提示：是用来作制造箭镞（↑）和斧头（⚓）的原料。这样人们就知道↨表示的是铜了。

以上五种方法是古文字形体避免歧解的主要方法。当然，运用生活常识造字，有的时候也需要作出选择，选择唯一恰当的表达。如，古代战胜方往往要虏获战败方的妇女、儿童。所以，要表达“俘获”的概念，造字既可以从手从女，又可以从手从子。但是，从手从女，则与妻混同，所以就选择从手从子。这是直接避免表示不同概念的字的形体相同。这些都很容易理解，我就不再多说了。

第三章　开展汉字形义理论研究的意义

第一节　指导古文字考释

掌握了汉字是怎样表义的，最直接的好处就是指导古文字考释。过去的古文字考释，一般只是进行字形对比和古文辞中古文字使用情况的罗列、分析，从而确定古文字是后来的什么字并且确定其字义。这样考释古文字当然是可以的，但是，由于没有古文字表意方法的理论指导，有一些没法进行字形对比和在古文辞中使用很少的古文字往往就没有办法考释了。我这里举若干例子。

一、释□

□字，从□从□，旧不识。我们知道，□和□都是古代耕作的工具，很明显，这个字用耕作工具表示“耕作”的概念。应该是“耕”字的初文。□在卜辞中的用法正好是这样：

《合集》21479：“丁酉卜，呼多方□□。”

二、释　作

有的字虽然可以进行字形对比和古文辞中古文字使用情况的罗列、分析，但是还是很难确定其字义。如：

作，甲骨文作□、□。郭沫若先生曰："作之作□若□，余意乃□之变。□即□之初字。《说文》云：'□，持也'。"[①] 这个说法几乎没有人赞同。作字或从□，或无□，均同字，如：

《合集》14204："贞：王□邑，帝若。"

《合集》14201："贞：王□邑，帝若，八月。"

可见作字从□不从□，皆同字。彭邦炯先生曰："《说文》中有丰字，谓'草蔡也，象屮生之散乱也。读如介。''草蔡'，按《玉篇》：'蔡，草介也。屮蔡犹言草芥。'又段玉裁认为：'草芥皆丰之假借，芥行而丰废矣。'由是加丰的作邑可能系指于一片荒草丛生之地作邑，不加丰的作邑，则可能是强占的公社已垦地而为之。"[②] 按：□可能不是《说文》中的丰字，甲骨文中表示荒草丛生之地除"作"字我们暂不论外，未见有作□者，如农作□，从林表示草木丛生之地。可见，把作字所从之□说成是草芥之象，证据不足。至于彭先生又谓《前》五・一三・一有"丙戌卜，内，我作基方作……"，在这条卜辞中，前一作写成乍，后一作字写成乍上带□的，显然两种不同的写法有着不同的含义，并不完全通用，不然为何在同一条卜辞中不写成一样呢？我以为这可能是书法上求变的缘故。如黍，甲骨文作□、□、□、□诸形，一般释为黍。但也有一些农史专家认为它是稻。游修龄先生说："稻在甲骨文中的初文当是黍的甲骨文。甲骨文时期的文字尚未定型，同一字的写法常有所增减，认为那些带水的黍，当是稻的初文。"[③] 李璠先生认为，带水的黍是水稻，不带水的是陆稻。[④] 游、李二家之说都是错误的。他们注意了字形中有带水与

---

① 《甲骨文字研究・释作》，科学出版社 1962 年版。

② 彭邦炯《卜辞'作邑'彝测》，转引自《甲骨文字诂林》3252—3253 页，中华书局 1996 年版。

③ 游修龄《稻和黍献疑》，《农业考古》1993 年 1 期。

④ 李璠《中国栽培稻的起源与亚洲文明综述》，《农业考古》1996 年 3 期。

不带水之别，认为带水的为水稻，不带水的为陆稻，却没有注意字形结构的主要部件——[oracle bone character]，字中的[oracle bone character]象根与秆，[oracle bone character]是低垂的穗，[oracle bone character]表示谷穗是散状的，字有多个[oracle bone character]，表示此种植物以有多个散穗为常。从[oracle bone character]、[oracle bone character]的结构部件中看，这种植物绝对不可能是稻，因为我们所知道的稻都是单穗的，不管陆稻还是水稻，都是单穗的。认为[oracle bone character]是黍是不错的，因为黍本来就是这个样子。《中国高等植物图鉴》中所绘的黍就是有多个散穗的植物。[①] 因为黍可以在潮湿的田地里种植，它又极耐旱，能够在旱地里很好地生长，故甲骨文字形中有的从水，亦有的不从水。水是个提示环境的符号。但是，我们发现黍在同一片卜辞中写法不同是很常见的现象。如：

《合集》9966："甲午卜，亘贞：我受[oracle bone character]年？

丁巳卜，宾贞：妇井受[oracle bone character]？"

《合集》9967："韦贞：我[oracle bone character]？受…… 妇姘受[oracle bone character]？"

相比之下，同一片卜辞中写法完全相同的倒是少数。这说明同一个字在同一片卜辞中写法不同是很常见的现象。

又，克钟铭文的"泾"字作"[bronze character]"和作"[bronze character]"两个形体也在同一个铭文中出现。[②]

所以，从[character component]与不从[character component]的"作"皆同一字，可为定论。"作"字在卜辞中其义有三。[③]

一，则也。《前》七 · 三八 · 一："我其巳宾作帝降若，我勿巳宾作帝降不若。"

二，作为祭名。《粹》172："庚申卜，争贞：作大丁。"

三，造作。《乙》1707："帝其作王祸，帝弗作王祸。"《尔雅 · 释言》："作；造，为也。"

这三个字义，当以"造作"义为本义。"造作"之义极难用字形来表达，"作"字造字又是如何用字形来表达其本义的呢？汉字造字，以可

---

① 参见《中国高等植物图鉴》5 册 158 页，图 7146，科学出版社 1994 年版。

② 可参考《汉语大字典》"泾"字下收录的字体。

③ 彭邦炯《卜辞"作邑"彝测》文所列。

以实施某动作的工具来表示动作概念本身，这是非常常见的方法。[1] 明白了这一点，我们说解“作”字的结构，就比较容易理解了。“作”字造字，乃是用集合造作器物的三种工具——尺、规、矩来表达“造作”这一概念的。[2] [illegible]象尺子，[illegible]表尺，[illegible]为尺上所契量度。[illegible]象矩形，[illegible]象规形，此三者皆造作器物、建造宫室必不可少的工具，古代制作器物，营造宫室，总少不了规、矩、尺这些工具。考古所获器物上往往都有不同的图案，仅以新石器时代的陶器言，其上面的图案有的把圆进行了 3 等分、4 等分、5 等分、6 等分直至 12 等分，甚至有的陶器上还有十分规正的同心圆纹。[3] 这些都表明当时已经有了圆规，也表明制造器物少不了规。能对圆进行 4 等分，其相对的两对点连接起来，就会形成一个准确的直角，这样就可以制造出矩。古代营造宫城（作邑）往往均是方形，这个过程中必然用到了矩。营造宫城时，木制构件如柱、栋、梁等均要符合一定的长度要求，这也必然会用到测量长短的尺。规、矩和尺是制作器物、建造宫城必不可少的工具，没有它们，造作之事就很难进行，有了它们，造作之事就容易进行了。所以造字的先人们就集合规、矩、尺三者或规、矩二者来表达“造作”这一概念——即利用可以实施某种动作的工具来表示动作本身，这是汉字表意的基本方法之一。我们不能不说这种表达同样是极其巧妙的。

三、释　载

载，甲骨文作[illegible]、[illegible]，于省吾先生考为甾，在卜辞中读为“载”，其义为“行”，卜辞“甾朕事”“甾我事”“甾王事”就是“行王事”。又有“乘”义，卜辞“甾车马”就是乘车马。[4] 但是，载的字形今皆不详。[5] 其实，[illegible]、

① 参考第二章第二节。

② 乔卫平等主编《中华文明史》第一卷 224—228 页（河北教育出版社 1989 年版）用大量的考古材料证明规、矩的发明可以上推到原始社会末期。

③ 乔卫平等主编《中华文明史》第一卷 224—228 页，河北教育出版社 1989 年版。

④ 《甲骨文字释林・释甾》，中华书局 1979 年版。

⑤ 参考《甲骨文字诂林》 699—706 页，中华书局 1996 年版。

[古文字]象载物之箩筐，古文字用工具表达相关的概念，所以，[古文字]、[古文字]表达的是“承载”的概念，[古文字]、[古文字]的本义是“承载”，[古文字]、[古文字]可直接释为“载”。卜辞“载朕事”、“载我事”、“载王事”就是“承办王事”。由“承载”引申为“驾驭”，卜辞“甾车马”，赵诚先生说是“驾王车马”①，是。

四、释 身

了解汉字的表意方法，可以帮助我们确定字义。如身字，甲骨文作[古文字]、[古文字]、[古文字]、[古文字]等形。我以为身作[古文字]、[古文字]乃是象形字，从⊂象人之胸腹部之形，[古文字]是提示符号。作[古文字]、[古文字]乃指事字，· 指示字义乃指人之胸腹部。故卜辞“疾身”非谓身体有疾，实谓胸腹部有疾。胡厚宣先生《殷人疾病考》说“疾身谓患腹部”。范围小了一些。温少峰、袁庭栋先生《殷墟甲骨卜辞研究——科学技术篇》谓身不单指腹，并引张诚毅先生说身指整个躯干部分，包括颈、脊、胸、腹。这范围又大了一些。② [古文字]可能就包涵了脊背在内。验之卜辞，则“身”之字义正指胸腹部。卜辞中疾患部位很多：

有疾齿：《合集》：13644：“壬戌卜，亘贞：有疾齿，惟有害。”

有疾身：略。

有疾止：《合集》：13682 正：“……午卜，贞：有疾止，惟黄尹害。”

有疾目：《合集》：456 正：“……贞：王其疾目。”

有疾首：《合集》：24956 “甲辰卜，出贞：王疾首，无延。”

有疾肘：《合集》：13676 正：“贞：疾肘。”

有疾肱：《合集》：21565：“……贞：中子肱疾，呼田于凡。”

有疾自：《合集》：11006 正：“贞：有疾自，不惟有害。”

有疾耳：《合集》：13630：“贞：有疾耳，惟有害。”

有疾口：《合集》：13630：“贞：有疾口，御于妣甲。”

有疾舌：《合集》：13635：“贞：疾舌，祟于妣庚。”

---

① 《甲骨文行为动词探索（一）》，《古文字研究》第十七辑，中华书局 1989 年版。

② 315 页，四川社会科学院出版社 1983 年版。

有疾言:《合集》: 440 正: “有疾言,惟害。”

有疾□:《合集》: 13675 正: “壬戌卜,古贞: 御疾□妣癸。”

有疾足:《合集》: 775 反: “丁巳卜,争贞: 疾足,御于妣庚。”

疾身与诸疾相对,知身非首(包括耳、自、口、目、舌等)、非臂(包括肘、肱)、非脚(包括足、止),这样,身所指的部位,乃人体之胸部和腹部。

其他关于“身”的错误解释,都是没有把握其表意方法所致。《说文》:“身,躳也。象人之身,从人厂声。”李孝定先生说契文从人而隆其腹,象人有身之形,当是身之象形初字。……(卜辞)言疾身,盖亦孕娠之疾也。高明先生说:“身、孕古本同字。《诗经·大雅·大明》:‘大任有身。’毛传:‘身,重也。’郑笺:‘重谓怀孕也。’更可说明身孕二字的关系。……身本孕字,象形,后来引申为身体之身。”姚孝遂先生说:“《汗简》引《说文》古文有□字,正象身之形。卜辞‘疾身’指身有疾言之。《乙》七七九七有辞云:‘贞王疾身隹匕己害。’此王乃武丁,不得为孕娠之疾,李孝定说殊误…… ‘疾身’之占累见,而从未有指妇而言者,其非指孕娠甚明。卜辞‘有身’之字为孕,孕作□或□,从未见‘疾孕’之例,身与孕不得混同。”①

忠发按:姚先生说是,李、高之说身为孕或身与孕同,均误。身之形义,姚先生之说亦误。

五、释 廷

掌握了汉字的表意方法,我们就容易明白汉字的结构是怎么一回事,这对指导古文字考释,也有非常大的作用。

如廷,周代金文多作□或□,偶尔也作□、□。② 林光义云:“廷与庭古多通用,疑初皆作廷。象庭隅之形,壬声,为象形兼形声字。”高田忠周则谓廷字“从人立土上”,为会意字,字义为“挺立也”。从《金文编》

---

① 以上各家说见《甲骨文字诂林》35—38 页,中华书局 1996 年版。

② 请参看《金文编》,中华书局 1985 年版。

所列“廷”字各形体看，象是“从人立土上”的只有秦公簋铭文的廷，但此字尚有“乚”形不明所象，其字形非“从人立土上”所能解，故高田忠周之说不可信。秦公簋之“廷”，人下加二划，下一划乃示地面，上一划乃唐兰先生所谓古文字凡垂直之竖往往加一横划所致，并非是土，也不是“壬”字。高鸿缙先生谓乚为曲本字，廷乃堂下至门不屋之所，为阶前曲地。然古阶前之地皆不曲，不知高氏何由出“阶前曲地”之说。马叙伦先生谓乚象长道形，廷之本义为正直长道。马氏的依据是清朝举行大典时，君御门，臣皆立于道上，以此来比附古代朝制之君立于门，臣立于廷中，于是便得出了廷就是“正直长道”之义。其实，用清朝的做法来比附周代的做法是非常危险的，时代相隔数千年，谁敢说朝制会一直没有变化？且“乚”分明是一条曲线，何以又谓之“正直长道”呢？李孝定先生谓廷字不从土而从数小点，乃形讹。其字当从乚象庭隅之形，从壬为声。李先生之说正好与事实相反，从土乃是偶一为之，从数小点乃是多数现象，所以李孝定先生说必定是错的。戴家祥先生谓“廷”字从乚从𡈼为“侹”之初文，平直之义。[①] 戴先生的证据有二：（一）乚有直义，（二）凡从壬声之字皆训直。戴先生之说相互抵触处颇多。一、“廷”之古文并不从“壬”声，为何又以凡从“壬”声之字皆训直来证明“廷”有平直之义，为“侹”之初文？二、“廷”字从乚，乚有直义。不知“廷”之直义是由“乚”得，还是由“𡈼”得。更何况“廷”字众多的字形皆不从“𡈼”，而从“⺀亻”，不知这“⺀亻”在字中到底有何作用？所以戴先生之说实在让我们感到不知所云。因此，我们可以说，关于“廷”字，虽有多位先贤作过考释，但均未解其形、明其义。我在前面分析认为乚用“丨”表示此建筑四周的墙未围合。⺀则表示一排排的柱基，丨表示柱基和立柱，“廷”字利用人与墙、立柱（或柱基）之间的空间关系表达了“廷”的概念。

六、释 𠚕

甲骨文𠚕，也作𠚕、𠚕、𠚕。从乚从人。于省吾先生旧释为臽，为陷

① 此处所引关于“廷”字的说解，均取自李圃主编《古文字诂林》二之 527-529 页，上海教育出版社 2005 年版。

之初文，① 理由是乚即凵，象坎形，字象人陷于坎中，为陷之初文。但是，从字形方面看，乚与凵完全不同。从字义方面看：

《合集》1079："甲辰…至戊…[甲骨字形]人。"

于先生说[甲骨字形]人即埋人。

《合集》34525："惟生王[甲骨字形]王。"

如果[甲骨字形]人即埋人，那么[甲骨字形]王即为埋王。可见，字释为陷，非是。故于先生作《甲骨文字释林》时未收入此篇，是于先生已放弃此说。

我们认为，乚即金文[金文字形]、[金文字形]（廷字）之"乚"，表示一面未用墙体围合（即三面有墙）的房子，其造字方法同样是利用空间关系表意。则[甲骨字形]造字之意可理解为一个人在这样的房子中，面朝外，表示"守候"之意。所以字可释为"守"。"守"所见卜辞有：

《合集》1079、《合集》34525已见上文，其余如下：

《合集》3389："贞：[甲骨字形]弗其以昜守。"

《合集》3390："……酉卜……贞……以昜守。"

《合集》4006："……卜，韦贞：今[甲骨字形]祟守甗。"

《合集》18022："……有不守。"

《合集》33190："乙丑卜，其守，衍方惟今来，丁……"

《合集》641正："癸酉卜，亘贞：臣得，王固曰：其得，惟甲乙。甲戌，臣涉舟延守，弗告，旬又五日丁亥，执。十二月。"

《合集》32374："[甲骨字形]守。"

《屯》1386："惟守……各日彡。"

守，本义为"守候"，引申为"守卫"、"防守"等意义。所以：《合集》1079之"守人[方]"即防守人方。《合集》34525之"守王"即守卫王。《合集》3389、《合集》3390之"以昜守"之昜，甲骨文作[甲骨字形]，即后来的陽（阳），用日下立表杆表示测日影的地方，后又引申有"朝阳光的地方"，此为文献中的常用义。测日影的地方都不应有阻挡阳光的东西，所以其地往往选择地势较高的地方。因此，阳又引申有"高"义。考阳确实有"高"义：

---

① 《骈枝三编·释臽》，又见《甲骨文字诂林》341—342页，中华书局1996年版。

《说文》："阳，高明也。"《释名·释丘》："丘高曰阳丘。"卜辞中"以"的用法有时相当于"于"：

《合集》16039："辛未卜，以父京旬。"

《合集》3331："壬……令……取侯以十一月。"

这些卜辞中的"以"都相当于"于"。所以，"以昜守"即在高处守候。《合集》4006之"守甗"即守候甗。《合集》33190之"守衍方"即防守衍方。《合集》641正是一篇完整的卜辞，其意说癸酉卜，亘贞认为臣将要被敌人俘虏。王占后认为臣将要在甲或乙这天被俘。结果甲戌这一天，臣驾舟前往守卫，没有告神。十五天后的丁亥，被俘。在十二月。可见，释"守"，所有卜辞均可解释。

还有一个问题必须说明，守卫者所在的房子为什么要一面没有墙呢？因为守卫者所在的居所必须要能够看到比较宽阔的范围，同时，守卫者日常生活又都在这个居所里，它必须有墙以遮风挡雨，但又不能向普通住房那样四周都用墙体围合。所以，类似于今天的边防哨所的守卫者的居所就必然不能全部用墙体围合了。

七、释 光

了解古文字表意的基本方法，就可以理解古人造字的用意，也不致于闹笑话来。

光，甲骨文作、，从人、火。《说文》曰："光，从火在人上，光明意也。"康殷先生《文字源流浅说》谓光"象人头上火燃之状"，"用以表示凶险"。并绘有人头上火燃之图。忠发按：火在人上殊无道理，人上不得有火。《说文》的理解确实可笑。今谓甲骨文上下结构往往表示前后关系，如：为作，手虽在上，实谓人在前牵象。姜作，《说文》："姜，西北牧羊人也。"此实谓羊在前，人在后，以示牧羊之意。光作，当谓火在人的前面，示"光明"之意。

八、释　前

由于人们不懂古人造字利用上下结构表达前后关系这个表意特点，这种类型的字都理解错了。如：

甲骨文中，前作，从止从舟会意。但是，甲骨学界竟然有人说甲骨文中“舟”与“皿”往往形体相混淆，所以，应该理解成为从止从皿会意，是“洗足”之意。李孝定先生《甲骨文字集释》卷二、徐中舒先生《甲骨文字典》都如是说。二先生不能理解“从止从皿会意”怎么能够表达“前面”的意思，只好说是假借了。于省吾先生则说：是从止凡声的形声字，是“前后”之“前”的本字。① 按照我的说法，“止”往往表示行走的人，此实谓人走在舟前牵引舟行进，因为纤夫恒在舟前，故用纤夫与舟的位置关系表达“前面”的概念。不过，字的，确实与甲骨文舟的写法不一样，之所以竖写，是因为字太长的缘故。纤夫牵引舟前进，舟必然与止保持相同的方向，这样，字就太长，所以就竖写了。竖写而被误解为皿，恐怕不是造字者所能够想到的。

九、释　先

先，甲骨文作、，从止从人会意。赵诚先生说：“甲骨文的先字写作或，从止（趾）从人或从。从人足在前，示人往前行，故有先义。”② 我们知道，随便什么人，随便怎么走，都不可能“足在前”。③ 我的理解是：表示一个走在前面的人，和都是人，它们在这里是个提示环境的符号，造字的中心突出“”这个人④，或用“走在他人前

① 以上各家说见《甲骨文字诂林》849—852页，中华书局1996年版。

② 《甲骨文简明词典》75页，中华书局1988年版。

③ 人从高处向下滑动的时候，一般是“足在前”的。但是，造字不会选择这样的特例来表意。

④ 判断一个部件是不是提示符号，有一个非常直接的方法就是看部件与部件之间是不是成比例。、这类字，人与、等等部件几乎是大小相等的，这就表明，造字者是在突出、，“人”就是为了说明、所在的环境才放上去的。

面的人"表示"先"的概念。

十、释 競

独体会意字结构特点很独特，用人张扬的肢体动作表达某种动作。这时候我们不能把这个人看作是象形的部件，而应该看作是一个具有表意功能的部件。明白这些对准确把握古文字的意义也是非常重要的。

如竞（競），甲文作[illegible]、[illegible]，在卜辞中用为祭祀之名：

《合集》1487："甲戌卜，[illegible]贞：其竞父乙日于大庚，告于……牢。"

《合集》35194："……王岁其竞，在十一月。"

《屯》594："……午卜：翌日父甲[illegible]竞祖丁，栅王受佑，大吉，兹用。"

从字形上看，競象二人头戴饰[1] 并有所舞蹈之形。甲骨文中正面的人往往作[illegible]，作[illegible]，显然以腿、足张扬的动作强调舞蹈之意。而其字又与祭祀有关，当为后来用歌舞娱鬼神之事。如屈原《九歌》之以歌舞娱鬼神也。

《周礼·大司乐》："……以乐舞教国子，舞《云门大卷》、《大咸》、《大韶》、《大夏》、《大濩》、《大武》，以六律、六同、五声、八音、六舞，大合乐以致鬼、神、祇，以和邦国，以谐万民，以安宾客，以说远人，以作动物。乃分乐而序之，以祭，以享，以祀。乃奏黄钟，歌大吕，舞《云门》以祀天神。乃奏大蔟，歌应钟，舞《咸池》以祭地祇。乃奏姑洗，歌南吕，舞《大磬》，以祀四望。乃奏蕤宾，歌函钟，舞《大夏》以祭山。乃奏夷则，歌小吕，舞《大韶》以享先妣。乃奏无射，歌夹钟，舞《大武》以享先祖。凡六乐者，文之以五声，播之以八音。凡六乐者，一变而致羽物及川泽之祇，再变而致裸物及山林之祇，三变而致鳞物及丘陵之祇，四变而致毛物及坟衍之祇，五变而致介物及土祇，六变而致象物及天神。……凡乐事，大祭祀，宿县（悬），遂以声展之。王出入，则令奏《王夏》。尸出入，则令奏《肆夏》，牲出入，则令奏《昭夏》。帅国子而舞。"

---

① 赵诚《甲骨文简明词典》252 页，姚孝遂《甲骨文字诂林》竞字下按语均谓象人戴头饰之形。见《甲骨文字诂林》150—151 页，中华书局 1996 年版。

又《礼记·祭统》："及八舞，君执干戚就舞位。君为东上，冕而揔干，率其群臣，以乐皇尸。是故天子之祭也，与天下乐之；诸侯之祭也，与竟内乐之。冕而揔干，率其群臣，以乐皇尸，此与竟内乐之之义也。"

由《周礼·大司乐》记载可推知，远在黄帝尧舜之时就有各种各样的舞。可见祭祀用歌舞由来已久。竞字为祭祀之名，其形体作歌舞状，由此可以判断，竞之本义当为以歌舞娱神的祭祀。

凡祭祀之歌舞，必为祭祀者且歌且舞按次序从祭坛上或尸前经过。《周礼·大胥》："以六乐之会正舞位，以序出入舞者。"歌舞者"以序"出入，一个接着一个，故竞又引申出"逐也"之义。《左传·昭公元年》："诸侯逐进。"杜注："逐犹竞也。"凡竞逐，必争胜，胜者为强，故竞又引申为"强也"。《尔雅·释言》："竞、逐、强也。"《诗·周颂·执竞》："执竞武王。"郑注："竞，强也。"

严一萍先生曰："强为竞之本义，强有争胜义"故引申为逐。[①] 此不合卜辞用例。李孝定先生疑竞之本义"象二人接踵有竞逐之义"[②]，验之卜辞亦不通。

十一、释[illegible]、[illegible]

甲骨文[illegible]、[illegible]二字，旧隶均为见，大多数学者以为同字。[illegible]在卜辞中，用法有五：

1. 监视

《合集》799："癸酉卜，王贞：自今癸酉至于乙酉，邑人其见方印，不其见方执，一月。"

2. 入觐

《合集》1027 正："己未卜，㱿贞：缶其来见王，一月。"

---

① 《美国纳尔森艺术馆藏甲骨文卜辞考释》，《中国文字》第六卷，转引自《甲骨文字诂林》150—151 页，中华书局 1996 年版。

② 《甲骨文字集释》757 页，台北，1970 年版。

《合集》4542：“贞：□弗其人见，五月。”

3. 招见

《合集》4221：“贞呼见师般。”

《合集》22065：“壬戌卜……呼见尹□侯印。”

4. 出现

《合集》584 甲反：“王□曰有祟，有见……其惟丙……”

《合集》7189 正：“……有祟，警有见……”

《合集》22184：“丁巳卜，允见。六月。”

《合集》20988：“戊戌卜，其阴，印翌启，不见云。”

5. 假借为献

《合集》102：“戌卜，贞：□见百牛……”

《合集》21034：“……有疾，庚子征见十月。”

《合集》22436：“庚辰卜，见龛。”

《合集》24432 正：“大贞：见新蔟，翌……”

以义与形考之，□本监视之义。字从□，示人守于某处，从目，目为提示符号，提示实施动作的器官，以强调眼睛的注视作用。整个字表示一个人守于某处，眼睛注视着什么，以表达“监视”的概念。“入觐”、“招见”、“出现”均其引申之义。《说文》：“见，视也。从目儿。”□即《说文》的“见”。

□，张桂光先生始疑与□同字。张先生曰：“实际上，甲骨文□与□有别，□是见字，□则是□的异文，以释‘望’为妥。……我认为，甲骨文望、见之别，不在目的竖（□）与横（□），而在人的立（□，立可看远）与跪（□，跪则近睇）。”①

按：张桂光先生说□、□不同字，是也。唯释□为望，却仍未当。望为远望，望者与目标物有一定的距离。但卜辞中的□，□者恒与目标物遭遇，□不可释“望”明矣。如：

---

① 《古文字考释四则》，《华南师范学院学报》1982 年 4 期。

《合集》6167："贞：□人五千呼□□方。"

《合集》6193："贞：呼□……□……"

《合集》6193："贞：呼□□，□。"

《合集》6167称集合五千人去□□方，是率领一支浩浩荡荡的大军去□□方。《合集》6193则明确道出□□方的结果是歼灭之。

在"□有师"的卜辞中，明确记载了"死"：

《合集》17055正："丙午卜，𣪘贞：呼师往□有师，王……曰惟老惟人途遘若……卜惟其匄二旬又八日……师夕死黾。"

也有□与"获"、"征"连言的卜辞。

《合集》6905："壬寅卜，□弗获，征□。"

"□"是征讨的对象，则下列卜辞的□□应当与□□方同例：

《合集》6431："……贞：乎□□，九月。"

《合集》7384正："贞：呼登□□。"

可见，□所在的卜辞占问的都是率领军队去搜寻敌人，并歼灭之。□应是"搜寻"之义。"搜寻"之义，正与□字形相合。□从□，此人必不是蹲守者，从□为提示符号，提示实施动作的器官是眼睛，表示睁大眼睛注视之意，合起来表达"搜寻"的概念。

《合集》8777："贞：呼□羊于西土。"

□羊，《殷墟甲骨刻辞类纂》释为"献羊"。按：羊亦为方国名。

《合集》36540："癸巳卜，贞：羊……邑商公宫衣……兹……无畎宁。"

《屯》2388："惟羊夕入。"

《屯》4178："乙巳□俘羊，自大乙……"

《乙》六七五三："丁亥卜，亘贞：羊受年。"

《合集》36540与《乙》六七五三的"羊"为地名，《屯》4178的□，字从又持□（倒过来的"隹"）献于示前，应当是"祭"的异体。祭祀的牺牲是"俘羊"，说明羊必定是国名。所以，《合集》8777的"□羊"，与前引卜辞之"□□"、"□□"同，均是搜寻敌人之意。

姚孝遂先生说："卜辞□与□形体有别，用法亦殊。□可用作'献'，

□则不能。但其余则可通用。卜辞二者似已出现合并之趋势。”① 按：□与□并不可通用，旧以为□有“监视”、“入觐”等义，均误解卜辞所致，如“□□”以为监视□方必是误解。至于□不可假借为“献”，是因为□的字音与“献”相去甚远之故。有鉴于此，我以为□隶为“见”实不妥，□表示“搜寻”之义，当为“寻求”之“寻”的本字。

十二、释 □

古文字结构中常常使用提示符号，了解了提示符号，许多汉字的结构就可以说解清楚了。如：

我前面说过佩，金文作□，□为玉器，巾乃玉器之丝饰，□是人，乃提示符号，提示□乃人身上之佩挂之物，合起来表示佩挂的玉器之概念。所以，佩挂的玉器乃佩之本义。

我前面考甲骨文□为“吮”的本字，这是由于明白提示符号的作用得出的结论。甲文兄（祝）之□象人张口向上祝祷之形，□之□亦象人张口向上祝祷之形，□之□亦表示人口向下之形。则□字之□殆象人撮口之形。这些字中的人体都是提示符号，因为人体与头部明显不成比例，很显然不是象形。知道这一点，就会明白造字者是在强调人之口的动作，□象人撮口吮吸之形就毫无疑问了。

十三、释 □

甲骨文□，毛公鼎作□，项敦作□，《说文》有攸字，作□，□即□或□之讹。许慎误以为水省形，故释攸曰：“行水也，从攴从人水省。”② 段玉裁注曰：“当作行水攸攸也。行水顺其性则安流攸攸而入于海。《卫风》传‘攸攸，流皃’是也。”今谓攸从人从攴，无由有“行水”或“水行”之义，“行水”或“水行”必出于假借。字从人从攴，示以杖击打人身之意，

① 《甲骨文字诂林》□下按语，609 页，中华书局 1996 年版。

② 段注引戴侗曰：“唐本作水行攸攸也，其中从□。”

周代金文之“¦”、“¦”乃提示击打落下的尘土。此字用击落身上尘土示“修饰”之义，此字当为“修”之本字。姚孝遂先生曰：“《史记·秦始皇本纪》载会稽刻石之文有‘德惠脩长’，或作‘修长’，而原石刻作‘攸长’，诸家皆以通假说之，实则攸修为古今字，本无区分。”姚先生之说是，然谓金文所从之“¦”寓洒刷之义①，则非。洒刷从手即可，从支不可谓洒刷。字在卜辞为地名。

《合集》37518：“辛亥卜，在攸贞：左族……擒。”②

十四、释 □

甲骨文□象人执兵器之形，字从止，止为提示符号。止作为提示符号多表示企立（如□，企；□，望）或脚的特别动作（□，舞；□，乘），此当表示脚极轻地行走。故综观字形，象手持兵器藏于身后，轻轻地靠近目标，欲袭击之状。字又从首（□），首亦为提示符号，提示头上有所饰伪。盖欲袭击目标，先作伪装，再偷偷接近。这样，被袭击者往往以为是同类的人而不加防备。

从卜辞用例看，□为战争用词。

《合集》6300：“卜争……呼□𢀛方。”

《合集》6301：“贞：呼□𢀛方。”

《合集》6302：“呼□𢀛。”

《合集》6303：“丙子卜，古贞：呼□𢀛……不□□。”

“□𢀛方”与“伐𢀛方”同：

《合集》6228：“庚甲卜……贞：呼伐𢀛方，受右。”

《合集》6238：“贞：呼伐𢀛方。”

综合形义考虑，此字释“袭”无疑是正确的。袭，《说文》释为左衽袍。可见其本义非战争用词。今袭击义，古作□。

---

① 《甲骨文字诂林》“攸”下案语，见《甲骨文字诂林》172页，中华书局1996年版。

② 卜辞中的意义不一定是本义，因为卜辞的内容不能反映商代语言的全貌，更体现不出前代的语言情况。

十五、释 匕

匕,甲骨文作𠤎或𠤎,其单用用例有以下数辞:

1. 匕动物

《合集》27915:"王其田惟成虎,匕毕,无灾。"

《合集》27917:"……其匕虎辰无灾。"

《屯》2298:"戊午卜,在[illegible],[illegible]告麋,其匕,毕。"

2. 死去的祖先

《合集》1623 正:" 贞:匕丹害王,二告。"

《合集》2385:"贞:来庚戊侑于示壬妾匕牝羊[illegible]。"

匕用于动物之前,姚孝遂先生等谓是打猎的一种方式。"卜辞'匕'字除用作名词乃祖妣之'妣'外,尚有一较为特殊的用法,即指某种狩猎之手段。"又曰:"丁辛田,毕,王匕毕。"(《甲》六七三)《甲》六七三与下列辞例是相当的。"甫毕[illegible],丙子[illegible],允毕二百有"(《前》四、四、二),"今日王逐兕,禽?允禽七兕。"(《掇》二、三九九)。匕和[illegible]、禽一样,都应该是指某种狩猎的手段而言。匕字象这一类的用法尚见于下列诸辞例:"乙丑卜,王唯壬匕虎,毕?"(《南明》七三四)"唯匕,毕?"(《宁沪》一、二八三)"唯匕兕,毕?"(《南辅》八三)"癸卯卜,戊,王其匕虎,[illegible]……"(《粹》一一四八)以上的这类匕字,当读如毕。……乃泛指掩捕禽兽而言。①

按:此说不可从。凡卜辞记狩猎,其验辞记述狩猎法往往与上文狩猎手段相呼应,此无一呼应,可据此判定匕非狩猎手段。匕也不能理解为毕,作为掩捕禽兽手段的毕,即卜辞中的[illegible],而不是匕 。

赵诚先生认为匕除用为祖妣之妣,还用作副词,有"连续"之义。于辛田,毕,王匕毕。——在辛日那一天畋猎有擒获,商王接二连三地擒获。这种用法的匕,当读为比,比在古代有"频"义,如《史记·吕后本纪》

---

① 《甲骨刻辞狩猎考》,《古文字研究》第六辑,中华书局 1981 年版。

“又比杀三赵王”之比，即有连续之义，与卜辞匕用法近似。[①] 今谓匕假借为比，用作副词，有“连续”之义证据欠充分，不可据。

这里的“匕”应该是表示“雌性的”这样的意思。甲骨文中尚有“匕牛”之例。于省吾先生说：“甲骨文牝字习见，《说文》：‘牝，畜母也，从牛匕声。’牝为形声字自来并无疑问。但是，牝字的初文本作匕，后来加上形符的牛字，遂为从牛匕声的形声字。就一时所知，甲骨文匕牛二字分作两行者凡三见。今录之于下：

(1)乙卯卜，翌，先匕牛。(《乙》八七二八)又《乙》八八一四文同上，但已模糊。以上匕牛两见。均属第一期。

(2)乙丙卜，用匕牛 。弗用匕牛。(《外》六七，第四期)

凡是古文字由两个偏旁所组成的合体字，从无分列在两行的例子。据此，则第一条的匕牛，当然是两个字。第二条由于第一段已分匕牛为两个字，则第二段纵列的匕牛，也当然是两个字。此外，甲骨文匕牛二字纵列者屡见，虽然都缺乏对贞辞，但是如果认为是牝字的纵列，则[illegible]字笔画很少，不应均占两个字的地位；而且，匕与牛的中间都有一定的距离，其为匕牛二字是显而易见的。依据上述，则甲骨文本来先有匕牛二字，后来演化为从牛匕声的牝字。”[②] 于先生的分析和结论都是正确的。“匕牛”就是雌性的牛，后造牝字专表雌性牛，进而凡雌性之动物皆可谓之牝。

匕亦与其他动物字组合成表雌性动物的合文。如甲骨文中，母牛作[illegible]，母狗作[illegible]，母马作[illegible]，母羊作[illegible]，母虎作[illegible]。等等。其变化过程与匕牛之合为牝是一样的。故“匕”之义表“雌性”当无疑议。

然“匕”字象何形，迄无定说：郭沫若先生以为匕乃匕柶，匕上端有枝者，乃以挂于鼎唇，以防其坠。又因雌性生殖器似之，故以匕为妣若牝也。[③] 但赵诚先生说：“匕，有人认为象匕（与后世之匙类似）之形。

---

① 见《甲骨文虚词探索》，《古文字研究》第十五辑，中华书局 1986 年版。

② 《甲骨文字释林・释牝》，中华书局 1979 年版。

③ 见《金文余释之余・释成氏》34—36 页，文求堂书店 1932 年景印本；又《甲骨文研究・释祖妣》10 页，科学出版社 1962 年版。

但出土之匕与ʃ字形体不合，而商代人又把有些匕字写成象人（ ʔ ）的形状，从反面证明匕字在当时人们心目中并不是匕（匙）的象形，而是象人站立拱手侧面之形。这是尚待进一步研究的问题。①

赵先生谓匕不是匙的象形，这是对的。匕当然也不是人站立拱手侧面之形。今谓先民造字，多取象于物我自身，两性之别，观其生殖器官，差别非常明显。于是雄性取象其生殖器作丶、丨，雌性则取象于其生殖器作乚，乚实象外生殖器之形。然乚之象仍然很难判定为何物，于是加丶或丨为提示符号，提示乚乃丨、丶插入之物，则乚为雌性之生殖器明矣。故匕乃“屄”之本字，旧释为妣，非也。

《合集》2123：“贞：疾匕，惟父甲害。”

“疾匕”与“疾身”、“疾天”、“疾止”等同例，皆谓人的器官有疾。可见，匕为人体之器官，则匕为屄字可为定论。

匕，引申之为母之称，卜辞中匕某，即是，字后加女作agent，又复造形声字妣取代了agent。又引申为雌性的，卜辞中匕虎、匕鹿即是。

至于卜辞中表现的凡遇到雌性的兽，往往用毕的手段去获取它，此处略陈己见如下：

从卜辞中看，常有这样的卜辞：“其匕，毕。”先确定该动物大概是雌的，然后决定用毕来进行网捕，而不是射，不是获。

《合集》10350：“毕豸，允毕。获麋八十八，兕一， 豕三十又二。”

一个卜辞中记述狩猎时记述了两种方法。可见毕与射、获应该是不同的，毕应当是活捉，而射、获则死活不定。

张秉权先生说，“大致说来，对于男性先祖的祭祀，很少看到用特别注明的牝牲的，而对于女性先妣的祭祀，则以用牝牲的居多。”② 所以，卜辞中表现出来的遇基本确定为雌性动物则想办法活捉它，可能与祭祀的需要有关，也有可能是为了饲养、繁衍的需要。

《屯》1070：“……犬……王其匕毕。”

这里的“王其匕”，应该理解为“王大概要匕的”。这样，关于动物匕的卜辞的意思大致都可以通了。

① 《甲骨文虚词探索》，《古文字研究》第十五辑，中华书局 1986 年版。

② 《祭祀卜辞中的牺牲》，《史语集刊》38 本，台北，1968 年版。

十六、释

甲骨文有字，亦作：

《合集》7854反："作洹惟侑，勿惟洹惟有灾。"

《合集》14478："贞：岳。""贞：河。""岳。"

陈世辉、汤余惠先生曰："，不识，或释为祝，字象人跪祷于神前，与祝祷义近。"姚孝遂先生说："卜辞或称'岳'，或称'河'，有可能为'祝'字之异构。"①

今案字象人持神主之形，甲骨文中的人，凡特加提示符号手的，均表示手要发挥重要作用，更象两手合抱神主之形。此字人足下所立为土，此土为提示符号，提示人站在高台或者土丘之上。② 所以，整个字表示人站在高台或者土丘之上持着神主。此字绝非祝祷之义，亦非祝之异构，祝祷应该跪于示前，而不是抱持着示。那么，这个字表示的到底是什么意思呢？从卜辞的用例来看，此字在卜辞中凡四见，两次与岳有关，两次与河有关，当为对山、川的祭祀活动。与祭水一样，古人对岳的祭祀往往是为了求雨。甲骨卜辞中反映出岳与雨关系非常密切：

岳有神威，可司降雨，可以影响农作物生长，因而卜辞中有许多岳害禾、害雨的记载：

《合集》33338："惟岳害禾。"

《合集》34229："辛亥卜，岳弗害禾，侑岳。"

《屯》644："丙寅贞：岳害雨。"

《英》2444："丙午卜，惟岳害雨。"

于是，人们得向岳求雨、求年：

《合集》12856："……卜……求雨……岳。"

《合集》28255："其求年于岳，兹有大雨，吉。"

《合集》34196："辛亥卜，于岳求雨。"

古代求雨之祭，归纳起来有两类：

---

① 以上各家说见《甲骨文字诂林》189页，中华书局1996年版。

② 甲骨文"望"亦作，也会登高望远之意。

1. 通过献牺牲酒食或献舞乐求雨

(1)献牺牲献酒食

《合集》385:“贞:求年于岳,燎三小宰、卯三牛。”

《合集》10084:“辛……卜,古贞:求年于岳,燎三小宰、卯三牛。二月。”

《屯》2626:“戊午贞:求禾于岳,燎三豕、卯……”

《合集》33331:“甲辰卜,乙巳其燎于岳大牢。小雨。”

《合集》34198:“乙酉贞:辛亥其燎于岳一宰、卯一牛。雨。”

《合集》30298:“于岳宗酌,有雨。”

《屯》4421:“即于岳,有大雨。”

即,甲骨文作[illegible],象人走近食豆将食之形,此当是献食物于岳神之义。

(2)献舞乐求雨:

《合集》14207 正:“贞:舞岳。有雨。”

《合集》34295:“……卜今日……舞河暨岳……从雨。”

2. 通过强硬手段迫使司雨之神降雨

卜辞和先秦、两汉文献中有作土龙求雨的记载,裘锡圭先生在《说卜辞的焚巫尪与作土龙》一文已有详述[①],请参看,此不引述。这种求雨方式就是通过强硬手段迫使主管下雨的神降雨。据《山海经·大荒东经》记载,应龙杀蚩尤与夸父之后回不去了,所以,只要地上遭受干旱,人们就用土做成应龙的样子,天就会下大雨。这种求雨方式一直沿用到近代。英国学者詹姆斯·乔治·弗雷泽《金枝》之“巫术控制雨水”一节记载了 19 世纪中国南方某些地区用纸张或者木头制作一条巨龙来求雨。[②] 这应该是作土龙求雨的延续。

通过暴晒求雨对象牌位的方法求雨,也是通过强硬手段迫使主管下雨的神降雨。如辽宁省义县《义县志》(民国二十年铅印本)载:“大

---

① 刊《甲骨文与殷商史》,上海古籍出版社 1983 年版。

② 中译本 95—118 页,大众文艺出版社 1998 年版。

旱之年，时有求雨之举。聚众庙前，向龙王焚香跪祷，头上皆戴一枝之圈而跣足，并手执纸旗，上书降雨之词，复舁神牌到处游行，人皆跣足从之，不数武，辄跪呼曰：求雨了，号佛了。”据《中国地方志资料汇编》所辑资料，这类跣足并以雨神牌位游行的做法在很多地方都有，跣足盖表示不怕地上有水之意，舁雨神游行，无非是让雨神也去太阳下感受一回无雨的痛苦。这类做法，国外也有。《金枝》之“巫术控制雨水”一节举出了亚洲、欧洲的许多国家都有类似的求雨方式。向雨神求雨的做法，不可能是近代人的发明，它必定传承自前代。近代的求雨方法其实可与古代的求雨方法相印证。卜辞中的[illegible]，与后世的暴晒求雨对象牌位的做法颇相似。

在商代，河岳之神均司降雨，他们受人祭祀，有宗有主：

《合集》28207：“河……宗。”

《屯》1276：“河宗。”

《合集》30298：“于岳宗[illegible]，有雨。”

《合集》9552：“丁亥卜……岳石，有从雨。”

岳石就是用石做的岳神神主。当人们求雨不得时，人们便将其神主抱到太阳下去暴晒以强行求雨，[illegible]正象一个人抱持神主之形。从卜辞中看，[illegible]的支配对象是河、岳，当系抱持山川之神的神主暴晒求雨，所以[illegible]的本义是暴晒雨神神主以求雨的祭祀活动。

十七、释　粦

粦（磷的初文），甲骨文作[illegible]，周尹姞鼎铭作[illegible]，即粦的古体。知道象形字有“勾勒轮廓并加提示符号”这一类，[illegible]与[illegible]就容易理解了：“大”是个提示环境的符号，[illegible]与[illegible]用人的上下前后左右都被[illegible]包围了，表示“粦（鬼火）”的概念。[1] 这是利用社会现实造字。因为鬼火浮游于空气之中，人行走的时候，空气的流动会使得鬼火紧紧地“缠绕”着人。所以，

---

① 鬼火看上去是火，其实其温度应该是不高的，所以，造字者就用“人的上下前后左右都被火包围了”表示“粦（鬼火）”的概念。

造字用[glyph]紧紧地“缠绕”着人，来表示“鬼火”，就没有人不理解了。尹姞鼎铭所从的双脚，也是提示符号，提示人脚的剧烈动作。鬼火缠上人，虽然烧不着，但也足以把人吓得乱蹦乱跳起来。故造字从双脚。

十八、释[glyph]、[glyph]

古人造字表达概念，往往要取象于当时的社会现实。那么，我们在理解字的结构时就应该联系当时的社会现实。

甲骨文[glyph]、[glyph]，从人执草或木。罗振玉、王襄、叶玉森、商承祚、唐兰等先生皆以为象人持草、木为火炬形，其义为埶。[1] 但卜辞中该字为祭名，故孙海波先生谓执祭之法，殆举火以祭。[2] 朱芳圃先生谓字本为执烛照明之意，假借为爇。田猎卜辞中之[glyph]，皆谓夜间持火以猎。[3] 于省吾认为字当释埶，其义在卜辞中 读为狝，谓狝杀，如《后》上十四·二：“王其田牢，埶。”二读为祢，谓亲近之庙，如《前》六·十五·三：“丁卯卜，尹贞，王宾埶禫亡𡆥。”三读为迩，训近。如《粹》697：“王其埶入不冓雨。”[4] “近入”，谓为期不远也。张秉权先生说于省吾氏所谓埶读为狝，为“狝杀”的卜辞，埶应该是地名，于氏所谓埶谓亲近之庙的卜辞，埶应该是被祭者的名字。于氏所谓训为“近”的埶，也应当为一个人的名字。[5]姚孝遂先生曰：字当释埶，孳乳作蓺、艺。卜辞多通作迩，训为近。不得视为地名、更不得视为祭祀之对象。[6]

忠发按：字从[glyph]从草或木，隶为埶，实无道理，可径隶为⿰木丮。⿰木丮在卜辞中为祭祀的一种，其目的是为了不下雨。试分析下边的卜辞：

《合集》27382：“辛酉卜，鼓贞：王宾，⿰木丮、[glyph]，惟吉。”

《合集》30528：“乙丑卜，何贞：王宾，⿰木丮、[glyph]，惟吉，不遘[雨]。”

---

① 《甲骨文字诂林》427—428 页，中华书局 1996 年版。

② 《甲骨文字诂林》428 页。

③ 《甲骨文字诂林》429—430 页。

④ 《甲骨文字诂林》429 页。

⑤ 《甲骨文字诂林》431—433 页。

⑥ 《甲骨文字诂林》“埶”条案语，《甲骨文字诂林》435 页。

此二条□与□祭并列，其验辞是不遘雨。

《合集》30528："乙丑卜，何贞：王宾，□，不遘雨；□，惟吉。"

此条□与□分别言，□，不遘雨；□，惟吉。我们已经知道，□是求不下雨的祭祀，□与□目的一致，也是求不下雨。

《屯》2358："弗□，田其遘雨。"

《屯》2358："丁酉卜，王其□，田不遘雨，大吉。兹允不雨。"

这两条卜辞也明确说明□就是求不下雨的祭祀。

《合集》28572："王其田，□，入不雨。"

此辞说的是王打算打猎去，举行了□祭，结果返回时没下雨。

古代乞求天不下雨的祭祀，我们已知有□，用人穿雨具、带瓠表示地下雨水已足，请天不要再下雨了。古代求雨祭祀，有文求与武求两种。乞求不下雨的祭祀，□为文求，也有武求，传世文献有"扫天"之祭，祭祀者手持扫把向天上扫来扫去，意思是欲将云扫去，则雨自止。□正象人持树枝、草把扫天之状。大概时值天阴，阴云蔽日，人们为了防止天降雨水，乃扫天欲使不雨。

□在卜辞中也用为族名：

《合集》7076正："弗其□□，二告。"

《合集》6992："癸卯卜，贞：□其捍沚。"

这些都是族名。

十九、释□、□

甲骨文□、□、□、□、□诸字从人捧戈，在卜辞中用例如下：

《合集》8445："贞：基方□"

《合集》8660："丙戌卜，方其□。"

《合集》3481："贞：□以有取。""贞：□弗以有取。"

《合集》20070："癸卯卜，王曰耑其□。"

字在金文中可资参证的用例有：

麦尊："侯易（赐）者（诸）□臣二百家。"

[illegible]卣："即[illegible]于上下帝。"

[illegible]，严一萍先生以为即《说文》之"[illegible]"，训"击也"。[①] 于卜辞似可通，而于金文辞则不可通。可证以上诸字训击非是。伍仕谦先生《甲骨文考释六则》[②] 引徐中舒先生曰："此字作跽而两手举戈投献之形，应为献之本字。"因之，伍先生释其字为献，训其义为投降。并谓甲骨文献字作[illegible]，罗振玉已释为献。则甲骨文[illegible]、献已同时出现，乃一字两形。[illegible]本献戈投降，引申为献纳、贡献。忠发按：字隶定为[illegible]，可从。其义释为"投降"之义，于卜辞、金文辞皆可通。[illegible]卣所谓"即[illegible]于上下帝"，即为祭名，谓以降者为人牲祭祀上下帝。此可证[illegible]义训"投降"是也。今谓[illegible]为表达"投降"概念之专字，徐中舒先生说其字形是也，唯定其字为献之本字则非。《说文》"[illegible]"训击，亦无文献用例，此说明[illegible]本无"击"义，亦可证其义当为"投降"。如此，字之形、义皆安。表投降之[illegible]与献字形、字义皆无涉，伍仕谦先生以为一字两形，亦误。

[illegible]、[illegible]、[illegible]、[illegible]、[illegible]这几个字，联系古今战争中投降的实际以及卜辞的用例分析，很容易就能够判断为表示"投降"概念的字。

二十、释 [illegible]

了解古人造字的特点，甚至可以见形知义。前面，我说过，汉字表达概念，往往要选择唯一的事物来表达一个概念，只有这样，汉字的结构才不会引起歧解。所以，有的时候，一个字所表达的概念，我们一眼就能够看出来。如甲骨文[illegible]（亦作[illegible]）字，我一看就知道它表达的是"歼灭"的概念。因为只有一种情况能够表达出"歼灭"的概念，那就是取得胜利的一方的士卒把获得的战利品悬挂在他的武器上面大摇大摆地走着的时候，这就可以说明敌人已经全部被歼灭了。所以，我们的先人在表达"歼灭"这个概念的时候，就用戈上挂着战利品来巧妙地表达这个

① 《续释戒》，《中国文字》第五卷 1922—1924 页，转引自《甲骨文字诂林》426 页，中华书局 1996 年版。

② 《古文字研究论文集》，四川大学学报丛刊第十辑，82—85 页，转引自《甲骨文字诂林》426 页，中华书局 1996 年版。

概念。我用“歼灭”之义来读甲骨卜辞，无不文通字顺。我跟邬可晶同志说：“歼灭就是彻底、干净地消灭了敌人，这是战争方面的概念。这个概念非常难用一个字形来表达。然而，歼灭敌人之后，战胜方的士兵回撤时，除了押解俘虏之外，往往都会带上抢劫来的战利品，有的人还在兵器上挂上一些战利品带回去；战败方的士兵则不可能这样，他们除了被俘虏之外，只能‘弃甲曳兵而走’。而战事未结束，也不可能出现这种情况。所以，只有歼灭敌人之后才会出现在兵器上挂上一些战利品带回去的情况。于是，造字者就用‘在兵器上挂着战利品’表示‘歼灭’的概念。戈是古代最具代表性的兵器，所以，造字者就用‘戈上挂着战利品’表示‘歼灭’的概念。歼，甲骨文作𢦏，“｜”是戈的柄，“一”是戈的刀刃，象草一样的东西表示捆在刀刃上的战利品。那么，战利品为什么朝上呢？这是甲骨文书写习惯造成的。甲骨文中凡是横向很宽的字都要竖着写。所以，我们应该把字形理解成𢦏。歼的造字本义当如我所说。”邬可晶同志为我检验了卜辞、金文辞中“𢦏”为“歼”能否贯通文意。他分析如下：

《甲骨文合集》33208片有四条完整的卜辞；

(1)甲子卜：王从东戈𢓴侯，𢦔。

(2)乙丑卜：王从南戈𢓴侯，𢦔。

(3)丙寅卜：王从西戈𢓴侯，𢦔。

(4)丁卯卜：王从北戈𢓴侯，𢦔。

戈为攻伐之义，𢦔记录战争的结果。

“𢦏”后带方国之名或征伐对象者，可以理解为商王的军队歼灭了敌方。例如：

(5)贞：正化𢦏方。

正化弗其𢦏。(《合集》151正)

(6)乙卯卜，争贞：旨𢦏翟。

贞：旨弗其𢦏翟。(《合集》880正)

(7)癸酉卜，贞：六月，卒𢦏方。(《合集》6293)

(8)癸丑卜，争贞：自今至于丁巳，我𢦏畄。王固曰：丁巳我毋其𢦏；

于来甲子𢦏。旬又一日。(《合集》6834 正)

(8)是说癸丑这一天,争贞:到四天后的丁巳那一天,我方将歼灭留。商王:丁巳那一天我方不要歼灭他们,等到下一个甲子那一天再歼灭他们。从今天(癸丑)到下一个甲子,正好十一天。

(9)乙卯卜:王咸𢦏𡆥。余曰:雀𠂤人伐……(《合集》7020)

(10)贞:我……咸𢦏……(《合集》7021)

《说文·口部》:"咸,皆也,悉也。"(9)的"咸𢦏",盖完全歼灭、全部歼灭之意。(10)为残辞,全意不明,但"咸𢦏"之意当与(9)同。

(11)其呼戍禦羌方于义,则𢦏羌方,不丧众。(《合集》2789)

"則"字从且从刀、且亦声,疑当读为"狙"。《管子·七臣七主》:"从狙而好小察。"尹知章注:"狙,伺也。"《史记·留侯世家》"良与客狙击秦皇帝博浪沙中"之"狙击",即伏伺而袭击。故卜辞"則𢦏羌方"谓伏伺而歼灭羌方。

(12)……庸𢦏𡿪方,不雉众。(《屯》3655)

"不雉众"与(11)"不丧众"同意,是说在歼灭敌方的作战中我方没有丧亡"众"的情况。前面引过的(1)(2)(3)(4),"𢦏"后虽然没有出现方国名或征伐对象,但因为前面已提到征讨的是亦侯,所以此四条卜辞的"𢦏"当理解为歼灭了亦侯。

方国之名或征伐对象出现在"𢦏"之前,可以理解为敌方被歼灭。例如:

(13)癸丑卜,争贞:𢀛方弗𢦏。(《合集》6341)

(14)贞:𢀛方其𢦏不?(《合集》6363 正)

(15)……贞:刞在井,羌方弗𢦏。(《屯》2907)

(16)癸卯贞:叀在…羌方弗𢦏。(《屯》2907)

某些从表面上看属于同类情况的卜辞,是否应该据此理解,值得讨论。例如:

(17)贞:雀弗其𢦏。(《合集》7678)

(18)𡆥𢦏。(《合集》7679)

(19)贞:𡆥弗其𢦏。(《合集》7680)

（20）贞：𢀛有𢦔。（《合集》16101）

这里提到的𢀛和雀，系商王的重臣或友方，卜辞中未见有商征伐𢀛、雀的记载，就这一点而言，把（17）（18）（19）（20）理解为𢀛、雀是否被商军歼灭是不妥当的。但商王若卜问率兵出征的𢀛、雀是否有被敌方歼灭的危险，则与史实并不违背。将另文详之。

有些方国之名或征伐对象出现在"𢦔"之前的卜辞，在"𢦔"前尚有"允"字。据陈炜湛先生研究，卜辞"允"的基本释义是"果真""果然"①。按：卜辞中作为副词的"允"，多数情况下确可释作"果然"、"果真"，但亦有诘鞫难通者，如陈炜湛先生文中所举的《合集》24771一条占雨卜辞："贞：今夕雨？之夕允不雨。"一般说来，"允"若释为"果真"，其验辞的结果应与命辞相一致，看陈文所举除此条之外的其他卜辞可知。但此条"允不雨"与命辞"今夕雨"适相反，释"允"为果真、果然则不合文例。我们认为这种情况的"允"可以讲成最终、结果，与果真、果然义有微殊。《合集》24771条卜辞可译为："贞：今晚下雨么？此晚结果没有下雨。"对于陈文所举不能确定"允"义的四条卜辞，《合集》27881两条"允"为人名是对的，22274和24253两条卜辞之"允"，或许仍当作最终、结果讲。《合集》22274："乙酉𢀛气丁亡至辛巳允子亡。"犹言："乙酉𢀛气（读为迄）丁亡，到辛巳这一天子最终死亡了。"《合集》24253："乙丑卜王在自允卜。"犹言："乙丑这一天占卜：王在自。果然如占卜的那样。"至于金文之"允册"，可能亦最终册命之意，待考。据此，"𢦔"前带有"允"的卜辞可以理解为敌方最终被歼灭。例如：

（21）……卜，𣪊贞：𢀛方允𢦔戉。（《合集》6373）

大致是说𣪊贞：𢀛方最终被歼灭。𢦔下一字戉，文意不明，疑读为岁，谓歼灭𢀛方后举行岁祭。也可能戉为方国名，辞谓𢀛方最终歼灭了戉。但卜辞载戉后来归顺于商，则（21）当理解为卜问𢀛方最终是否能够歼灭了戉；后无验辞，似乎也暗示了戉没有被𢀛方所歼灭。

（22）癸未……令奓伐𢀛，入，无不若。允𢦔。（《合集》6564）

① 陈炜湛《甲骨文"允"字说》，《古文字研究》第二十五辑，中华书局2004年版。

此辞盖言命豢讨伐𐌷,进入其地,无不顺遂,最终歼灭了。

(23)八日辛亥,允𢦏。伐二千六百五十人,在𪉵……(《合集》7771)

此条盖言最终歼灭了敌方之后,在某地(此字不识)砍掉2650个俘虏的脑袋,大概是举行伐祭。辞间有阙。

某些关于"𢦏"的战争卜辞中,在"𢦏"之前还带有其他伐、征、敦等侵略性动词,证明"𢦏"之意比伐、征、敦等更进一步,只能解释为歼灭。例如:

(24)壬戌卜,翌,乙酉,争贞:旨伐薛,𢦏。(《合集》947正)

(25)贞:伐𢀛方,𢦏。(《合集》6282)

(26)甲辰……惟妇姘伐龙,𢦏……(《合集》6584)

均言某人伐某方,歼灭之。

(27)己未卜,𡧊贞:王䇂(?)三千人,呼伐𢀛方,𢦏。(《合集》6640)

《合集》6639、6641还有两条同文卜辞,"方"前一字略有不同,显为一字,兹不赘引。

(28)癸戌,夙伐,𢦏,不雉。(《合集》26897)

(29)癸巳,旦迺伐,𢦏,不雉人。(《合集》26897)

此二辞未明言征伐对象,𢦏都是说伐而歼灭敌方,在此过程中我方没有丧亡人,与(11)(12)可合参。

(30)庚子卜,呼征归人于卫,𢦏。(《合集》20502)

(31)癸巳卜,𡧊贞:旬无𡆥。王固曰:有祟,其有来艰(?),迄至五日丁酉,允有来艰(?)自西沚𢦒,告曰:土方征于我东鄙,𢦏二邑;𢀛方亦侵我西鄙田。(《合集》6057正)

(30)说征讨归人于卫,歼灭之。(31)说土方进攻我东边境,歼灭我两个邑的守众。

(32)甲辰卜,𡧊贞:翌乙巳曰:子商敦,至于丁未,𢦏。(《合集》6571正)

(33)丁酉卜,𡧊贞:王惟……敦缶,𢦏。三月。(《合集》6867)

(34)癸丑卜,王敦西,今日𢦏。(《合集》7083)

(35)癸亥卜,今夕敦猷,𢦏。(《合集》33077)

(36)癸酉卜……敦猷,甲戌 。(《合集》33078)

(37)我𢦏……令……敦,𢦏稿,不其𢦏。(《合集》7076 反)

敦有伐义，故训无载。《诗·大雅·常武》:“铺敦淮濆，仍执丑虏。”郑笺:“敦当作屯。……陈屯其兵于淮水大防之上以临敌。”而《鲁颂·閟宫》“敦商之旅”之敦，郑玄却解释为:“治旅众。”从语法结构上看，这两个“敦”都作为动词与后面的名词构成支配关系，从语义上看，“敦”后所跟名词都是征伐的对象；所以,这两个“敦”应该是同一意思,郑玄随文释义，显然并非确诂。孙诒让在《古籀余论》卷 3 中根据不䢅簋铭文“女及戎大𦎫(敦)𢦔”,指出“𦎫𢦔”即《诗》之“铺敦”，“谓迫笮博伐之也”。王国维在《不䢅敦盖铭考释》一文中也根据“女及戎大𦎫(敦)𢦔”进一步指出《大雅·常武》、《鲁颂·閟宫》二“敦”字均当“迫”、“伐”讲。后来，郭沫若在《奴隶制时代》里又为孙、王之说补充了一条证据:《逸周书·世俘》“武王遂征四方，凡憝国九十有九国”之憝也应该读为训“伐”的“敦”。①上引卜辞也可验证“敦”训为伐是正确的。(37)文义模糊,需作说明。“我𢦏”可能指商朝军队歼灭了某方；也有可能是商朝军队被敌方歼灭了,因为下面残辞中有“令”字，大概是商军败绩之后商王命令其他将领率军再次攻打敌方。“𢦏稿,不其𢦏”也许是选择问句,卜问能否歼灭敌方。

也有“𢦏”后带“敦”的例子:

(38)贞:自今壬寅至于甲辰,子商𢦏基方,敦𠀠。(《合集》6571 正)

(32)—(37)所示“敦”和“𢦏”的对象是同一的,即攻伐进而歼灭之。(38)所示“𢦏”和“敦”的对象不同,先歼灭基方再进攻其他方国。

关于“𢦏”的卜辞还有一些,大致不超出上述类型,这里就不多引了。②

金文中出现“𢦏”的辞例不多，史墙盘铭与㾓钟三都有“粤武王既𢦏殷”之句，“𢦏殷”与《诗·鲁颂·閟宫》“实始翦(戬)商”的“翦(戬)商”

① 参看裘锡圭《谈谈地下材料在先秦秦汉古籍整理工作中的作用》,《古代文史研究新探》,江苏古籍出版社 1992 年版。

② 吴振武《“𢦏”字的形音义》一文有详细罗列,请参看,见王宇信、宋镇豪主编《夏商周文明研究(四)·纪念殷墟甲骨文发现一百年国际学术研讨会论文集》，社会科学文献出版社 2003 年版。

同意,应释为歼灭商朝,壆方鼎云:“惟周公于征伐东夷。丰伯、薄姑咸𢦏。”有人训“𢦏”为克①,语意略嫌别扭。如果释为“歼”,谓丰伯、薄姑都被歼灭,应该更加顺适。金文“咸𢦏”可与(9)(10)合参。

总之,释“𢦏”为“歼”之初文,所有卜辞、金文均能通释。

邬可晶同志的考证节约了我很多时间。邬可晶同志的考证正确,这就证明把握了古人表达概念的方法对理解古文字的形义关系是至关重要的,也展示了把握古人表达概念的方法对理解古文字的形义关系的神奇作用。

有一位著名文字学家看了我们的结论后认为是错误的,他认为甲骨文中表示“歼灭”的字是𢦔,𢦏则应该以管燮初先生释“捷”为是,乃“战胜”、“打胜”义。所以,这里我再作一些辩说。

首先说说𢦔。谓甲骨文𢦔为歼,此大误。

《合集》5736:“壬子卜,宾贞:令𢦔暨多射……”

《合集》31984:“……会𢦔以众入山,祟?”

《屯》2585:“乙亥贞:𢦔来,呼告其令入羌。”

《合集》5736一辞,𢦔与多射同受王令。《屯》2585言𢦔来,《合集》31984言王令𢦔率领众入山。凡此皆证明𢦔是方国名或族名、人名,不可能为“歼灭”之义。

再说说𢦏:

关于𢦏,前人可基本通读卜辞的释义有三。

1. 管燮初先生释“捷”,战胜、打胜义。他说:《诗经·小雅·采薇》:“一月三捷”,传曰:“捷,胜也。”甲骨文、金文中𢦏字用“胜利”或“打胜”来解释,基本都能怡然理顺。②

2. 于省吾先生读为“败”。于先生在《墙盘铭文二十解》③ 中说:甲骨文于征伐言𢦏,旧故不得其解。𢦏即《说文》𢦏(从戈才声),训伤也。

① 吴振武《“𢦏”字的形音义》,见王宇信、宋镇豪主编《夏商周文明研究(四)·纪念殷墟甲骨文发现一百年国际学术研讨会论文集》,社会科学文献出版社2003年版。

② 《说𢦏》,《中国语文》1978年3期。

③ 《古文字研究》第五辑,中华书局1981年版。

而“伤”与“败”义相因。于先生因谓甲骨文、金文之𢦏为“打败”之义。

3. 张政烺先生《释𢦏》① 说𢦏是战争的结果。“但是要找一个现代通行的字直接说𢦏是某字的初文,却还有一定的困难。”

张政烺先生的说法我们不去管它，管燮初先生和于省吾先生的结论基本一致。𢦏在卜辞中用“胜利”或“打胜”来解释大多数皆可通，但如下各辞则很难解释：

《合集》14243：“帝呼𢦏……”

命令打胜某某,不如说命令歼灭某某明确而又彻底。

《合集》6193：“贞：呼[illegible]𢀛,𢦏。”

[illegible],旧释见,按：见作[illegible],与此别。作[illegible]乃寻觅之义。此谓命令寻找𢀛（方）人员，结果𢦏。如果说𢦏是战胜，这样的解释似不通。𢀛方为商王强大的敌人,卜辞言征伐𢀛方的很多,皆不言寻𢀛。此辞所谓寻𢀛，下又无“方”字，当是搜寻𢀛方被打散的残卒，结果这些败卒被找到，最后𢦏了他们。所以,这里的𢦏一定是歼灭而不是战胜。

《合集》6057 正：“癸巳卜,㱿贞：旬无𡆥,王固曰：有祟。其有来警？迄至五日丁酉，允有来警自西。沚戓告曰：土方征于我东鄙，𢦏二邑；𢀛方亦侵我西鄙田。”

𢦏二邑，战胜二邑，这样的说法似乎不是很恰当。两军相拒，可以说一方战胜另一方，边邑之中本来就没有多少人，土方大举入侵，必然是很快就歼灭了其中的守众。很显然,说战胜不如说歼灭准确。

总之，甲骨文𢦏应该是歼。𢦔则为人名或方国名，那么那位著名文字学家为什么说𢦔是歼呢？唯一合理的解释就是𢦔与殲（歼）形体更接近,同时又有《说文》“𢦔,绝也。古文读若咸”和《佚周书·世俘》“咸刘商王纣”等等材料。考释古文字联系后世文献是可以的，但古文字书写时代的文献用法更应该重视。

我前面也说过，考释古文字仅仅排比归纳卜辞的意义是不够的，我们必须要能够从字形上把问题说清楚。我现在考虑，𢦏字之形体之所

① 《古文字研究》第六辑，中华书局 1981 年版。

以如此作，就是用在兵器上悬挂物品来表示“歼灭”的概念。至于所悬挂的物品是什么？我想，歼灭敌人之后，士兵们所悬挂的物品无非是两个：财产型的物品和用以炫耀战功的物品。古代割取敌人左耳报功。耳朵放在袋子里，自然不能作为炫耀的东西。打完仗顺便抢一些财物带回来，既是一份收入，同时也是炫耀；把敌人的头发割下来系在兵器上，那又是多么显眼的东西啊！[illegible]、[illegible]字之形体不正像戈上悬挂物品或者头发之类的东西吗？

二十一、释屰、[illegible]与[illegible]、[illegible]

考释古文字，一定要考虑其表意方法、表达概念的方法，仅仅通过卜辞辞例对比或者字形变化的推论下结论，是非常危险的。如[illegible]字，徐中舒先生《甲骨文字典》通过与“伐”的卜辞辞例对比，认为是“伐”的异体字，这当然是错误的。我再举几个例子。由于不知道古文字何以表意，古文字学界将甲骨文屰、[illegible]、[illegible]、[illegible]均视为“逆”字。如果不审察这几个字在卜辞中的用法，单就字体演变来说，设屰为本字，孳乳为[illegible]、为[illegible]、为[illegible]，是说得通的。这与甲骨文“疑”字的形体孳乳情况就很相似。

但是，结合卜辞用例看，屰、[illegible]与[illegible]、[illegible]应该不是同一个字。请看下面的卜辞：

[illegible]、[illegible]表示“迎接”，引申为“迎面”。如：

《合集》20064：“……寅卜，王[illegible]入史，五月。”

此为王迎接回来的史。

《合集》6197：“辛丑卜，殻贞：𢀛方其来，王勿[illegible]伐。”

此为𢀛方入侵，王不迎击之。

其他与[illegible]、[illegible]相关的卜辞其义皆同：

《合集》112：“甲戌卜，[illegible][illegible]角取[illegible]刍。”

《合集》185：“呼[illegible]执。”

《合集》270反：“[illegible]入十。”

《合集》4915：“丙寅卜，贞：令[illegible]比尽于[illegible]六月。”

《合集》4922："贞：□不其……"

《合集》5951 正："贞：勿呼□执□……,二告,小告。"

《合集》6198："辛丑卜,㱿贞：□方其来,□伐。"

《合集》6201："癸酉卜，争贞：王勿□□方，上下弗若。不我其受……"

《合集》7054："王寅卜……贞……□……征□。"

《合集》7058："贞：勿呼商取□。"

《合集》8851："呼□取。"

《合集》32035："王于宗门□羌。"

《合集》32036："王于南门□羌。"

《合集》32155："己卯今日王□惟用。"

《合集》32185："弜□执,无若。""己巳卜,王其□执,侑。""己巳贞：王□执有若。""贞：王弗□执。""己巳贞：王来□有若。"

《合集》36475："庚辰卜,在□贞：今日其□旅以……于东单。无灾。"

《屯》3210："……岁惟高祖乙岁,□三牢。"

而□、□则没有这样的意思,其义更像是方国名或地名。今照录《殷墟甲骨刻辞类纂》所罗列的关于□、□的全部卜辞,请读者与□、□的卜辞比较一下。

《合集》2960 正："贞：呼取□。"

□似方名。

《合集》5327："……卜,王贞……□……七月。"

《合集》10961："乙卯卜,韦贞：呼田于□。"

□似地名、方名。

《合集》20454："……卜王贞……□……方。"

《合集》20472："戊辰卜,□呼□祟小方,我七月□。"

□即□,从□与从□均表示人用于做什么,所以该字即防御、抵御之"御"。卜辞谓□命令□为害小方，我七月抵御之。则□亦当为方名或族名。

《合集》20871："其有□。"

《合集》21626："甲辰卜，[illegible]贞：我屰以若。""癸卯……[illegible]贞：呼豕、屰入商。""癸卯卜，[illegible]贞：呼屰[illegible]，有……"

《合集》21627："辛卯…贞：屰……若。"

《合集》21774："壬寅贞：屰[illegible]。"

屰似方名。

《合集》22246："屰以往子……月。""匄屰[illegible]。""匄屰媪。""匄屰孅。""先曰屰娥。""癸亥卜，匄屰女。"

《合集》22247："匄屰[illegible]。""屰以往子。"

《合集》22511："子丁屰"。

《合集》33231："弜屰米帝秋[illegible]。"

《合集》26879："戊屰弗雉王众。""戊屰其雉王众。"此二辞屰当为人名或方名。

《合集》27075："贞：其屰。"

《合集》33230："壬子贞：屰米帝秋。""弜屰米帝秋。"

《合集》33917："丁巳卜，屰夕雨。戊……"

《合集》17537正："庚子卜，古贞：王[illegible][illegible]。"

《合集》34400："丁酉卜，出贞：于[illegible]京品。"

《屯》1046："雨大屰。"

《屯》2557："屰自父甲[illegible]。"

《屯》4138："……申贞：其屰……"

李孝定先生从表意方法的角度分析说："逆训迎，其字必从辵从屰会意（屰亦声）。从屰象人自外至，从止则象迎之者。故必待辵屰相合，其义乃显。至屰字，则只象倒人身。"[1] 李先生的分析是完全正确的。从使用的情况看，屰、[illegible]与[illegible]、[illegible]在卜辞中的使用情况也不同，所以屰、[illegible]与[illegible]、[illegible]不当同字。

① 以上材料见《甲骨文字诂林》324—328页，中华书局1996年版。

二十二、释　御

御，甲骨文作□，亦作□、□、□、□。甲骨学界多以为乃《说文》"禦，祭也"之"禦"。王襄先生以为字从□，为马索，象使马之形。按：使马，人不当为跪形，王襄先生说不可从。闻宥先生以为御字"□与□体析离，亦无持意。此午实为声，□象人跪而迎迓形。""迎迓于道路是为御。"李孝定先生也说："御之谊为迓，但以午为声。"① 王贵民先生详细分析御字在卜辞中的使用情况，认为"御的本义都是迎迓。卸祭是迎迓神鬼之祭，卸方是迎击某方的入侵，卸事是迎接事务及指这一类官员"。② 今谓王贵民先生说是。然御字诸形所以构形之意，诸家以形声论皆非。古者迎宾于道，迎接者必跪迎于道旁，宾至则行扶轼之礼。1986 年，湖北荆门包山 2 号墓出土战国漆画《聘礼行迎图》正反映了古跪迎之俗。故字作□示跪迎之意。其初乃独体会意字。

《合集》22047："癸未卜，□余于祖庚，羊、豕、□。"

为标示其字音，乃加午为提示符号，示其字音读如午。凡迎迓必于道，故字又加□为提示符号，提示迎于道中。凡迎迓神鬼，必跪于示前，故字又加示专表迎迓之祭。

迎击敌人亦曰御，故字又作□，加□提示抗击之意。□是形声字，从□，□声。

《合集》2631 正："贞：惟妇好呼□伐……"

甲骨文中抵御之"御"字作□，从□从□，象二人相抗拒之形，是会意。

《拾掇》一·四一五："乙亥贞：□弗□方……弗征方才……"

□字又加鱼提示字音，作□：

《甲编》3913："壬戌卜，狄贞：其有方来，亚□其□，王受佑。壬戌卜，贞：王受有佑。"

---

① 以上各家说见《甲骨文字诂林》391—406 页，中华书局 1996 年版。

② 《说卸事》，《甲骨探史录》，三联书店 1982 年版。忠发按：卸事即迎接归来的卫队。卜辞有"御来事"之占。

裘锡圭先生《读安阳新出土的牛胛骨及其刻辞》[1]谓字象一人抵御另一持杖者的攻击,为御之初文。并谓即之变形而加午声者。

今谓与不同字,所从人为跪形,跪人如何与持杖者相拒?所以从跪人就不可能象一人抵御另一持杖者的攻击了。古人造字,在需要强调人的动作的时候,是非常注意强调的,如"企"、"舞"、"磷( )"、"及( )"、袭( )等等,象字,绝对不可能省略手的动作而与"从"混同。因此,不会变形为从跪人。那么,也就不是之变形而加午声者。乃是为"迎逜"之"御"引申出的"抵御"之义所造的专字,则是表示"抵御"概念的本字,二者无同源关系,不当混同。

二十三、释 闻、聖、听

聖,甲骨文作,从口,从示意。从口表示一个人在说话,即闻,表示听,聖整个字表示听他人说话。

赵诚先生说:"甲骨文的聖字写作,从人突出耳朵,旁边有一个口,当表示有所听闻之义,当是听闻义之引申。……卜辞的聖、闻、听在某种意义上相通。也就是说聖的本义是听闻。"[2] 李孝定先生说:"闻之初谊为听觉官能之敏锐,故引申训通。贤圣之义,又其引申也。听、闻、聖同源,其始殆本一字。"[3]《甲骨文字诂林》664页,《殷墟甲骨刻辞类纂》237页均直接隶定为"听"。[4]

按:考释古文字,有时必须与后世的文字相比较,甲骨文,金文作(井人钟铭)、(王孙钟铭),可见即聖。今谓闻、聖、听三字义各别。闻者,甲骨文作、,从人突出其耳,本义为"听"。或从人以手捂其另一耳,以手捂一耳者,是为了听得真切。这样,闻之本义为"听"更为显然。

---

① 《考古》1972年5期。

② 赵诚《甲骨文行为动词探索(一)》,《古文字研究》十七辑,中华书局1989年版。

③ 《甲骨文字集释》3519页,台北,1970年版。

④ 于省吾《甲骨文字释林·释聑、宿》亦谓"古听、聖乃一字。"

闻在卜辞中均用其引申义：

《合集》13651："己丑卜，争贞：有疾齿，父乙惟有闻。在沘。"

父乙惟有闻，谓父乙已得知疾齿一事。此"听"义之引申 "听到"、"知晓"。

又引申为消息：

《合集》1075 正："其有来闻，惟甲不……"

"有来闻"谓有来（报告）的消息。

《合集》6076："……争贞：有闻。曰 ……"

聖，从[glyph]从口，利用[glyph]（听话人）与"口"（说话者）之间的空间关系表示"倾听"之义。

《合集》14295："𢦏，无其聖。"

𢦏即歼。卜辞大意是某某被歼之后，残卒逃回，王不听其辩解之辞。

听，甲骨文作[glyph]、[glyph]，从耳从口，或从耳从二口。从二口表示多人在一起商量，从耳表示在商量中有所择取。所以，听之本义为"听取"。"听取"必有所取、舍，取舍是否得当，就会引发好的或不好的结果，故卜辞中关于"听"有是否"有害"、"有咎"的记载：

《合集》808 反："王听，惟咎。""王听，不惟咎。"

此谓王听取之后有咎。

《合集》23466："辛卯……妇无听。十一月。"

"无听"，谓不听取。

《合集》20017："丁卯卜，王听兄戊。"

谓王听取了兄戊的意见。

我前面举例说到的于省吾先生考释甲骨文"後"和"冓"，说字义都是正确的，而说字形则或错或不详，也是没有注意把握汉字的表意方法、表达概念的方法的结果。

第二节　正确把握字形结构包涵的文化内涵

汉字结构中凝聚着中国文化的信息，正确把握字形结构包涵的文化内涵，就可以利用汉字研究中国文化。下面，我举几个比较重要的文化问题作为例子。

一、说日晷的历史

中国古代何时出现日晷，这在古代科技史研究领域一直是个不解之谜。已认知的中国古文献对日晷的最早记载是《史记·律历志》，说是在公元前104年议定要“立晷仪”。考古所得到的日晷实物也是西汉时期的。这似乎表明，中国出现日晷，大约在西汉初年。

日晷是古代最重要的计时器之一，古代埃及和美索不达米亚地区大约在公元前14世纪已有日晷。中国古代的科学技术中，天文学是非常发达的一门学问。古人对于天文知识的了解，是相当普及的。在一个天文学极其发达的古国里，日晷的出现却相当的晚，这是不可思议的。对这种现象，李约瑟博士解释说：“也许是由于太普遍和太熟悉的缘故，中国文献很少明显地提到日晷或太阳钟。”① 中国古代何时出现日晷，李约瑟博士的推断是否正确，我们有必要通过详细的考证来回答这个问题。

求之于汉字，我可以肯定地说，中国古代，至迟在殷商时期已经有了日晷了。因为我从早期表意汉字的结构中得到了日晷的信息。

甲骨文中有一个[illegible]字，旧隶定为督，我考释为“昼”，下文所引卜辞，该字皆用“昼”表示。其字义说解纷纭，郭沫若先生认为是“晷”字②，表示的是日晷。于省吾先生认为即《说文》中“督”，从日叔声，在卜辞

① 李约瑟《中国科学技术史·天文学》中译本303—304页，科学出版社1975年版。

② 郭沫若《殷契粹编考释》73页，科学出版社1965年版。

中用为祭名。[1]日本学者贝塚茂树释为暗，认为字从晕省。[2]宋镇豪先生认为□象水平垂立于地的杆，下面有日，日旁附有小点，表示投于地上的日影。本义指立杆度日以定方位。因为立杆度日多行于日中，后来就成了日中时分的专字。[3]

我的研究也从□字入手。□在卜辞中用作时间名词，其辞例如下：

《合集》30365：“叀昼⿰酉彡，三十，在宗父甲。”

《合集》30599：“贞：求，叀昼⿰酉彡。”

《合集》30893：“叀昼⿰酉彡。”

《合集》31215：“……昼……王受祐。”

《合集》34095：“叀乙酉⿰酉彡。”

《合集》34095：“叀丁亥⿰酉彡。”

⿰酉彡，过去多隶定为“酒”，是错误的。此字从“酉”表示“酒”，旁边的三撇是提示符号，提示酒香飘散出来。此字在卜辞中为祭名，当谓以酒香娱神。卜辞中“叀 某⿰酉彡”结构中的“某”，均表示时间或日期。如：

《合集》30837：“叀朝⿰酉彡。”

《合集》30835：“叀昃⿰酉彡。”

《合集》30865：“叀丙⿰酉彡。”

《摭续》64：“丁未贞：叀今夕⿰酉彡，卯在父丁宗卜……”

《屯》2666：“叀食日⿰酉彡，王受祐。”

《合集》29723：“叀七月⿰酉彡，有雨至乙。”

我们可以断定，卜辞中，昼用为时间名词，这是毫无疑义的。问题是，卜辞中的“叀某⿰酉彡”中的“某”这个位置上，既可能是某一时辰，也可能是较大的时间段概念（大于时辰，小于一日），如夕；还可能是日期或月份。那么，昼到底表示的是哪一种时间概念呢？表示日期和月份的可能已经可以排除了。因为卜辞中，月份是直接注明的，日期则用干

① 《甲骨文字诂林》“督”下引，11096页，中华书局1996年版。

② 《京都大学人文科学研究所藏甲骨文字·本文篇》，463页，转引自《甲骨文字诂林》“督”字下。

③ 宋镇豪《释督昼》，《甲骨文与殷商史》第三辑，上海古籍出版社1991年版。

支字表示。我们可以把昼表示的时间确定为表示某一时辰或某一较大的时间段的字。[①]

从卜辞的辞例中，我们还不能确定昼表示哪种时间概念。已考知的卜辞所反映的时间大致如下：

假定时间	6 卯	8 辰	10 巳	12 午	14 未	16 申		18 酉		24 亥
武丁卜辞	旦、明 日明	大采 大食	盖日、	中日	昃	小食		小采	夕	
武丁之后卜辞	妹旦	朝 大食		中日	昃		郭 郭、兮	莫 昏　落日	夕	

以上时间是陈梦家先生《殷虚卜辞综述》研究所得。另外，宋镇豪先生说枫也是表示时间概念的字，如《合集》28572“王其田，枫入，不雨。……夕入，不雨。”枫表示暮之后点灯时分的时间。[②]我在前面已经研究考证枫是求不下雨的祭祀活动，类似于后代的扫天之祭，不是表示时间概念的字，所以，卜辞的时间划分，还是应该以陈梦家先生《殷虚卜辞综述》为是。

从卜辞的时间划分看，白天划分很细，而晚上仅一“夕”，不再细分。这说明当时是利用太阳在天空的移动来划分时间的。但是殷商时代的人已经不再凭目测太阳在天上移动来确定时间了，因为卜辞中卜问是否下雨的卜辞很多，有些应该是在阴雨天卜问的。如：

《合集》20397：“壬……有雨……今日小采……允大雨，延…… 日惟启。”

---

① 宋镇豪先生认为昼一定是个时辰的专字，我们认为不是这样，因为象“今夕”这样的词都不是时辰专字，而是表示某一时段的。所以我们认为不能肯定地说昼一定是个表示某一时辰的专字。

② 宋镇豪《释督昼》，《甲骨文与殷商史》第三辑，上海古籍出版社 1991 年版。

此辞是在阴天卜问的，问今天会不会下雨，结果到了小采时分，果然下了雨，直到后来太阳才出来。

《合集》20965：“丁酉卜，今日雨？余曰戊雨。昃允雨自西。”

从这条卜辞看，今天肯定是阴天，若不是阴天，一般不会去问今天是否下雨，占人估计戊时要下雨，结果在昃时果然下了雨。

《合集》20961：“丙戌卜，三日雨？丁亥隹大食雨。”

此辞问这三天是否都要下雨，结果第二天只在大食时分下了雨，其余时间都没有下雨。说明当时肯定是阴天或者正在下雨。

阴天或雨天是看不见太阳的，所以我们可以肯定地说当时人们并不是凭目测太阳的运动来确定时间的。在当时已经有了人造的计时器。但这种计时器并不是后代的铜漏之类的东西。因为从卜辞中看，晚上的时间是没法估计的，说明当时的计时器还必须依赖日影。所以我们认为，当时已经有了日晷。根据我们的观察，阴天立杆仍能投影，只不过影不太明显而已。

现在，我们再回到昼字的形体上来。我在前面介绍汉字对极难表达的概念的巧妙表达时分析说：昼，甲骨文作□，○表示日晷的晷面，□表示测日影的杆，□是手，与杆合起来表示立一根杆。晷面中的点是个提示符号，提示杆就立在晷面中间“·”这个地方，◡表示杆在太阳下的投影移动的范围。整个字表示：在晷面的“·”处立杆，则杆在太阳下的投影将在晷面的“B◡A”这样一个范围内移动。这样就巧妙地把“白昼”的概念表达出来了。①

□，经过一定的演变，就成了今天的汉字昼，其演变过程大致如下：

□→□→晝→昼。

到目前为此，考古发现的日晷实物都是西汉时期的，更早的日晷是什么样子的？是不是平地日晷？我们很难回答。但是，我们可以肯定地说：中国大地上的古人，在商代的时候已经使用日晷计时了。因为

① 当然，我现在只有文字学的证据，1994年，我把我的考证结论给著名天文学史专家、时任中国科技大学自然科学史研究室主任的李志超教授看，李先生还是不敢完全赞同，原因就是我没有更加直接的证据。

甲骨文昼字就是依据日晷测时的原理造的。

可见，通过对汉字结构中所包含的文化内涵的分析，我们可以肯定地说商代已有了日晷，因为昼字就是依据日晷测时的原理造的，没有日晷，怎么能够造出昼字呢？昼字的造字年代最晚不晚于商代中期。所以中国古代出现日晷的时间最晚不晚于商代中期。中国古文献于人们社会生活的记载，往往过少过简，以致于后人对于先人的日常生活情况知之甚少。著名历史学家齐思和先生说："以前史家于日常事物，又不屑笔之于书。如亚洲各民族食多以手，独吾国以箸，此关乎卫生者，其重要可谓极矣。但用箸究始于何时，史籍中无记载也。① 又如古人席地而坐，置榻而眠，无桌、椅、高床之备，直到唐末以前仍如是；而古时跪拜揖让之礼，皆基于席地而坐之习俗。然桌、椅之起源，正史中亦无记载也。" ② 以中国古文献记事的特点来看，李约瑟博士对中国古文献没有对日晷的记载的推断是正确的。

二、说商代的"天"神

关于商代的"天"神，目前学术界的意见极不一致。一种观点认为，商代根本就没有"天"神。如郭沫若、陈梦家等先生。郭沫若先生在《中国史稿》中说："天"字在商代一般只用为"大"的同义字，没有神秘的含意，周人才把天奉为有意志的人格化的至上神。③ 陈梦家先生《殷虚卜辞综述·宗教》章也强调：卜辞的"天"没有作"上天"之义的。"天"之观念是周人提出来的。④ 而另外一些学者则依据《尚书》和《诗经》中的相关材料，得出了商代不但有"天"神，而且这"天"神还是至上神的结论。如刘文英先生据《诗·商颂》"天命玄鸟，降而生商"和《尚书》之《微子》、《西伯勘黎》等篇的材料，认为殷人的上帝崇拜和天命观念十分清

---

① 箸与筷子不能划等号。简单地说，用一根叫箸，用两根叫筷子。箸在商代已经出现，筷子在东汉时期才出现。请参考陆忠发《释"箸"》，《古汉语研究》2000 年 2 期。

② 详齐思和《中国史探研·牛耕的起源》，中华书局 1981 年版。

③ 《中国史稿》273 页，人民出版社 1962 年版。

④ 陈梦家《殷虚卜辞综述》581 页，科学出版社 1956 年版。

楚，周人的天命观最初是与殷人相同的。[1] 詹石窗先生也认为“‘天’在殷商是很重要的概念”。[2]

《尚书》和《诗经》已经周人改动，用以研究商代的历史，固不足据。以这些材料得出的商代的“天”神是至上神的结论当然是不可靠的。但夏渌先生由甲骨文字入手，依据[illegible]（天）在卜辞中为受祭祀的对象，认为“天”已经是人格化的“天”了。[3] 这也与郭沫若、陈梦家等先生所论不同。

我认为要研究商代的“天”神，唯一可靠的材料还是甲骨文字和甲骨卜辞。但郭沫若、陈梦家、夏渌等先生据甲骨文和甲骨卜辞得出的结论仍然不一致。究其原因，是诸家对相关材料的使用不一致所致。所以这个问题还有再作研究的必要。我再从甲骨文字和甲骨卜辞入手，作一些新的探讨。

武丁时代的卜辞中有[illegible]字，旧释为天，辞云：

《合集》17985：“贞：于……朕天……”

《合集》20975：“庚辰……王弗疾朕天。”

“疾天”与卜辞中“疾目”、“疾身”同例，“天”当为人体的一个部分。《说文》：“天、颠也。”段注：“颠者人之顶也。”于省吾先生曰：“天字上部作○或●，即古丁字，也即人之颠顶之顶字的初文。前文的‘弗疾朕天，’是占卜人之颠顶之有无疾病。天本为独体象形字，由于天体高广，无以为象，故用人颠顶以表示至上之义。”[4]按于先生的说法，天之本义为高而广的天。然而，人的头顶实在没法表示“至上的天”，于先生的说法实可再商。与这个“天”字结构方式相同的字，我把它们称作带提示符号的象形字。请参考前面的《汉字表意方法研究》。明白了带提示符号的象形字的造字方法，对于[illegible]的结构与本义便清楚了：口象人的头，大为提示符号，提示人的躯干，人的躯干上的“口”这个东西就叫天，所

① 刘文英《中国哲学史》28 页，南开大学出版社 2002 年版。

② 詹石窗《新编中国哲学史》18 页，中国书店 2002 年版。

③ 夏渌《卜辞中的天、神、命》，《武汉大学学报》1980 年 2 期。

④ 于省吾《甲骨文字释林·释具有部分表音的独体象形字》，中华书局 1979 年版。

以天的本义应该是人的头。前引卜辞的“朕天”，即“我的头”之义。由于头位于人身体的顶端，因而天引申为顶，但“顶”并不是“天”的本义。过去都依《说文》把天之本义理解为“头顶”，这是错误的。造成这种错误的原因，在于人们错误地把声训看作是解释词义的一种方式。实际上，声训的作用只是说明一个事物得名的缘由，它并不是解释词义。就《说文》“天，颠也”这个声训来说，许慎的意思是：天之所以叫天，是因为它在人体的颠部。许慎并不是说天的意思是颠，也不是说天与颠是同义词。

晚期的卜辞中，[illegible]又作[illegible]，从夫与从大同义。作[illegible]者，其辞曰：

《合集》36535：“辛卯王……方于……余其甾戋……余有不[illegible]……天邑商无……”

《合集》36544：“天邑……衣兹。”

《英》2529：“癸巳卜……天邑商。”

“天邑商”也称“大邑商”，陈炜湛先生认为这是“天”由头顶引申为大义的缘故。[1] 人之头或顶并不大，无由引申有大义。我以为“天邑商”之“天”不可理解为“大”，“天”仍是“头”义。

下面，我花一些笔墨来谈“天邑商”之得名问题。

先谈什么是邑。关于邑，现在比较一致的看法是：邑是城邑。这个说法是错误的。邑，甲骨文作[illegible]，甲骨文中的“口”多表示城，如[illegible]（正）、[illegible]（围）等均是。邑利用人与城的空间位置关系表达了“宫城”的概念，邑的本义是宫城。[2] 那么，宫城何以又称“天邑”呢？就目前考古所获材料看，宫城无不是建在夯土垒高的台基上的。台基的高度一般在2米左右。这样，建成的宫城其地基的高度就在人的头之上，因而人们称这种宫城为“天邑”，意思是“头上的宫城”。所以，“天邑商”之“天”不是大的意思。但“天邑商”确实又称“大邑商”，这又是为什么呢？这是因为商王常常要外出打猎巡视，而且经常要在外过夜，所以商王在

---

① 《甲骨文同义词研究》，《古文字论集》初编129—131页。转引自于省吾主编《甲骨文字诂林》212—213页，中华书局1996年版。

② 陆忠发《都邑考》，《杭州师范学院学报》2005年2期。

殷墟之外还有很多的邑。《合集》7033正：“取三十邑。”当然这些邑只是偶尔来这里住一住，其规模较之殷墟的邑应当都要小一些。殷墟的邑最大，故又称“大邑商”。一邑而有二名，这是人们依据不同的特点为之命名的结果。

可见，甲骨文中的[illegible]或[illegible]，都是“头”义。[1]依据这个“天”来研究商代有没有“天神”，其结论必然是：商代没有“天神”。如赵诚先生考曰：“甲骨文的天字写作[illegible]或[illegible]，下面所从的大，象一个正面站立的人形。上面所从的○或口，象人的头顶，合在一起表示人的头顶，天字的这一构形之意，在甲骨刻辞中正是被这样应用的，如《甲骨文合集》20975片有这样的一条刻辞：‘疾朕天。’就是‘病了我的头顶’的意思。而从整个刻辞来看，甲骨文的天字不表示天空之义。再扩大开来考察，甲骨文中没有表示天空之义的专字，但有表示天空的符号。如雨字早期甲骨文写作[illegible]，下面的数小点，表示降落的雨滴，上面的一横即表示天。可见，商代人已经有了天的观念，但没有后代的浓厚，所以没有用专字来表示。这是一种文化现象。由字的结构和使用得到了证实。到了西周，天字有的写作[illegible]，从●与从○同，构形与甲骨文一样，但未见有表示头顶之义者，都有表示上天之义的用法，如大盂鼎：‘文王受天有大命。’这是与商代不同的另一种文化现象。”[2]

赵诚先生说商代人已经有了天的观念，但甲骨文中没有表示天空之义的专字。这个说法是不对的。武丁时期的卜辞中又有[illegible]字，过去都认为是[illegible]之异体字。于省吾先生曰：“第一期晚期的天字也有作[illegible]或[illegible]者。”[3]严一萍先生曰：“在第四、五期有作[illegible]若[illegible]形者，亦天字。”[4]王国维注意到[illegible]与[illegible]之不同，曰：“天本象人颠顶，故象人形。卜辞、盂鼎之[illegible]、[illegible]二字所以独坟其首者，正特著其所象之处。”“[illegible]、[illegible]为象形

① 这两个“天”字义相同，但写法不同，这是不同时代造成的。

② 赵诚《甲骨文与商代文化》，辽宁人民出版社2000年版。

③ 于省吾《甲骨文字释林·释具有部分表音的独体象形字》，中华书局1979年版。

④ 《中国文字》第二卷第五册《释天》。转引自于省吾主编《甲骨文字诂林》211—212页，中华书局1996年版。

字，天为指事字，篆文之从一大者为会意字。文字因其作法之不同而所属之六书亦异，知此可与言小学矣。”① 其实，天、天与天不但所属六书不同，字义也不一样。天所在卜辞有：

《合集》22093：“天御量十一月。”

《合集》22094：“乙巳于天，癸……”

《合集》22431：“于天……御”

《合集》22454：“惟凸犬于天……”

《屯》643：“贞：天乙牧鬲，不用……”

《屯》2241：“惟御弜牛于天。”

由此上卜辞可知，天为受祭的对象。

天与天、天有以下不同：1. 结构类型不同，王国维已言之。2. 意义不同，天为祭祀的对象，绝不用为人之头 ，天、天为人之头，绝不用为祭祀对象。

据此二者，我们认为把天与天、天看作是同一个字，无疑是错误的。它们之间的关系充其量只是同音字而已。天从二（上）从大会意，王国维将其理解为指事字，是仍然认为天之字义与天、天同。又指事字绝无以一个完整的字为指事符号的。所以王氏的说法也有不对的地方。从上从大会“天空”之意，“天空”的概念极难用一字形表达，然而人们知道，人（大）头之上就是天。于是就用“人（大）之上”巧妙地表达了“天空”的概念。此“人之上”者又被尊为神，为商人祭祀的对象，我们以为就是商人心目中的“上天”。所以，商代实在已经有了“上天”的概念。在商代，山、岳、河等自然物皆被尊为神，而“天”人们每日抬头即可望见，天亦阴晴多变，商代的人们不会不注意到它并以之为神。所以我相信商代确已有了“上天”的概念，只是“天”无法描绘其形象，人们便用“人之上”来表达这一概念，于字造了天字。天正是商代已有“上天”概念的铁证。

到了周代，“天”的“头”义已被别的字取代，于是天又取代了同音

① 转引自《甲骨文字诂林》212 页，中华书局 1996 年版。

的𠀘表示“上天”的概念。𠀘便废弃不用了，这种情况在文字学上是不少的。所以在周代用[illegible]表示上天，并不是与商代不同的文化现象。

𠀘又或作[illegible]，此字从结构上不可解，当为𠀘误刻所致。虽然商代和周代都有“上天”的文化现象，但两者之间还是有不小的区别的。就卜辞而言，商代已把天尊为神，但绝没有像周代那样把天视为主宰一切的至上神。事实上，商代的“天神”并没有任何超出其他神的地方，从卜辞中有关神祇的神力对比表中可见，许多神都具有神力，但从前引关于𠀘的卜辞中看，𠀘不具有任何神力。因此，我们可以断定，商代人们心目中已有“天神”的概念，但这位“天神”不具有任何特殊的超出其他诸神的神力，只不过是众多的自然神中的一位罢了。

卜辞所反映的神祇神力对比表

神祇名	神力	卜辞举例
帝	1. 令雨	《合集》14132 正：“贞：今一月，帝令雨”
	2. 为害人间	《合集》10171 正：“戊申卜，争贞，帝其降我黑，一月。”
	3. 福佑人间	《合集》6273：“伐𢀛方，帝受我佑”
	4. 令风	《合集》672 正：“翌癸卯帝不令风夕雾。”
	5. 令𡆥	《合集》14182：“帝其作王𡆥。”
	6. [illegible]邑	《合集》114208 正：“贞：帝[illegible]唐邑。”
	7. 帝若	《合集》14201：“贞：王作邑，帝若。八月。”
	8. 降祐	《合集》10167：“贞：帝不降大祐。九月。”
	9. 害年	《合集》10124 正：“贞：惟帝害我年。二月。”
	10. 帝令某日吉	《合集》14129 反：“王固曰帝惟今二月令，其惟丙不吉，其惟庚……。”
	11. 使王疾	《合集》14222：“贞：惟帝肇王疾。”
	12. 发号令	《合集》14243：“帝呼𢦏。”
日	无神力	
风	为害人间	《合集》13369：“丙午卜，亘贞：今日风𡆥。”

神祇名	神力	卜辞举例
河	1. 害王	《合集》776 正:“壬寅卜,㱿贞:河害王。”
	2. 害雨	《合集》14620:“庚申卜,永贞:河害雨。”
	3. 害禾	《合集》33337:“庚寅卜,惟河害禾。”
	4. 令雨	《合集》14638 正:“贞翌甲戌河其令雨……” “贞翌……河不……令雨。”
	5. 河若	《合集》14614:“丙午卜,河弗若。”
岳	1. 害禾	《合集》33338:“唯岳害禾。”
	2. 害我	《合集》14488:“岳害我。”
	3. 害雨	《屯》2438:“丙午卜,惟岳害雨。”
季	祟王	《合集》14720:“季祟王。”
上甲	1. 害王	《合集》939:“上甲害王。”
	2. 害雨	《合集》12648:“唯上甲害雨。”
成（太乙）	祟我	《合集》32444:“癸巳卜,成祟我。”
大丁	害我	《合集》14003 正:“大丁害我。”
伊尹	1. 害雨	《合集》32881:“丁未卜,唯伊尹害雨。”
	2. 宁风	《合集》30259:“其宁风伊。”
黄尹	1. 保我史	《合集》3481:“癸未卜,古贞:黄尹保我史。”
	2. 害王	《合集》3483 正:“贞:黄尹害王”
	3、使疾	《合集》13682 正:“贞:有疾止,唯黄尹害。”
妣	祟王	《合集》905 正:“贞:多妣祟王。”

夏渌先生由甲骨文字入手,依据𠀘(天)为受祭祀的对象,认为“天”已经是人格化的“天”了。这个结论是极其牵强的。其实夏渌先生得出这个结论,主要恐怕还是受了卜辞有“上下”一词的影响:

《铁》244.2:“王征邛方,上下若,受我佑?勿征邛方,下上弗若,不我其授佑?”

上下,在周代文献中就指天和地,周代的天是人格化的神。于是,夏渌先生就认为商代所称的上自然也就是人格化的天神了。其实,上下应当指天上和地下的诸神。《论语·述而》："祷尔于上下神祇。"集注："上下谓天地。"《论语》的"上下神祇"四字，已把"上下"的内涵说得很清楚了，上下神祇指的是天上和地下的神祇，"上"和"下"本身并不是神祇之称。商代有将几个神或很多的神合用一个称呼的做法，如：

《合集》32393："其有三匚母豕。"

三匚即匚乙、匚丙、匚丁的合称。卜辞中也用东、西、南、北指东方、西方、南方、北方诸神。

《合集》30178："其求雨于东方。"

《合集》14295："禘于西方。"

按卜辞辞例，"东方"、"西方"的位置都是"神"。所以，东方合指东方诸神，西方合指西方诸神。同样，卜辞中的"上下"，应当指天上地下的神祇。如天上的风、雨、云、雷等，地上的岳、河、山、川等。

总之，商代的天神只是一个普通的自然神，并不是人格化的至上神。

附带说一下，"天"在周代为什么会被尊为至高无上的神呢？张桂光先生说："殷人由游牧活动而引起了对生殖神'帝'的崇拜，周人由农业活动而引起了对自然神'天'的崇拜，这就是殷周两族不同信仰的由来，这就是'帝''天'这两个观念的不同起源。"① 按，商代实已进入农业时代，且"帝"本植物的蒂，与动物的生殖无关。张先生说并不可信。"天"在周代被尊为至高无上的神，我们以为有两个原因：

一、虽然帝在商代是神力最广的神，但周人不再尊帝为至上神，因为商人将帝与祖先合而为一，武丁及以下的商王都称帝。商王武丁，征服敌国，开拓疆土，发展经济使国家空前强盛，在商人的眼中，武丁具有最大的神力，所以武丁死后，其子祖庚、祖甲就尊称他为帝。

《合集》27372："乙卯卜，其有岁于帝丁一牢。"

这里的帝丁就是商王武丁。以后，死去的商王多称帝。所以，一讲到帝，人们必然就联想到商王的先祖。因此，周人必定不能尊帝为至上神。

---

① 张桂光《古文字论集》，中华书局2004年版。

二、对神的尊崇必须有所继承，突然抛出一个从未有过的神来，人们在思想上很难接受。“天”与“帝”同在天上，这早已被商代的人们接受了。周代选择同在天上的“天”尊之为至上神，赋予它比帝更大的权力，称自己是天之子，周受天命克商。这样，天下的人便很容易接受了。

三、说甲骨文□字所包涵的相关农史信息

甲骨文有□字[①]，温少峰、袁庭栋先生认为字从水从井。[②]《说文》：“阱，陷也。从阜从井，井声。古文阱从水。”所以，沈之瑜先生认为是阱字。[③]王宇信、杨升南认为象井旁有水流状。[④] 均误。甲骨文水作□，不作□。按：此字从□象水沟之形，从井为提示符号，提示□所处的环境是在井旁。如果没有这样的提示，单单一个□，人们很难明白这是什么，所以造字者在描绘水沟的同时，加“井”提示其所处的环境是与井相通，这样□为“水沟”就容易被人认识了。明白了这种类型的汉字的结构特点，我们就自然明白□表达的概念是“水沟”了。

□的结构中包涵了大量的农史信息，我们分析如下：水沟的概念为什么要用□来表达？我们认为此字正是古代以井水灌溉田地之证。《世本》：“汤旱，伊尹教民田头凿井以灌田。”中国上古时代的水稻栽培大概都是以水井为灌溉水源，江苏吴县的草鞋山遗址考古揭示出距今6000年前的水稻田遗迹，“其中在一处被披露的长200米的范围内发现了呈两行排列，南北走向，相互连接的浅坑约20个，浅坑面积一般3~5平方米，个别小的1平方米，大的达9平方米，坑的形状或椭圆形或长方形。浅坑沿一低洼地带分布，其四周有土冈，东部及北部边缘有‘水

① 《甲骨文合集》18770：“百□。”

② 温少峰、袁庭栋《殷墟卜辞研究——科学技术篇》202页，四川省社会科学院出版社 1983年版。

③ 转引自王宇信、杨升南《甲骨学一百年》532页，社会科学文献出版社 1999年版。

④ 王宇信、杨升南《甲骨学一百年》532页。

沟'和'水口'相通，'水沟'尾部有'蓄水井'。"[①] 我曾经考证商代的圣田就是造水田。[②] 圣田的目的就是种植水稻。[③] 那么，虽然现在考古还没有发现商代的水稻田，我们可以推知商代造水稻田就是依井而造，这些田当然是公田，归商王室所有。历史上的所谓"井田制"，很可能就开始于商代。

我这样说还有一个证据就是商代有专门负责农业生产的官员，就叫"姘"，也作"井"。妇姘为商王配偶，武丁之后的卜辞中，有"妣戊姘"的卜辞，如：

《屯》4023："惟妣戊姘小宰，王受佑。"

这里的"妣戊姘"应该就是武丁时候的妇姘，所以她应该是武丁的配偶。武丁时有不少占卜妇姘分娩的卜辞，与其他诸妇以及王族贵族相同[④]，如：

《合集》14009 正："……卜，争贞：妇姘娩嘉。王固曰：其惟庚娩嘉。旬，辛，妇姘娩，允嘉。"

妇姘也参加战争，此又与妇好同：

《合集》6584："甲辰……惟妇姘伐龙，𢦏。"

但是，妇姘有许多地方不同于其他诸妇：

一、妇姘主管农业：

《合集》9529："……贞：妇姘呼黍于丘、商，受……"

此辞说妇姘命令在丘、商种黍。

《合集》9533："贞呼妇姘往黍。"

---

① 《中国文物报》1995年6月18日。另外，据人民网青岛2005年12月24日电（标题《山东胶州市考古发掘获重要成果》），最近在山东胶州市考古发掘获重要成果：在古人居住区东部边缘700平方米的发掘范围内，还发现了可能与稻作有关的遗迹现象，如蓄水坑、纵横交错的水沟等，是否与稻田有关，目前正在分析、鉴定和论证过程中。这次考古还发现了水井，水井是否与稻田有关，最终也将有结论。

② 陆忠发《圣田考》，《农业考古》1996年3期。

③ 陆忠发《甲骨卜辞中的禾也指水稻说》，《江西社会科学》2005年2期。

④ 武丁卜辞中有妇某61人，这些妇女是不是都是武丁的配偶？有人认为不全是。我认为全部是。因为武丁经常征战四方，可能因此多了许多配偶。

此辞说商王让妇姘去主管种黍。其他关于妇姘受年、受黍年的卜辞则有 20 条,如:

《合集》9971:“贞:妇姘黍受年。”

《合集》9976 正:“癸酉卜,㱿贞:妇姘不其受黍年,二月。”

妇姘不但主管种黍,也负责其他农作物的相关工作,如:

《合集》2734 正:“贞:呼妇姘[illegible]……”

[illegible],旧不识,字从又从二[illegible],[illegible]为栗之果实,甲骨文栗作[illegible],可证。则[illegible]象采摘栗子之事,可看成是“采”的或体。

《合集》9757:“贞:妇姘不受年。”

年单用,其义与禾同,指水稻。[1] 则此问妇姘种植水稻会不会丰收。

《合集》9596:“……[illegible]贞:妇姘年萑。”

武丁时期,关于妇姘的卜辞共 126 条,其中可以明确妇姘与农业相关的就有 28 条。

二、妇姘与乞求不下雨祭祀有关。如:

《合集》6344:“甲申卜,㱿贞:勿呼妇姘以[illegible]先于[illegible],二告。”

这种内容的卜辞共 8 条。[illegible]多见于田猎卜辞,乃求不下雨之祭。[2] 卜辞中未见明确为农业生产求不下雨的记载,但农业上求不下雨的祭祀很盛行,如后代的“扫天”之祭就是。[illegible]见于主管农业的妇姘的卜辞中,很可能就是农业上求不下雨的活动。

三、妇姘也作妇井。

《合集》2761 反:“妇井受……”

其他如《合集》2757,2758,2759,2766,2768 反,2769,2763 反,2733 臼,14313 反均作“妇井”。

前引《合集》9596 言“妇姘年萑”,关于萑的卜辞还有:

《合集》9607 正:“……丑……贞:妇姘田萑。”“妇姘田不其萑。”

《合集》9610:“……卯卜古贞:妇姘田……其萑。”

此说明萑乃是祭名,则“妇姘年萑”,即妇姘为水稻丰收举行萑祭。

---

① 陆忠发《甲骨卜辞中的禾也指水稻说》,《江西社会科学》2005 年 2 期。

② 参考第三章第五节《释[illegible]》。

卜辞中没有为田猎举行萑祭的记载，如此，“妇姘田萑”之“田”就不是田猎，而是造田。“妇姘田萑”就是妇姘为造田而举行萑祭。

妇姘与造田有关，其人径名之“井”，商代大量造水田，应该是妇姘倡导的结果。这应该可以证明妇姘是“井田制”的有力推动者。

综上所述，妇姘是武丁时期一位负责农业生产的官员，她领导掘井造水田，导制了“井田制”的出现。所以，妇姘是中国历史上对社会发展有着巨大贡献的伟大女性。

历史上所谓的“井田制”的真实情况是怎样的呢？汉人为我们所描绘的井田制是说将土地划分成九块，中间为公田，八户人家各耕种一块，以同耕公田的方式缴纳赋税。实际上，作为一种经济制度，将全国所有的土地都划分成“井”字形是不现实的。井田制的真实情况，孟子已不能详知。《孟子·滕文公上》：“方里而井，井九百亩，其中为公田，八家皆私百亩，同养公田。公事毕，然后敢治私事，所有别野人也。此其大略也。”这是孟子答滕文公问井田制时所说的话，可见，当时人们对于井田制已经不甚了了。几百年后的汉人又据孟子的话加以推演，于是井田制便大多都是些想象的东西了。所以，很多学者都认为将“井田制”理解成把土地分割成“井”字形是一种没有事实根据的误解①，有的人甚至否定井田制的存在。② 我们现在知道的“井田制”的实质是依井造田，百姓以种植最靠近水井的公田作为赋税的方式。这个重大的历史发现，是从妌字的研究入手的。

四、说商代的尸祭

周代盛行尸祭。不但宗庙之祭用“尸”，其他天地百神之祭，也必有“尸”。杜佑《通典》言：“周代大小神祀，皆有尸也。”《诗经》中也有许多关于周人祭祀祖先时用尸的描写，如《召南·采蘋》、《小雅·祈父》、《小雅·楚茨》、《大雅·既醉》、《大雅·凫鹥》和《大雅·板》等等。

---

① 陈守实《中国古代土地关系史稿》6—16页，上海人民出版社1984年版。

② 翦伯赞《先秦史》260-261页，北京大学出版社1990年版。

周代及其后世的尸祭也有考古学方面的证据：考古曾获得过尸祭的图画和雕像，江苏六合获尸祭图，此图已残，但尸者双手扶膝，垂足安坐；两边献祭品者的动作均十分清楚明白。①

江苏六合程桥春秋刻纹铜片残片

晋宁石寨山也获尸祭雕像一组，雕像上共有56人跪着向尸行礼，他们面朝尸，或双手按膝，或捧杯献物，十分恭敬虔诚。而尸则双手扶膝，垂足而坐。钟学易认为主祭者是坐在圆几之上的。②

晋宁石寨山12号汉墓贮贝器上的尸祭雕像局部

文献的记载似乎也表明尸祭与几有关，如《仪礼·士昏礼》记载婚

---

① 原图及有关说解，详江苏省文物管理委员会《江苏六合程桥东周墓》、《考古》1965年3期。

② 详钟学易《晋宁石寨山12号墓贮贝器上人物雕像考释》，《考古学报》1988年4期。

姻过程的纳采时说，女方的家主要告祭祖先，“主人筵于户西，西上右几。”注：“主人，女父也。筵，为神而席也。户西者，尊处，将以先祖之遗体许人，故受其礼于祢庙也。席西上右设几，神不统于人。”这里的布席设几都是为神而设的。当然，这里的神指的是尸，尸代表祖先受祭。黄金贵教授根据这些材料和石寨山尸祭雕像认为“上古时代，人皆席地而坐，室地铺筵，筵上设席，人们席地而行跪拜之礼。唯有尸‘高人一等’为之设几而坐”。① 黄先生的观点可能还有可商之处。《士昏礼》没有明确地说尸是坐在几上的。从文献中看，几不是供人坐的，而是供人依凭的。古人是席地而坐的，坐久时会腰背酸痛，故设几供依凭，以减省疲劳程度，《书·顾命》：“王……凭玉几。”说的是成王病重，顾命时凭玉几而坐。《尚书》记录王、后“凭玉几”的材料很多。《庄子·徐无鬼》：“南伯子纂隐几而坐。”陆德明释文：“隐，凭也。”《礼记·曲礼上》：“谋于长者，必操几杖以从之。”孔颖达：“杖可以策身，几可以杖（扶）己，俱是养尊者之物。”《士昏礼》中所述的设几，可能也是为尸者设凭几。考古发现的几均是狭长之物，江苏六合程桥春秋刻纹铜片残片上面的尸祭图和晋宁石寨山 12 号汉墓贮贝器上的尸祭雕像上尸者所坐的都不可能是几。我曾经考证尸所坐的不可能是几，尸所坐的应该是神主。②商周时期的神主上大下小，这从表示神主之物的本字——示的甲骨文形体作[illegible]或[illegible]可以得到证明。江苏六合程桥春秋刻纹铜片残片上面的尸祭图正好说明了神主的形制；文献所记载的神主是正方形的，这应该是秦、汉以后的神主。③《太平御览·文公二年》：“作僖公主。”范宁注：“主，盖神之所冯（凭）依，其状正方，穿中央达四方。天子长尺二寸，诸侯长一尺。”晋宁石寨山 12 号汉墓贮贝器上的尸祭雕像，尸所坐的正是这种方形的神主。尸身后的高高的柱子，是神柱。④ 至今云南少数民族

① 黄金贵《古代文化词义集类辨考·尸主》，上海教育出版社 1995 年版。

② 陆忠发《中国古代尸祭的文字学考证》，《寻根》2001 年 1 期。

③ 秦、汉以来学者往往不知道先秦的历史事物的情况，所以常常说错前代的历史事物。请参考拙著《现代训诂学探论》之第三章《汉人训诂的缺陷和突破汉人时代局限的方法》，浙江大学出版社 2008 年版。

④ 2005 年我在云南旅游经过普米族地区时，当地的人说这是神柱。

仍然有这样的柱子，族内举行大事，都在这个神柱下面进行。把神主安放在神柱下面举行尸祭，这是当然的事。

纳西族的神柱

《仪礼·特牲馈食礼》："尸即席坐，主人拜妥尸。"这条文献的记载似乎是说尸坐在席上。其实，这个材料恰恰说明尸是坐在上大下小的神主上的。既然有席，那么神主就不可能直接放在地上，应该放置在席上面，这是出于对祖先的尊敬。"尸即席坐"，说的是尸走上席坐下；"主人拜妥尸"，"妥"应该读为"绥"，谓主人拜后把尸扶着在神主上坐稳。因为神主上大下小，稳定性差，尸又往往是个孩子①，没有大人扶着，是不大可能稳稳地坐在神主上的。如果尸直接坐在席子上面，就不必"妥尸"了。

因此，周代以来的尸祭，尸坐在神主上接受祭祀，这一点是可以确定的。

《礼记·礼器》云："周坐尸，诏侑武（无）方，其礼亦然，其道一也；夏立尸而卒祭，殷坐尸。"说明我国夏、商、周皆有尸祭制度，只是尸有或"坐"或"立"之不同罢了。但是，仅仅凭借这个材料，我们还不足以确信商代也有尸祭。因为，战国时期的人说前代的事物，有的时候是说不清的。如孟子描绘的在周初实行的"井田制"，就很难让人相信。现在的

① 《诗·召南·采蘋》："谁其尸之？有齐季女。"

很多学者都认为将“井田制”理解成把土地分割成“井”字形是一种没有事实根据的误解。战国时期的大家说周初的历史都说不清楚，成书于战国的《礼记》说夏商时期的历史，当然就更可怀疑了。所以，商代到底有没有尸祭？仅凭上面的材料还不足以使人确信不疑。我们试从古文字方面作一番考证：

登，甲骨文作登，在卜辞中是表示祭祀的词，其义为进献：

《合集》205：“……登获羌。”

《屯》2619：“……其登于祖乙。”

《怀》452：“甲寅卜……呼犬登执豕执……”

登从𠬞持豆，𠬞表示用双手捧着（什么东西）；豆是古代的食器，在这里表示食物。从𠬞持豆，表示一个人双手捧着食物；所以，登，表示一个人双手捧着食物献于癶下。古文字中，“止”往往代表人，如正作正，其中的“□”表示城，“止”表示人向城前进。再如武字从止从戈，“止”是行走的器官，代表人在行走，所以武字从止从戈，其意即一个人荷戈行走，于省吾先生说武之本义是征伐示威，这是比较接近其造字原意的。[①]武的本义当用“人荷戈”表示“威严”、“不可侵犯”之义。《左传·僖公三十年》：“因人之力而敝之，不仁；失其所与，不知；以乱易整，不武。”这里的“武”正用本义。

商代席地而坐，甲骨文每每以跪姿表示坐。登所从癶，乃双脚并列。双脚并列有两种可能，一、表示站立，二、代表垂足而坐的人。“站立”的概念，甲骨文用“立”表示，其他表示人站立的时候则用直的腿来表示，如人（人）就是。那么，癶就表示垂足而坐的人。垂足而坐的人只能是尸。

登字，癶（代表尸）在上，又是为什么呢？我们知道，甲骨文中，前后关系往往用上下来表示。因此，登，表示一个人双手捧着食物献给尸。其情景与江苏六合程桥春秋刻纹铜片残片上面的尸祭图和晋宁石寨山12号汉墓贮贝器上的尸祭雕像是何等的相似！这就是商代有尸祭的文字学证据。

① 《双剑誃殷契骈枝三编·古文杂释》，《于省吾著作集》，中华书局2009年版。

甲骨文和甲骨卜辞是商代的作品，甲骨文和甲骨卜辞所反映的历史比任何后来的历史文献都可靠。当然，的造字年代始于何时，我们还是没有办法知道。历史上出现尸祭的年代，不晚于的造字年代。就目前的材料说,商代有尸祭,是可以确定的。

上面都是利用古文字材料解决重大历史问题的例子，下面再举几个利用古文字材料解决小问题的例子。

五、说王亥

胡厚宣先生《甲骨文所见商族鸟图腾的新证据》一文①，从甲骨卜辞中看到王亥的亥字，祖庚或祖甲时从亥从鸟作，廪辛时从亥从鸟从又。《山海经·大荒东经》曰:“有人曰王亥,两手操鸟,”正与此字形合。康丁时从亥从隹从，象鸟冠形，武乙时从隹。虽然从祖庚到武乙这几十年间，字形由繁而简，由鸟而隹，或象手持鸟，或有冠或无冠，要之都象一只鸟。王亥之亥从鸟，正是商族以鸟为图腾之确证。那么商族鸟图腾的符号，为什么要加在王亥的亥字上呢？胡先生考证王亥是上甲微的父亲，卜辞中称王亥为高祖，即遥远的祖先之意，所以就把鸟图腾符号特加在王亥的亥字上边了。

忠发按：其实，这鸟并不是图腾符号，它应该理解成一个提示符号，提示这个亥就是“玄鸟生商”的商族始祖。所以，多数学者认为这亥就是简狄吞鸟卵而生的先祖契，这是完全正确的。

六、说铜管乐器的历史

再说说金文的“龢”：金文的龢（和），从龠禾声，其初形当作龠。郭沫若先生释龠为编管之吹乐器，即《尔雅》“大笙谓之巢，小笙谓之和”之和。龢，亦有省作者，如郘公华钟铭作、廪侯钟铭作、虢叔钟铭作。② 古者管乐器皆以竹为之，而虢叔钟铭之龢，从金作，这个“金”是

① 《文物》1977年2期。

② 材料引自郭沫若《甲骨文字研究·释龢言》，科学出版社1962年版。

个提示符号，标明此乐器乃以铜为质料，这恐怕是世界上铜管乐器出现之最早材料了。中国古代把弦乐管乐器统称为丝竹，这表明管乐器都是用竹管做的，那么中国古代在春秋时期有没有铜管乐器呢？文献缺载，我们从汉字结构中找到了铜管乐器的证据。我把这个问题留在这里，我相信将来的考古会证明我的结论是正确的。①

七、说商代的哭祭

甲骨文暨，作、，象目垂涕之形，于卜辞为接续之词，相当于"及"。甲骨学界皆如是说。鲁实先先生谓暨字字义有三，一训及，二为祭名，当为肆之假字，如《礼·大宗伯》'以肆献祼享先王'之'肆'。三为方名。② 按：《周礼·大宗伯》："以肆献祼享先王。"郑玄曰："肆者，进所解牲体，谓荐孰时也。"贾公彦疏："肆是馈献节。"则周代的肆谓把牺牲剖开陈列于俎上来祭祀先祖。③ 如此，周之所谓"肆"，实与卜辞之"卯"相当。

卜辞有"卯"、"暨"连文者：

《屯》2648："卯、暨大乙。"

卜辞文简，向不以同义之字连文，此可证暨非剖牲以祭。那么，卜辞的"暨"就为一种我们所未知的祭祀方式。暨，甲骨文作垂涕形，则暨祭当是在献牲的同时伴随着哭泣，以见哀痛之意。

《合集》23187："癸酉卜，行贞：王父丁岁三牛，暨兄己一牛、妣庚…无尤。"

此辞谓王祭父丁，杀三牛。哭并献一牛于兄己。

《屯》794："……小乙其暨一牛。"

此辞谓哭并献一牛于小乙。

《合集》27147："癸亥卜，彭贞：大乙、祖乙、祖丁暨、飨。"

---

① 2008年中国河南新郑考古已经发现了战国时期的金属管，但那还不是乐器。

② 转引自《甲骨文字诂林》566—567页，中华书局1996年版。

③ 《周礼·春官·典瑞》："以肆先王。"郑玄注："肆，解牲体以祭，因以为名。"

此辞谓飨大乙、祖乙、祖丁的同时哭之。

《合集》23456:“……卜,旅……其害于……其暨母壬。”

“其”后为动词,则“暨”必为祭名。所谓“暨母壬”即哭母壬。

《合集》31956:“弗暨小庚。”

即不用哭的方式祭祀小庚。

《周礼·春官·女巫》:“女巫掌岁时祓除、衅浴。旱暵则舞雩。若王后吊,则与祝前。凡邦之大灾,歌哭而请。”说明周代有用“哭”的方式求福,商之“暨”实与周代的“哭”相当。

《合集》33303:“庚午卜,其求禾于[illegible],其暨,雨。”

此辞记述向[illegible]求水稻丰收,用“暨”的方式求,结果下了雨。

《合集》30899:“……暨、[illegible],有大雨。”

《合集》28269:“壬寅卜,其求禾于示壬保,暨、[illegible],兹用。”

此辞虽未言“雨”,然我们已经知道,卜辞中的求禾就是为了求雨。①天大旱,就是“邦之大灾”,卜辞记用“暨”来求福,亦与周代文献所记用“哭”的方式求福相同。

第三节 指导语言文字教学

掌握汉字的表意方法,有利于正确把握字的形体结构,把握字的本义,从而清楚地说明字义的发展情况,了解词义的由来。我从讲授王力先生《古代汉语》之《左传》文选教学实践中举几个例子。

一、讲授《左传·隐公元年》“不义不暱,厚将崩”

《左传·隐公元年》:“不义不暱,厚将崩。”“暱”,前人注释往往说通粘,其义实不通。其实,“暱”通“尼”,尼,甲骨文作[illegible],古文字上下结

① 参考陆忠发《甲骨卜辞中的禾也指水稻说》,《江西社会科学》2005年2期。

构往往表示前后关系，故尼象二人依附在一起之形，表示“亲近”之义。所以，尼的本义是亲近。这一句应该这样理解：“不义”是从郑庄公与共叔段的君臣关系上说的，“义”是“应该”的意思[①]，“不义”是说共叔段不应该谋反；“不尼”，就是不亲近，这是从郑庄公与共叔段的兄弟情分上说的。郑庄公为兄长，共叔段为幼弟，二人关系应该非常亲近。但共叔段的所作所为，确实是“不尼”。

二、讲授《左传·僖公四年》“齐侯以诸侯之师侵蔡”

《左传·僖公四年》：“齐侯以诸侯之师侵蔡。”“以”，杜预注：“师可以左右之，曰以。”其注不很明确。王力先生《古代汉语》注为“以，介词。”更是无稽之谈。历史上从来就没有攻打别人的时候，自己的军队不出动，只让其他人去流血这种事情。以，甲骨文作ᘓ，本义是“提”，引申出“率领”之义。“齐侯以诸侯之师侵蔡。”“以”解释为“率领”，非常恰当。

三、讲授《左传·僖公三十年》“因人之力而敝之，不仁”

《左传·僖公三十年》：“因人之力而敝之，不仁。”从上下文看，子范请“击之”，晋侯说“敝之”。可见，“敝之”就是“击之”。“敝”有“击打”义，于古文字字形一目了然。[古文字形]正象用杖击打织品，旁边的数点是提示符号，提示击打后扬起的灰尘。所以，“敝”本来就有“击打”之义。

四、讲授《左传·宣公二年》“不忘恭敬，民之主也”

《左传·宣公二年》：“不忘恭敬，民之主也。”“主”的本义是“灯盏”，神主与之形似，故引申指“神主”。因为尸祭的时候，尸坐在神主之上，合而为一，故主又与尸同意，前人古注每言“尸，主也”。尸主为尸祭的

---

① 古注常说：“义，宜也。”宜就是“应该”。

中心人物,故“主”又引申出“主管”之义。[1]《左传·僖公三十年》之“东道主”,本条之“民之主”,都是“主管”。

五、讲授《左传·宣公二年》“贼民之主,不忠”

《左传·宣公二年》:“贼民之主,不忠。”“忠”前人无解,今人亦无说。盖皆以“忠诚”义解之,以为无需作注。其实不然。“忠”乃“正直”之义。晋灵公不行君道,赵盾骤谏。于是灵公派力士鉏麑去杀赵盾。鉏麑既已领命而来,必然保证完成任务。他只有杀死赵盾(贼民之主),才是忠诚于晋灵公。因此,“贼民之主,不忠”之“忠”便不可能解释为“忠诚”之义。帛书《战国纵横家书》载苏秦自齐献燕王书,有“齐王不忠”语:“今齐有过辞,王不谕(喻)齐王多不忠也,而以为臣罪,臣甚惧。”此“不忠”更不能以“忠诚”之义解之。忠从心从中,中亦声。我考中([illegible])之本义为日晷。[illegible]为日晷的晷面,[illegible]为日晷的表杆,[illegible]为表杆的投影。[2]这根杆必须垂直地立在地面上。因而中引申出正、直之义。《周礼·地官·大司徒》:“以五礼防万民之伪,而教之中。”贾公彦疏:“使得中正也。”《荀子·天论》:“故道之所善,中则可从,畸则不可为。”中与畸相对,正是正、直之义。中有直义,忠亦因之而有直义。《论语·学而》:“为人谋而不忠乎?”《孝经》:“进思尽忠。”“忠”皆“正直”之义。“忠”由“正直”之义引申为“公正”。《左传·庄公十年》:“问:‘何以战?’公曰:‘衣食所安,弗敢专也,必以分人。’对曰:‘小惠未徧,民弗从也。’公曰:‘牺牲玉帛,弗敢加也,必以信。’对曰:‘小信未孚,神弗福也。’公曰:‘小大之狱,虽不能察,必以情。’对曰:‘忠之属也。可以一战。’”“忠”,全国的中学生都知道应该解释为“尽力做好本分的事”,真不知道这是哪位高人的发明!这个“忠”和前面“齐王不忠”之“忠”都是“公正”之义。

---

① 参考陆忠发《汉字文化学》180—185页,吉林人民出版社2001年版。

② 《汉字文化学》21—22页,吉林人民出版社 2001年版。

六、讲授《左传·宣公二年》“赵穿攻灵公于桃园”

《左传·宣公二年》：“赵穿攻灵公于桃园。”金泽文库本“攻”字作煞，王引之《经义述闻》“攻灵公”条依据杜预注《宣公二年》“宣子未出山而复”曰：“闻君杀而还。”以及陆德明《释文》于“攻灵公”之攻字下曰“如字，本或作弑”。又，杀字在《左传》中有二音，一如字，一申志反。① 断定杜预所见《左传》必作杀，其或作“攻”，乃后来误改，并进而谓《晋语》“赵穿攻灵公于桃园”之“攻”字亦后人所改。而改“杀”为“攻”之后。“遂使文义不明”。

其实，攻之古文作[illegible]，本义为“挖掘”，引申为“剖”、“割”，《列子·汤问》：“鲁公扈、赵齐婴二人有疾，同请扁鹊求治。扁鹊治之，既同愈，谓公扈、齐婴曰：‘汝曩之所疾，自外而干府藏者，固药石之所已。今有偕生之疾与体偕长，今为汝攻之何如？’二人曰：‘愿闻其验。’扁鹊谓公扈曰：‘汝志强而气弱，故足于谋而寡于断。齐婴志弱而气强，故少于虑而伤于专。著换汝之心，则均于善矣。’扁鹊遂饮二人毒酒，迷死三日，剖胸探心，易而置之，投以神药，既悟，如初。”

从上下文体会，扁鹊所说的“攻之”，实际就是指剖胸探心的手术。这样看来，攻当有割义。医生所说的“攻之”指剖开身体的病灶部位，然后切除病灶或更换器官的外科手术。《周礼·周官·校人》：“颁马攻特。”这些“攻”都是“剖”、“割”之义。② 再引申为“杀”。《左传·宣公二年》：“赵穿攻灵公于桃园。” 攻正用“杀”义。[illegible]形近而误为煞，再音讹为杀。

---

① 申志反的“杀”后来专用“弑”表示。

② 《左传·成公十年》：“公疾病，求医于秦。秦伯使医缓为之。未至，公梦疾为二竖子，曰：‘彼，良医也，惧伤我，焉逃之？’其一曰：‘居肓之上，膏之下，若我何？’医至，曰：‘疾不可为也！在肓之上，膏之下，攻之不可，达之不及，药不至焉，不可为也。”“攻之不可，达之不及，药不至焉”句，杜预注：“达，针。”攻字未加注解。杨伯峻《春秋左传注》曰：“攻指灸，达指针。”众多古文选本均引用杨伯峻注。然而“攻指灸”，于训诂无据。其实，“攻之不可”也是指开胸手术。

所以《左传》原文必作攻，或作煞、作杀者，乃字之误耳。①

七、讲授《左传》中的“败绩”

结合古文字的解释，还可以把古代的语言说得更清楚一些，如《左传》多次提到的“败绩”一词，历来有不同的解释。但是，我们通过体会《左传》的战争过程的叙述，可以得出“败绩就指整个军队溃逃而去”的结论。

《左传》中记录的“败绩”的材料，除去简单地记述“某师败绩”之外，有以下一些：

《桓公八年》：“战于速杞，随师败绩，随侯逸。”

《庄公九年》：“秋，师与齐师战于乾时，我师败绩。公丧戎路，转乘而归。”

《僖公二十二年》：“公及邾师战于升陉，我师败绩，邾人获公胄，县诸鱼门。”

《庄公十年》：“十年，春，齐师伐我。……战于长勺。公将鼓之，刿曰：‘未可’。齐人三鼓，刿曰：‘可矣。’齐师败绩。公将驰之。刿曰：‘未可。’下视其辙，登，轼而望之，曰：‘可矣。’遂逐齐师。既克。公问其故。对曰：‘夫战，勇气也。一鼓作气，再而衰，三而竭。彼竭我盈，故克之。夫大国难测也，惧有伏焉。吾视其辙乱，望其旗靡，故逐之。’”

《成公二年》：“[晋]师从之，齐师败绩，逐之，三周华不注。……将及华泉，骖絓于木而止。……丑父寝于轏中，蛇出于其下，以肱击之，伤而匿之。故不能推车而及。”

《庄公十一年》：“凡师，敌未陈曰败某师；皆陈曰战；大崩曰败绩；得俊曰克；覆而败之，曰取某师；京师败，曰王师败绩于某。”

《僖公二十八年》：“己巳，晋师陈于莘北，胥臣以军之佐当陈、蔡。子玉以若敖之六卒将中军，曰：‘今日必无晋矣。’子西将左，子上将右。

---

① 拙著《现代训诂学探论》（浙江大学出版社2008年版，36—39页）已有详论，此不烦述。

胥臣蒙马以虎皮，先犯陈、蔡，陈、蔡奔，楚右师溃。狐毛设二旆而退之，乐枝使舆曳柴而伪遁。楚师驰之。原轸、郤溱以中军公族横击之，狐毛狐偃以上军夹攻子西，楚左师溃。楚师败绩，子玉收其卒而止，故不败。”

《成公十三年》：“晋乐书将中军，荀庚佐之。士乐将上军，郤起锜佐之；韩厥将下军，荀罃佐之；赵旃将新军，郤至佐之。郤毅御戎，乐戚为右。孟献子曰：晋师乘和，师必有大功。五月丁亥，晋师以诸侯之师及秦师战于麻隧，秦师败绩。”

《襄公三十一年》：“譬如田猎，射御贯则能获禽。若未尝登车射御，则败绩压覆是惧，何暇思获？”

从这些材料当中，我们可以看出：

1. 败绩之后，往往会被敌方追赶。

2. 败绩之军，各自逃窜，互不相顾。所以齐晋鞌之战中，齐侯的车被树木挂住，动弹不得，齐侯便被晋军追及，而其军士则早已逃得无影无踪了。

3. 败绩的最明显的标志就是战车的辙乱了。《庄公十年》曹刿论战就是对败绩最好的说解。齐师败绩了，鲁公下令军队追击。曹刿担心齐师诈败，因为在战争中确有用诈败诱敌追击进而设伏歼敌之例，如僖公二十八年晋、楚之战就是。曹刿担心齐军诈败，于是下车仔细察看齐军退后留下的车辙印痕，见其辙乱，又望其旗靡，可以断定齐军是真的败退了。因为齐军不寻旧辙而行，可见是各自逃窜。其旗靡，可见其逃窜之急。这就是败绩。

4. 僖公二十八年晋、楚之战，左师、右师溃逃，不得称“败绩”，至中军败退，才可称败绩。

5. 败绩不等于失败。僖公二十八年晋、楚之战，楚师败绩，但子玉收其卒而止，故不败。齐、晋鞌之战中，齐师败绩；但是，后来齐侯复得其军，为了营救逢丑父，齐侯率领齐师冲入晋师阵地，三进三出。可见，齐师并没有失败。

由以上五点，我们可以确定，败绩之义就是整个军队溃逃。知道败绩之义，僖公二十八年晋、楚之战就比较好解释了：晋师狐毛将前军分为两队，率军向两个方向后退，并用车拖着柴扬起灰尘，装作军队向各处溃逃的样子。楚师以为晋军败绩，故驰之。遭伏击后楚左师溃，后来中军又败绩。但是，子玉又重新把军队组织起来，故不败。

春秋时尚车战，行军时，后面的车必寻前车之辙，车子行进才最为轻便平稳。众车寻一辙，必在道上压出两道轮子留下的沟。当军队溃逃时，各自争先，不寻旧辙，往往因路面或高或低而致翻车，故败绩又引申出“翻车”之义。《襄公三十一年》之“败绩压覆是惧”，正是此义。①

至于军队溃逃为何叫败绩。窃以为两军交战，皆欲求功，《成公十三年》晋、秦之战正好说明这一点。《战国策·秦策四》：“秦取楚汉中，再战于蓝田，大败楚军。韩、魏闻楚之困，乃南袭至邓，楚王引归。后三国（齐韩魏）谋攻楚，恐秦之救也，或说薛公（齐相）可发使告楚，曰：‘今三国之兵且去楚，楚能应而共攻秦，蓝田岂难得哉？况于楚之故地？楚疑于秦之未必救己也，而今三国之辞云则楚之应之也必劝。是楚与三国谋出秦兵矣。秦为知之，必不救也。三国疾攻楚，楚必走秦以告急，秦愈不敢出。则是我离秦而攻楚也，兵必有功。’薛公曰：‘善。’遂发重使之楚，楚之应之果劝。于是三国并力攻楚，楚果告急于秦。秦遂不敢出。兵大胜有功。”可见，古代交战双方皆欲求功，一旦溃逃，则前功尽失，即齐、晋鞌之战中张侯所谓“败君之大事”也。所以，所谓“败绩”，谓败其功。王逸注《离骚》“恐皇舆之败绩”曰“绩，功也”，正说出了军队溃逃为何称“败绩”的原因。可见，败绩并不是说战争失败，而是指战争没有取得预期的目的。因为师出必欲有功，若被人打散，即不会有功，故谓之败绩。

败，古文字作𢿱，从贝从攴，这个字不能理解成驱赶贝或者殴打贝、敲击贝，因为生活中不可能有驱赶贝或者殴打贝这样的事情。敲击贝以演奏音乐，也不可能。人们可以敲击乐器或者缶等陶器以演奏乐曲，敲击贝壳不可能演奏出美妙的声音。所以，从贝从攴，只能理解为打击贝。贝是货币，打击贝表示的是“毁坏”的意思。所以，败的本义是“毁

① 2008年河南安阳考古发现了通往殷墟道路遗迹，其车辙留下的沟估计有五六寸深。

坏”。知道这些，古代的语言就比较容易解释了：所谓“败君之大事”，就是毁掉这次战争。“楚师败绩，子玉收其卒而止，故不败”，说的是楚国的军队四处逃窜，战争没有取得预期的目的，但是，子玉又把他的士卒集中起来，所以，军队没有受毁坏。“凡师，敌未陈曰败某师”，敌人尚未列阵，突然发起攻击，敌人必然要遭受非常重大的损失，战斗力严重受损，所以叫做“败”。“覆而败之，曰取某师”，把敌人包围起来并且使它战斗力受到毁坏，因此叫做“取某师”，即消灭它。“京师败，曰王师败绩于某”，京师应该是王师的主力，在战斗中京师的战斗力被摧毁，那么，整个国家的军队将不再有通过战争达到目的的可能，所以叫做“王师败绩于某”。可见，古人所说的“败”要比我们理解的“失败”严重得多。

八、讲授中学文言文《愚公移山》中的“始龀”

中学文言文教学当然也可以利用古文字知识来讲授相关内容。如：《愚公移山》中的“始龀”是指儿童大约有六七岁。若仅作此解释，学生必然不能甚解。若结合文字来解释：龀，从“齿”、“匕（化）”；齿，甲骨文作[illegible]，古代的“齿”专指门牙，从齿的生长情况可以判断人的年龄，所以“龄”也是以“齿”作偏旁的。龀，从“齿”、“匕（化）”，所以“龀”的意思是门牙的乳牙脱落，恒牙萌出。因此，“始龀”是指儿童大约有六七岁。能够这样解释给学生听，学生的记忆会非常深刻，他们对文言文的兴趣也会越来越浓。①

汉字结构有许多都具有画意，汉字结构也包涵着丰富的文化内涵，从汉字形体出发，实事求是地分析汉字形体内部所蕴涵的各种文化信息，既有利于学生理解课文，也一定会有助于学生真正地了解、掌握汉字，培养他们对母语、对汉字的兴趣与感情。

总起来说，掌握汉字的表意方法对指导语言文字教学的作用是很大的。

---

① 此例蒙杭州市十三中教育集团林聪华老师提供。

第四节 正确解读历史文献，把握其历史价值

历史文献中往往因为有少量的关键字不认识，导致其历史价值无法正确把握。我这里举商代卜辞中的几条分析之。

一、说“宜祭”

“宜”作为一种祭祀方法在商代曾经广泛使用过，甲骨卜辞中屡见“宜于某”的刻辞，如：

《合集》390 正：“癸卯宜于义京羌三人、卯十牛右……”

《合集》33502：“辛亥卜，旅贞：其宜䇭于兄庚。”

在献牺牲时，亦屡见用“宜”的方法，如：

《合集》14536：“辛……贞：求河，燎五小䇭……沈五牛、卯五牛、宜䇭。”

《合集》32230：“庚戌贞：侑河，伐牢、宜太牢。兹用。”

姚孝遂先生说宜在卜辞中“既为用牲之法亦为祭名，二者实不可截然区分。卜辞祭名多来源于用牲之法，以某种方法杀牲以祭，即为祭名。”[①] 因此，我这里把“宜于某”这种祭祀就叫做“宜祭”，其用牲之法即宜。宜与燎、沈、卯等相对称，说明它是不同于这些方法的用牲之法。燎是用火烧，借烟将牺牲送给天上的受祭者；沈是将牺牲沉入水中的方法；卯是将牺牲剖开的方法。那么，宜又是怎样的一种方法呢？至今没有人能够说清楚。我曾经考证宜字本义是熟肉。[②] 说清楚了宜的字义，我们也就知道祭祀中的宜是怎么回事了。所谓“宜牢”、“宜䇭”、“宜牛”就是把牺牲煮熟，宜是烹煮之义。所谓“宜于某”，即向某献熟的牺

---

① 于省吾主编《甲骨文字诂林》3337 页，中华书局 1996 年版。

② 《汉字文化学》附录《古文字考释方法》，吉林人民出版社 2001 年版。又《现代训诂学探论》44—48 页，浙江大学出版社 2008 年版。

牲。熟肉好吃，因而熟肉也就作为祭品献给了受祭者了。于是就出现了宜祭。

甲骨文的“祭”作[illegible]，用“手持带血的肉献给祖先”表示“祭祀”的概念，祭祀的物品叫“牲”，这些都表明祭祀的时候，是用生的物品作为牺牲献给祖先的。鼎是煮肉的炊具，甲骨文已经考知的祭祀方法中没有一个是把牺牲煮了以后再献给祖先的。那么，鼎又是最重要的祭器。这是为什么？ 这个重要的文化问题的解决，最关键的就是我们对“宜”字的理解。

宜祭是古代很常见的祭祀，传世文献中有大量的“宜祭”材料：

《尚书·泰誓中》：“宜于冢土。”孔安国传：“祭社曰宜。”

《礼记·王制》：“天子将出，类乎上帝，宜乎社，造乎祢。”郑玄注：“类、宜、造皆祭名。”

《左传·成公十三年》：“成子受脤于社。”杜预注：“脤，宜社之肉也。宜，出兵之祭名。”

这样的出兵之祭为什么叫宜祭，东汉以前学者皆未详言，大概当时宜祭尚流行，时人皆知其祭祀之法，故于注不必详言其用牲之细节。最早指出宜祭得名理由的是孙炎。《尔雅·释天》：“必有事乎社而后出，谓之宜。”邢昺疏引孙炎曰：“宜，求见使祐也。”孔颖达则认为，“云宜者，令诛伐得宜，亦随其宜而告也。”① 清人马瑞辰认为“凡神歆其祀通谓之宜”。② 马瑞辰的说法显然不可信，所有祭祀，在献祭者看来，都应该是“神歆其祀”的。那么，所有祭祀应该都叫“宜”，不该有那么多祭名。孔颖达的说法是，所谓宜祭，就是让战争打得顺手一些，这与孙炎所说其实是一回事，通过祭祀乞求得到神灵祐助，把战争打得顺利一些。果如是说，那么，“类乎上帝”、“造于祖祢”就不是为了乞求祐助了吗？否则，同是为了乞求祐助，为什么于上帝称类，于祖祢称造，于社则称宜，难道只有社才能提供祐助吗？很显然，孙炎、孔颖达对宜祭得名的解释也是不可信的。

---

① 《礼记·王制》“宜乎社”疏。

② 马瑞辰《毛诗传笺通释》释《诗·鲁颂·閟宫》“是享是宜”语。

裘锡圭先生说："卜辞的'求雨宜'应该就是求雨水得宜的意思。"①裘先生的理解，是受了上引孙炎、孔颖达的影响。既然孙炎、孔颖达说错了，裘先生说当然也就跟着错了。再说，宜在卜辞中经常是以"宜牢"、"宜牢"、"宜牛"等形式出现的，与卯、沈等用牲之法相对举，显然也是一种用牲之法，"求雨宜……"，"宜"当与下文连读，不可作为"求雨"的补充成分。②

二、说"圣田"、"圣河"

商代的卜辞中有许多圣田的卜辞：

《合集》9473："癸卯……宾贞……幸圣田于京。"

《合集》9475："贞：勿令幸圣田？"

《合集》9476："戊辰卜宾贞：令泳圣田于盖。"

《合集》9477："……泳圣田于盖。"

《合集》9479："戊子卜，宾贞：令犬延族圣田于虎。"

《合集》9480："卜……贞：翌屎有正，乃圣田。"

《合集》33209："乙丑贞：王令圣田于京。"

《合集》33209："于亩圣田。"

《合集》33209："癸亥贞：王令多尹圣田于西，受禾。"

《合集》33210："己巳王……刚圣田。"

《合集》33211："……子贞：于……方圣田。"

《合集》33211："甲子贞：于下人刖圣田。"

《合集》33212："……王令……圣田……亩。"

《合集》33213："贞：王令多羌圣田。"

《合集》33223："……圣田在……"

《合集》34239："辛……王……圣田……"

---

① 《释"求"》，《古文字研究》十五辑，中华书局1986年版。

② 裘锡圭先生在《释"求"》里面说的"我"、"娥"通"宜"，我也不敢苟同。我另有《宜祭考》文，将会仔细分析。

《合集》33278："辛……贞……令……圣田。"

《屯》65："戊戌……王令圣田。"

《屯》106："……尹圣田于……"

《屯》499："甲戌贞：王令刚圣田于[illegible]。"

《屯》2260："丁卯卜，贞：王……圣田于……"

《屯》4251："……圣田于京。"

圣，甲骨文作[illegible]、[illegible]、[illegible]，关于什么是圣田，余永梁、郭沫若先生谓圣即《说文》"汝颍之间谓致力于地曰圣"之圣，董作宾先生更谓圣包括"耕种垦植之事"。丁山先生说圣田就是粪田，陈梦家先生进一步说粪田即"壅苗之根也"。杨树达先生释圣为掘，圣田即掘矿。于省吾先生训圣为垦。① 杨树达先生释圣田为掘矿，与卜辞圣田可受禾不合，为误说自不待言。其他各说虽均与田有关，但耕垦、壅苗之根等事，农人自会为之，不烦商王下令。所以，前引诸说均似是而实非。圣田似乎是带有导向性的"政府行为"。

圣实象垒砌之形，所以我考圣为砌之初文，圣田即垒砌田埂，则圣田实即造水田。② 将"圣"释为"砌"是唯一能够解释所有有关"圣"字的商代语言材料的考释结论。除了"圣田"之外，有关"圣"字的商代语言材料还有：

《前》二·一一·一："丁卯卜，在[illegible]贞：[illegible]告曰兕来羞王唯今日圣，亡灾，禽。"

"圣兕"，按上述诸先生之释皆不可通，而"圣"释为砌，不但"圣田"可释，"圣兕"也同样可释。圣兕即砌围墙圈而捕之，犀牛皮不容易射穿，其为物又极凶猛，砌围墙圈而捕之，是明智的做法。可见，"圣"释为砌是唯一正确的解释。那么，圣田实即造水田就没有什么可怀疑的了。我前面在说"[illegible]"字的时候说"井田制"起源于商代，正是基于对卜辞中大量的"圣田"文献的正确解读。

卜辞中也有"圣河"的材料：

---

① 《甲骨文字诂林》1192—1200页，中华书局1996年版。

② 陆忠发《圣田考》，《农业考古》1996年3期。

《合集》14535："贞：其□河，……王宾……惟王祝……八月。"

"□"字在甲骨文中仅出现一次，而且此辞已残缺，很难看出全辞的意义，因此，过去，"□河"一词亦不可解。

甲骨文中，手与人表示的意义往往是相同的。所以，"□"与"□"实际上是同一个字，均表示垒砌之义。所以，"□河"即"圣河"，圣河即垒砌河堤之义。此辞虽已残缺，但因"圣河"一词意义已明，全辞的大意也还是比较清楚的。大致是记载了一次由商王亲自主持整治黄河活动。这是人类历史上治理大江大河的最早的文献记载。殷人生活的区域主要在黄河流域，当时黄河的水害大概是非常频繁的。甲骨卜辞中记载了很多"河害"、"河祟"的材料。如：

《合集》33337："庚寅卜，惟河害禾？"

《合集》14615："……午卜，宾贞：河祟我？"

因此商王非常重视黄河，多次亲往视察黄河。如《合集》5158："……观河……贞：王其往观河？不若。"

殷人对黄河的祭祀更是频繁，不但向河神献牛羊、献禾年，还献美人。

《合集》12948："……子卜……贞：王令……河沈三牛燎三牛卯五牛。王𡆥曰：丁其雨？九日丁酉。允雨。二告。"

《合集》10093："贞，于河求年？"

《合集》658："辛丑卜，于河妾？"

当然，殷人祭祀河神，主要目的还是乞求神开恩，不要发大水把庄稼冲走，好让农业丰收。所以卜辞中有很多都是问祭祀河神之后能不能丰收。如：

《合集》33001："丁丑卜：惟矢往求禾于河，受禾？"

《屯》3041："己亥贞：求禾于河，受禾？"

虽然殷人对河神敬之畏之，我们还是在卜辞中发现了殷人整治黄河的材料。其意义是很大的。

三、说“[illegible]舟”、“析舟”

甲骨卜辞有“[illegible]舟”一词：

《粹》1060：“癸巳卜，复[illegible]舟？”

《戬》4.7：“弗从[illegible]舟？”

[illegible]字本义为斫木，那么[illegible]舟就是斫木为舟之意。①

《合集》5507：“乙亥……贞：立二……史又[illegible]舟。”

[illegible]字，旧无释，姚孝遂先生也说：“字不可释，其义不详。”② 按：[illegible]即[illegible]字，作[illegible]者，突出树干很粗，[illegible]施于树干的中心。“[illegible]舟”之“斫木为舟”之义更显。

甲骨文中同样有“析舟”一词：

《邺三》39.3：“午卜，惟大中析舟？惟小中析舟？惟令析舟？”

于省吾先生认为析舟即解舟，解缆以行舟之义。③ 温少峰、袁庭栋先生又认为析读为折，折又通制，所以析舟即制舟。④ 温、袁说析舟之义并不误。所误者读析为折，又读折为制，其说过为迂曲。其实，析舟乃是析木为舟之义，其义与斫舟同；其结构同样是“动果”式短语。

第五节 有利于正确把握字与字之间的关系

字与字之间的关系，有的时候不象我们想象的那么简单，要经过分析才能明白。如经过我前面的分析，天（[illegible]）与天（[illegible]）应该看成是不同的两个字，这在过去是没有人知道的。

---

① 陆忠发《现代训诂学探论》33页，浙江大学出版社2008年版。

② 《甲骨文字诂林》3017页，中华书局1996年版。

③ 于省吾《甲骨文字释林·释析舟》，中华书局1979年版。

④ 《殷墟甲骨卜辞研究——科学技术篇》270—271页，四川社会科学院出版社1983年版。

我再分析若干例字。

一、来与麦

甲骨文中的“来”作[illegible]、[illegible]，在甲骨卜辞中的字义是麦子。但是，到底是大麦还是小麦，目前还没有一致的意见。著名农史专家游修龄教授已指出：“关于这一点，有待进一步的探讨。”① 从[illegible]、[illegible]的形体看，我可以断定：来表示的既不是大麦，也不是小麦，而是野生的燕麦。来的字形象燕麦的根和谷穗形。燕麦的谷穗分若干节，每节又对称地分出两三个小叉，叉的末端是谷粒，其谷穗的最上端不再分叉，上仍是谷粒。所以，“来”的本义是燕麦。② 燕麦生于荒野，为燕雀所食，故名之曰燕麦，亦名之雀麦。李时珍《本草纲目·谷一·雀麦》下《集解》引周定王曰：“燕麦……春去皮，作面蒸食，及作饼食，皆可救荒。”《尔雅·释草》：“蘥，雀麦。”郭璞注：“即燕麦也。”郝懿行疏引苏恭《本草注》云：“所在有之，生故墟野林下。”由此看来，上古之世，燕麦当随处可见，人们亦收取燕麦作为粮食。后来，人工种植的麦子也叫“来”。

麦，甲骨文作[illegible]，从[illegible]表示一个人走过来；从“来”，“来”应该是这个字的声旁。上古有复辅音 ml，后来分化为 m 和 l 两个声母。所以，我们可以判断“麦”和“来”在上古是声音相同的字。这样，[illegible]就是从[illegible]来声的形声字，其义应该是“（走过）来”。这样，我们就可以明白，原来“麦”和“来”二字的意义互换了！这在文字学上是非常有意思的事情。

二、[illegible]、[illegible]与疾

文字学上还有两个字形体合并成为一个字的，这同样是非常有意思的事情。

甲骨文有[illegible]字，字亦作[illegible]，象人卧床上，身上有汗之形，是即《说文》

---

① 详《殷代的农作物栽培》，《浙江农学院学报》1957 年 2 期。

② 陆忠发《释来》，《农业考古》1998 年 3 期。

之疒①，"疒，倚也。人有疾病，象倚著之形。"孔广居《说文疑疑》云："小徐本训疴。"按之卜辞，疒多训疾病、得疾之义：

《合集》526："贞：有疒，羌其[illegible]。"

《合集》13714 正："贞：妇好有疒，唯有害。"

《合集》24956："甲辰卜，出贞：王疒首无延。"

则小徐释"疴"是也。

甲骨文疒亦用为"急速"义：

《合集》614 正："戊辰卜，韦疒来，甲戌其雨。"

《合集》808 反："王……曰吉，勿疒。"

《合集》12670："贞：今夕其雨，疒。"

甲骨文又有疾字，从"大"、"矢"，其字利用射向人体的矢表达"急速"之义：

《合集》36776："疾归于牢。"

此疾即急速之义。

疾亦有疾病、得疾之义，其用法与疒全同，试比较：

《合集》22265："……寅贞……周疾延。"

《合集》13817："贞：不延疒。"

《合集》21052："癸酉卜，贞：万[illegible]骨凡有疾。十二月。"

《合集》709 正："妇好骨凡有疒。"

可见，疒、疾形体不同，本义不同，而文献使用情况则完全相同。概二字读音相同，互有假借耳。

虽然如此，二字并行不废。春秋以来，二字同时废止，而合二字于一体的"疾"于是乎出。如：

毛公鼎铭"敃天[illegible]畏。"《诗·召旻》作"旻天疾威"。[illegible]为"疾"所代。《说文》："疾，病也。从疒，矢声。[illegible]，古文疾。"古文疾作[illegible]，正疒与疾合并之字：[illegible]即[illegible]；[illegible]即[illegible]，[illegible]亦[illegible]，二者取其一；[illegible]即[illegible]。于是，合起来即"疾"字。然古字义相授受，形相替代，为数不尠，而合二体别出新

---

① 李孝定说：人倚着床，人体与床面自当密合无间，然则象人体之"[illegible]"与床面之"[illegible]"合而为一，即为篆文之疒矣（《甲骨文字集释》2522 页）。

体以兼晐二字之义则未闻。

考古书有合上下二字为一字之例：

《战国策·赵策四》"赵太后新用事"章："左师触讋愿见太后。""讋"今皆知为"龙言"二字合书之误。《说文》："曣，星无云也。""星无云"不知所云。桂馥《义证》曰："增韵引作'日生无云也。'"是"星"为"日生"二字合书之讹。

古书又有旁注而入正文者，凡此皆读古书者于正文旁书记之语，后抄书者不知，乃误抄入正文。如《左传》正文之有解释性语言，我以为皆旁注之误入正文者。窃疑"疾"字的出现，有似于旁注之误入正文者。[illegible]、[illegible]二字各有本义，本不相混。但是，古书用"[illegible]"用"[illegible]"不定，于是有本当用"[illegible]"而书者以"[illegible]"代之；本当用"[illegible]"而书者以"[illegible]"代之。读书者遂于[illegible]旁注[illegible]，意谓字本当用"[illegible]"也。抄书者不知，以为"[illegible]"乃[illegible]之古体，乃省一人形，于是字遂作[illegible]。

李孝定先生说："疾速之字，契文作[illegible]，象矢箸人肊下，会意，谓其来之疾也。与训病之疾本非一字。惟矢中人即有创病之义，与疾病之义近而二者之形复不甚相远，后世遂以"疒"之篆文"疾"兼晐"疾病"、"疾速"二义而"[illegible]"亡矣。"[1] 按：[illegible]既非以矢射人之义，便不当引申有创病之义，此其一；疒之篆文何以为"疾"，亦未详其流变，此其二。有此二者，李说未可信也。

三、[illegible]、[illegible]与[illegible]

甲骨文有[illegible]、[illegible]、[illegible]三字，[illegible]，张亚初先生释为扶。[2] 姚孝遂先生说"字不可识，其义不详"。[3] 忠发按：[illegible]见于较完整的卜辞有两条：

《合集》7139："癸亥卜，争贞：旬无祸……警，五日丁卯，王狩……亦[illegible]在……"

---

① 转引自《甲骨文字诂林》312—313 页，中华书局 1996 年版。

② 《金文编》799 页，中华书局 1988 年版。

③ 《甲骨文字诂林》1955 页，中华书局 1996 年版。

《英》597 正：“庚午卜……其有获羌……□□……”

前条先说“[来]警”，说明可能有敌人入侵，五日后王出猎，结果某人亦□。后条说与羌人遭遇战，□□。两条均与战斗有关。说明□可能是个与战争有关的字。再结合字形从又、大考虑，依据会意字表意原则，人与动作器官结合的，动作器官往往是发出支配性动作的一方。所以，□应该理解为（在战争中）抓获人。因此，□应该是“虏”之本字。若此，关于□的卜辞便皆可通晓其意了。

古文字中，从“又”往往与从“大”从□同义，故□又作□、□，象一人虏获另一人之形。

《英》1784：“戊戌卜，王贞，余□立员宁史暨见奠终夕印。”

此辞问我虏获了立员宁的卫队和见，是不是要用他们作牺牲祭奠一个晚上。[①] 被虏往往都作为牺牲用，故卜辞有用□为牺牲的记载：

《合集》15413：“贞：勿用□。”

《合集》15821：“戊子其□，惟□用。十月。”

字亦省作□，象一人伸手有所虏之形。

《合集》21370：“丁酉卜，王贞：勿□□，不其……”

□，张政烺先生考为蕴，掩埋之义。[②] 此辞说：丁酉这一天，王贞问不掩埋战俘，不会……吧。

经过上面的分析，我们认为□、□、□三字应该是异体字关系。

四、□与□

卜辞有□字，为人名：

《合集》27740：“惟□□令监凡。”

以字的表意方法言，□为提示符号，提示≈出现的环境，则≈为人面部之须。那么，□为须之本字，当释为“须”。

盂鼎铭有□字，从须此声，即“𩑶”。既有须矣，人们复造𩑶者，乃

---

① 陆忠发《商代的史为王室卫队说》，《殷都学刊》2004 年 3 期。

② 《古文字研究》十二辑，中华书局 1985 年版。

特加“此”提示其声音，义仍为须。故语言中有须有𩑶，𩑶、须遂同义而连文。

裘锡圭先生谓□、□同字①，恐不确。裘先生之意是，□是在□基础上加注提示声音的符号，□只不过没有标示字音而已，二字应该同字。所以□就是𩑶。实际上，二字字义相同，一标音，一不标音，不一定就是一个字的不同形体，它们应当跟“父”之与“爸”、“爹”相似。虽然字义相同，由于音不同而字也不同，不应该看作是同一个字。□与□很显然是先有□字，再造□字，乃同源字而已。② □即须，□则𩑶。还有，如果我们不把□释为𩑶，那么，后来文字中出现的“𩑶”，就没有源头了。

五、□与□

□，于卜辞凡三见：

《合集》32294：“乙未……于……烄□，雨。”

《屯》148：“辛卯卜……曰壬辰烄□，雨。”

《屯》148：“辛卯卜，烄□，雨。”

□，姚孝遂先生曰：“用为地名。”③

按：□当为人之类称或人名。卜辞中“烄某”之“某”有□（《合集》1121 正）、有□（《合集》1121 正）、有闻（《合集》1133）、有高（《合集》30971）、有此（《合集》30789）、有□（《合集》32289）、有小母（《合集》32290）、有凡（《合集》32295）、有永母（《合集》32297），有□（《合集》32299），有□（《合集》1139，有每（《合集》19802，有□（《合集》32289）、有□（《合集》32301），字多从女④，似不当皆释为地名。

---

① 《读安阳新出土的牛肩胛骨及其刻辞》，《考古》1972 年 5 期。

② 按照传统的六书的分类，它们之间的关系是转注。

③ 《甲骨文字诂林》194 页□下按语，中华书局 1996 年版。

④ 烄是古代的焚人求雨的祭祀，卜辞中被烄的对象有的有名字，有的叫某某母，说明其地位都很高。我们分析烄并不是真的用火去焚烧活人，只是做做样子而已。详陆忠发、杨云《中国古代焚人求雨祭祀的文字学再探讨》，《杭州师范学院学报》2000 年 4 期。

这个位置的字,可以是人名,也可以是地名。如:

《合集》32296:“于甲烄凡。”

《合集》32295:“烄凡于兕,雨。”

《合集》32289:“辛未卜,烄天于凡,享。壬申。”

32296之凡不详为人名还是地名,而33295则为人名。33289则应为地名。又:

《合集》1121正:“勿烄⿰女才,无其雨。”

《合集》1130乙:“惟⿰女才烄,有雨。”

⿰女才似为人名。

《合集》30167:“于夫烄,有雨。”

《合集》30168:“烄夫,有大雨。”

夫似为地名。

总之,“烄某”之某也可以为人名或人之类称。⿸厂从从三人聚厂(岩)下,其结构与⿸广从之从三人聚ㄗ(岩)下同,当为⿸广从(庶)之异体,奴隶之义。

六、⿰壴黄与⿰壴女

甲骨文之⿰壴黄、⿰壴黄二字,罗振玉、王襄、杨树达、唐兰、孙海波等先生皆释为“艱”。① 《说文》:“艱,土难治也。从堇艮声,籀文从喜作囏。”姚孝遂先生说:“字当隶作‘⿰堇壴’,与《说文》‘艱’之籀文‘囏’同,从‘喜’亦从‘壴’,但增加‘口’耳。”②

忠发按:《说文》之“艱”,乃“堇”之同源字。《说文》:“堇,粘土也。从土,从黄省。”因土作丄或与山(火)相混,有人误以熯释堇字。土粘则难治,故字又作艱,从𦰩艮声,变会意之堇为形声之艱。如此而已。籀文从“喜”,亦形声字。

⿰壴黄于卜辞读为“艱”殊不辞:

《合集》24161:“甲子卜,旅贞:今日无来艱。”

---

① 可参考《甲骨文字诂林》297页,中华书局1996年版。

② 《甲骨文字诂林》297页。

《合集》24206:“己巳卜……贞:今夕无来艱。”

《合集》24151:“……来艱自方。”

我们与《合集》6668 正:“贞无来□自方。”对比,□与□可能是同一个字。但是,我们通过《殷墟甲骨刻辞类纂》所罗列的卜辞看,作□者为一期卜辞,作□、□者为二期卜辞,二期作□者仅偶一为之。看来此字本作□,后渐渐作□。从□、从□, 要之皆为一个人,则□、□所示意同,为一字之古今体。

康殷先生释□字为守鼓报警之意①,我曾言“唐兰释此字为僖,假借为艰难字,于卜辞实不通。卜辞‘来□’一词多与敌人入侵有关,故以康说为是”。② 今则知□、□并当释为“警”。卜辞之“来警”、“有警”、“亡警”、“至警”皆谓有无警报。其“惟警”、“作警”谓设警以警戒敌方。如:

《合集》4041 反:“贞:令□不惟□。”

《合集》3122:“丙辰贞:子雍不作□。不□(蕴)。”

卜辞也有“以警”:

《合集》12898 正:“贞:杞亦不以□,二告。”

《合集》12898 反:“王□曰以□。”

“以警”者,盖率人设警之义。

“来警”卜辞仅仅见于一期二期卜辞,盖武丁及祖庚、祖癸时期敌方势力尚盛,其后经武丁祖庚祖癸多年征讨,敌人已无力攻击商王朝,故卜辞中不再有来警之占。

七、□与□

甲骨文□、□二字,旧并释为夹。按:二字形不同,在卜辞中用法也不同:

□:作动词用,也作地名或氏族名。

《合集》4665:“丁卯卜,角其□。”

---

① 康殷《古鼓及古文鼓字》,《社会科学战线》1979 年 3 期。

② 陆忠发《汉字文化学》170 页,吉林人民出版社 2001 年版。

《合集》7075正："庚戌卜，亘贞：王呼取我□在□畐，若。于□王曰……若。"

《合集》6063正："……允有来警自西，□告曰……□□方□二邑。十三月。"

□：作地名。

《合集》24239："丙子卜，王在□卜……

《合集》24240："丁丑卜，王在□卜……

因此，将二字皆释为"夹"是错的。

□，鲁实先先生谓乃亲附之义[①]，是也。字象小孩依附大人之状，示亲附之义。卜辞之"我□""□□方"当即我的属国，和□的属国，□皆亲附之义。□即"依附"之"附"的本字。《说文》："附，附娄，小土山也。"《诗·大雅·皇矣》："是致是附。"毛传："附者，依倚之义。"是假借小土山之附为之。附行而□废矣。

八、□与男

□，郭沫若先生疑为"任"字[②]，丁山先生说："《尚书》的'侯甸男'，《白虎通·通爵篇》引作'侯甸任'，《嫁娶篇》又曰：'男者，任也，任功业也。'蔡邕《独断》也说：'男者，任也，立功业以化民，其地方五十里。男之于任，不过古今异文耳。'"又说："任本商制，男乃周名。"[③] 裘锡圭先生说："我们同意他（丁山）的意见。"并进而谓任在卜辞中是一种职官名，他依据《乙》七七四六"贞，而任□畀舟"、《乙》二九四八："而白（伯）□"、《怀》四三四："甲辰卜王：雀弗其获侯任在方"和《左传·哀公十三年》："伯合诸侯，则侯帅子、男以见于伯"等记载，以及卜辞中的"任"前没有像"田"、"牧"、"卫"那样在地名前加"在"的例子，推断"任"不会是"侯"、"伯"一类的诸侯，而是"侯"、"伯"所委派的任王事的职官，

① 可参考《甲骨文字诂林》238—240页，中华书局1996年版。

② 《殷契粹编·考释》207页释任而又加"？"，科学出版社1965年版。

③ 《甲骨文所见氏族及其制度》44—46页，中华书局1988年版。

后来他们之中大概有一部分人演变成为诸侯，所以“任（男）”也就变成一种诸侯称号了。[1] 裘锡圭先生说卜辞“任”字之义可从。

今谓“任”、“男”为异体字。从字的结构上看，男作[illegible]，《说文》：“男，丈夫也，从田力，言男子用力于田也。”男，用“以耒耕田”示此为“丈夫也”。任作[illegible]，从“人”、“工”，工即农具铲[2]，铲为翻土工具，故任象人荷铲（犹保作[illegible]，象人背子），会事力于地之意，与男所示意同。二字音亦相通。

从用法上看，任为职官名，又为爵名，裘锡圭先生已揭之。男亦为职官名或爵名。

《合集》3451：“贞：男不其……”

男显然为人名或职官或爵名。

《合集》3452：“……贞……雀男……受……”

此辞与《合集》19033：“……雀任……受……”相较，“雀男”就是“雀任”。

《合集》3455：“……不其……受男……”

王宇信、杨升南先生谓“受”应该是一人名或族名，“男”是其爵名。[3]

因此，男与任为异体字，应该是可以肯定的。

九、[illegible]与[illegible]

甲骨文正作[illegible]，从“口”（表示城），从“止”（表示一个行走的人），本义是“往”：

《合集》6057 正：“癸巳卜，𣪕贞：旬无[illegible]，王[illegible]曰：有祟。其有来艱？迄至五日丁酉，允有来艱自西。沚、[illegible]告曰：土方正于我东鄙，[illegible]二邑；[illegible]方亦侵我西鄙田。”

“正于我东鄙”相当于说“去了我东鄙”。

---

① 《甲骨文卜辞中所见的“田”、“牧”、“卫”等职官研究》，《文史》第十九辑，中华书局 1983 年版。

② 陆忠发《再释几个关于农具和农作物的甲骨文字》，《农业考古》1999 年 3 期。

③ 《甲骨学一百年》465—466 页，社会科学文献出版社 1999 年版。

又指征讨：

《合集》6310：“呼正𢀛方。”

然而，甲骨文又有[illegible]字：

《合集》36696：“丁丑卜，贞：王[illegible]于夫，……来无……”

此字从彳（表示道路）、从“止”（表示行走的人）、从戈，合起来表示：一个人荷戈行走在道路上。从字形和在卜辞中使用的情况看，这个字乃是表示“征讨”概念的本字。经过这样的分析，我们可以知道，“征讨”的概念本以[illegible]表示，后来假借“正（征）”为之。

十、伐、[illegible]与[illegible]

甲骨文的伐作伐，从人、从戈会意，表示以戈砍人头之意：

《粹》246：“甲辰贞：又祖乙，伐十羌。”伐十羌，即砍杀十个羌人。伐又有讨伐之义：

《前》3.31.3：“乎多臣伐𢀛方。”

然而，甲骨文又有[illegible]字：

《合集》7769：“余呼[illegible]……”

此字从人持戈、盾，正会“讨伐”之意。以字形和在卜辞中的用法看，[illegible]正是表达“讨伐”概念的本字。通过对[illegible]的形义分析，我们知道，“讨伐”的概念本以[illegible]表示，后假借砍伐的伐为之。

又，《甲骨文字典》把伐与[illegible]看成是同一个字，从二字在卜辞中的使用情况看，伐与[illegible]意义、用法相当。但是，我们前面分析过，从对字的表意方法方面的分析看，[illegible]应该是表达“偷袭”概念的字，与伐不当混同。

十一、[illegible]、[illegible]、[illegible]、[illegible]、[illegible]与[illegible]

有时候，因为要表达的概念所涉及的人从事的具体工作有多种，古文字造字就分别加提示符号以提示其所从事的具体工作，这些字形体不同，但都是异体字。如[illegible]，甲骨文也作[illegible]、[illegible]、[illegible]、[illegible]、[illegible]诸形，罗振玉、王襄、吴其昌、叶玉森、于省吾、杨树达、郭沫若、唐兰、陈邦怀、张政烺、陈梦家、孙海波、饶宗颐、张秉权等甲骨学界名家均作了解释。但诸家说形、说义异说纷纭。李孝定先生《甲骨文字集释》对诸家之说做了公允的评述。今权引李先生所述以综述前贤之意。

卜辞上出诸文，其辞例皆作"祖某□妣某"，介于二名之间，其为匹耦之义已为不争之论。惟字形除从大为各文所同外，其另一旁则诡变至多，不一其形。各家所释每执其一体以相比傅，遂致百说杂陈，卒少允当。罗氏据□之一体释此为赫，谓《说文》作奭，从皕乃□之伪。又引许书奭为召公名及《史篇》召公名醜之说以证卜辞□有妃谊之故，说殊迂曲。陈氏从罗说释此为奭，谓奭、赫古虽同义通假，然不可以为一字。虽较罗说为长，然于卜辞□有妃匹之义亦无由索解。郭氏据许书無下云"□或说规模字"，释此为母之异构。谓人形胸次之所垂乃象两乳。不知许书之□实即古舞字。舞、模古音同在五部，且同为虞韵并近。古盖有假舞为模者，非谓假母为模，更不能据此以证□、□遂为母字。且乳有定形，安能随意取象，若卜辞此字之不一其形乎？又，卜辞母字习见，均作□，又有乳字作□，象哺乳之形，所以状乳形者均作一小点，未闻有作□、□、□、□、□诸形者。郭说真匪夷所思矣。又，郭氏所举卜辞母□通用之例，其辞例亦不相同。卜辞凡言"祖某□妣某"之辞，其卜日之天干均与妣名相应，而郭氏所举《后》上廿六·六之辞云："口辰其求生于祖丁母妣己。"又，《新》336云："乙巳卜，□侑大乙母妣丙一牝。"其卜日均非乙若丙，明与他辞辞例不类，不得谓□、母为一也。至于母字不限于母子一义，亦得用于配偶之义，则杨氏之言是也。然此亦仅足证明□、母同谊，不足以证其为一字也。叶释为夹，于字形虽优，有可说，而于卜辞此字之音义无涉，叶以夹辅之义引申得有妃意，说亦迂远。经籍中固未闻有用夹为妃匹之意者。唐氏辨正他家之说，其言甚是。又谓卜辞母、妾、□三者异名而同实，亦不可易。惟谓此字象人怀挟二皿之形因释为夹，就字形言又较叶氏释夹又进一境，然何以怀挟二皿之夹得有妃匹之意，于其音、义亦无以通其邮。仅谓夹与妻亦声之转，与妾声尤近，故此三字得相通假，然夹之与妻，声、韵并远，与妾虽较近而古籍中未见有夹、妾通假之例，其病正与叶说同也。

于氏释爽，其观念盖由□之一形所启发，惟卜辞此字从二火者极少见，于字形及其本义言之已难征信。又谓爽、相音近，相有辅相、佐助之谊，故与匹配之义相因。又，爽有差次之义，差次亦与匹配之义相因，故卜辞此字得有匹配之义。说殊牵附少当。

诸家之释，李先生独是张政烺先生说。

张氏释此为奭，读为仇。于卜辞金文此字之音义无不允洽。卜辞此字虽无从䀠作者，然以此字形变之繁，降及秦汉，变而从䀠，实疑可能。张君之说实确不可易。①

张政烺先生读此字为仇，凡卜辞某王某公之仇，谓其妃也；卜辞黄仇，伊仇之仇，乃国之重臣与王匹耦也。其在金文辞中之用义，乃朋友之义。张氏梳理仇字字义发展无不妥当，其说确实给人“确不可易”之感。问题是张先生说此字为仇之本字的论证过程还是有问题的。首先，张先生论定□即《说文》之“奭”，然后据汉时奭与仇音近同，论定武丁时代的□即仇之本字，仇为□后起形声字。郑玄去武丁几两千年，语音之同异已无可征。仅以后代语音近同断两千年前两体之同字，又不能从字的结构上得到说解。这样的结论，我们实在不敢完全相信。就一个古文字来说，如果它是一个概念的本字，其本义我们也已经认识了。那么，它是如何表达这个概念的，我们是可以说出来的。可是，张政烺先生文中对□字的结构仍然说不清，我们要问：张先生对□字的字义的解释又是从哪里得出的呢？细味其文，我们感到，张先生所得出的字义，与前面所说的绝大多数先生一样，都是依据□经常处于“祖某”与“妣某”之间得出的。祖之配偶为妣，“祖某”与“妣某”之间的“□”非配偶之义又是什么呢？故众先生皆释之为匹妃，独张先生据声韵论定为仇耦之仇耳。郭沫若先生释为母，而杨树达先生申之曰：“然则甲文称大乙母及祖丁母者，犹今人言某某的女人耳。”说虽不同，其意都是一样的，

① 诸位先生的考释详于省吾主编《甲骨文字诂林》241—255页，中华书局1996年版。

得出字义的思路也是一样的。

其实,说“祖某奭”是祖某的妃偶,从逻辑上也讲不通。如我们从《殷墟甲骨刻辞类纂》所收录的“祖乙奭”的卜辞中看,被认为作为“祖乙”之匹耦者有妣己、妣庚。其中,涉及妣己的卜辞2条,涉及妣庚的卜辞1条。另外还有关于妣己的卜辞2条,因结构关系与“某王奭妣某”不同,暂不计入数中。而就全部的甲骨卜辞来说,涉及到“妣己”的卜辞,如《合集》822正:“疾身不御妣己𡧊。”这样的卜辞,我们可以统计出:

一期210条,全部不称某某奭。

二期到五期的卜辞中,可以确定是不称某某奭的有19条:

《合集》23342:“戊申卜……贞:翌巳……王宾妣己,𠂤岁。无尤。”

《合集》27412:“戊辰卜,其于妣己惟小𫳅。”

《合集》27412:“戊辰卜,其示于妣己先𢽍。”

《合集》27412:“弜𠂤妣己示。”

《合集》27514:“其侑妣己、妣庚,惟小牢。”

《合集》27515:“戊午卜,其有妣己𫳅,吉。”

《合集》27516:“戊寅卜,其有岁于妣己。惟翌日……”

《合集》27517:“妣己舌王……大吉。”

《合集》27518:“戊戌卜,其示于妣己宾。”

《合集》27518:“戊戌卜,其延示于妣己。”

《合集》27520:“戊戌卜,延示妣己。”

《合集》27520:“……王宾妣己示。”

《合集》32176:“戊辰卜,有𠬝妣己一女、妣庚一女。”

《合集》32227:“壬申卜,如有𠂤伐,享妣己。兹用。”

《合集》32746:“丁亥卜,妣己岁一小𫳅。”

《合集》32747:“己未贞:来……于妣己,不。”

《合集》34083:“……辰贞:其求生于祖丁母妣己。”

《屯》3058:“其舌妣己有𠕋。”

《屯》3058:“𠕋妣己惟𠬝。”

二期至五期的卜辞中,可以确定称为某某奭的有16条:

《合集》23303：“己亥卜，旅贞：王宾……奭妣己……尤……月。”

《合集》23314：“己巳卜，行贞：王宾祖乙奭妣己劦。”

《合集》23320：“己未卜……贞：王宾祖乙奭妣己岁。”

《合集》23328：“…… 卯卜，尹贞：王宾祖丁奭妣己劦。无尤。”

《合集》23330：“己丑卜，尹贞：王宾祖丁奭妣己，翌无尤。”

《合集》32744：“于妣己祖乙奭告。”

《合集》32745：“……奭妣己祖乙……”

《合集》35361：“己卯卜，贞：王宾祖乙奭妣己姬[illegible]二人、𣪘二人、卯二牢。无尤。”

《合集》36232：“己卯卜，贞：王宾仲丁奭妣己埶。无尤。”

《合集》36238：“己酉卜，贞：王宾祖乙奭妣己埶…尤。”

《合集》36239：“己卯卜，贞：王宾祖乙奭妣己，劦日无尤。”

《合集》36240：“己未卜，宾祖乙奭妣己，彡日无尤。”

《合集》36241：“己…卜，贞：王宾祖乙奭妣己，彡日无尤。”

《合集》36261：“己巳卜，贞：王宾四祖丁奭妣己，彡日无尤。

《合集》36295：“己卯……王宾…… 奭妣己……”

《屯》2396：“戊戌卜，其侑于妣己、祖乙奭，王受佑。吉。”

可见，妣己，有的称为某某奭，有的不称为某某奭，难道不称为某某奭的都不是王的匹耦吗？

“某某奭妣某”为两个名词连合，在汉语中有四种结构关系的可能：主谓、动宾、偏正、并列。前两者可以排除。过去，诸先生皆理解为偏正关系，并进而推断出奭为匹耦、仇耦之义。“某某奭妣某”就是“某某的配偶妣某”。这样的理解是讲不通的。我们上文已作分析。

其实，“某某奭妣某”乃是并列关系，何以知之？我们还以妣己举例：

《合集》25796：“于妣己、妣庚、祖乙奭……”

《屯》2396：“戊戌卜，其侑于妣己、祖乙奭，王受佑。吉。”

妣己、妣庚与祖乙奭相并举，说明妣己是妣己，妣庚是妣庚、祖乙奭是祖乙奭，他们（她们）是各自不同的三个人。这两辞中，这三人是并列关系。那么，在别的卜辞中，他们应该仍然是并列关系。“某某奭妣某”应该理解为“某某奭”和“妣某”。“某某奭”是单独的一个人。

从卜辞中看，□常常在祭祀先妣时同时受祭。除黄□、伊□单独受祭外，□单独受祭的卜辞只有1条：

《屯》783："甲辰卜，□惟戚二牛，兹用。"

□与先妣同时受祭，说明□可能是一个女性，或者一类女性。但是□又不是商王的配偶，因为商王的配偶在卜辞中都称为"妣某"。那么，□这种女性凭借什么能够受到商王的尊敬，与先妣同时受祭呢？这一定是因为她与商王的关系非同一般。就下一代的成长来说，母亲对孩子的生活和学习照顾会更多，古代帝王的家庭里应该更是如此。□常与先妣同时受祭，这表明□也是与王子们的生活、学习密切相关的人，王子们受其关爱，故祭祀先妣时也要祭□。又，王之配偶皆有名，曰妣某，而卜辞中的□显然非一人，但概称之曰□，说明□不是某一个人的人名，而是职业名。

那么，哪种职业与王的生活、学习关系最密切呢？

《周礼·保氏》："保氏掌谏王恶而养国子以道。乃教之六艺：一曰五礼，二曰六乐，三曰五射，四曰五驭，五曰六书，六曰九数。乃教之六仪，一曰祭祀之容，二曰宾客之容，三曰朝廷之容，四曰丧征之容，五曰军旅之容，六曰车马之容。"

可见，在周代，保氏对王子的生活、学习关系最为密切。我们再结合□字字形言，□、□象手执豆、簋等食器状，□、□所从之□，则学（□、□）、教（□、□）之所从，谓以劳动技艺教之。过去皆以□之众体为形变所致。愚意以为，乃据□之所职分别造字。据其食养王子言之，作□、□，据其教育王子言之，作□、□，则□之职即周代之保氏。

保，甲骨文作□，乃表达"背负"概念的字。"保氏"之"保"，其本字当即□。

现在，我们再来讨论伊尹与伊□、黄尹与黄□。唐兰先生说："卜辞伊□与夒、岳等同祭，必为伊尹无疑。"我们从《殷墟甲骨刻辞类纂》中得祭伊□卜辞5条：

《合集》37273："壬申刚于伊□。"

《合集》34151："乙丑贞：宁风于伊□。"

《合集》34214："甲戌卜，其求雨于伊□。"

《屯》1007:“……风于伊□。”

《屯》1007:“……伊□犬。”

未见与夒、岳同祭的卜辞。按□为配偶说,则伊□为伊尹之配偶。当然这是不能成立的。按照我前面的考证,伊□为伊尹之保。那么,伊尹有保吗?

《史记·殷本纪》:“伊尹名阿衡,阿衡欲奸汤而无由,乃为有莘氏媵臣,负鼎俎,以滋味说汤,致于王道。”

既为媵臣,其主未嫁之前,伊尹必为其□,故嫁时陪嫁于商汤。伊尹既为□,必善烹饪,故能以滋味悦汤。史传伊尹之职,正好说明伊尹本人曾经为有莘氏□。当然如果伊尹果曾为□,必然已受阉割。甲骨文表阉割之字作□,象用刀割去生殖器官之形。如此,伊尹必然没有后代,但事实是,伊尹有后代:

《英》2262:“其令伊□,唯丁令。”

《史记·殷本纪》:“帝太戊立伊陟为相。”太戊即卜辞大戊,大甲之孙。伊尹卒于大甲之后,大戊时其后代被任用为相是可能的。所以这伊□很可能是伊尹的后代。《广宏明集》十一引《汲冢书》:“伊尹自篡立,太甲潜出,杀伊尹而用其子。”这样看来,伊尹不可能是阉人。那么伊尹曾为□就不可能了。

但历史传说不能毫无根据。我们从传说伊尹名阿衡看出了问题。古音黄、衡相通,《说文》:“娿,女师也,读若阿。”《墨子·尚贤下》:“昔伊尹为莘氏女师仆,亲为庖人。汤得而举之。”综合这些材料,我们认为历史上当是黄□为有莘氏□(女师仆),因其生于黄氏,为女师仆,故人称娿黄,又音变为阿衡。后人不知娿黄,乃附会于伊尹。① 这么说,伊尹不曾为□。那么,伊尹又是什么人呢?

从卜辞中看,关于伊尹的卜辞很多,不少于一般的先公、先王。而且伊尹死后还有示,有的时候也称之为“伊尹丁”:

---

① 历史事件久经传播就难免会发生这样的附会嫁接现象。如明代嘉靖皇帝险些被宫女勒死,后人在说清朝雍正皇帝的死因时,有人就把嘉靖皇帝的事移嫁到了雍正皇帝身上,也是这种情况。

《屯》3033："癸亥卜，侑于伊尹丁，惟今日侑。"

以天干称之，只有先王、先公和王室成员。

据《史记·殷本纪》记载，商汤死后，伊尹先后立帝外丙、帝中壬、帝太甲为王，帝太甲无道，伊尹又把他流放到桐宫，命他悔过自新，而伊尹则摄权当国。太甲改过之后，伊尹又重新迎回太甲，还政于太甲。综合这些材料，学者们认为伊尹应当是商汤的弟弟。①

伊尹既为商汤的弟弟，也当有□。伊尹虽未做商王，但后代商王均视之如先王、先公。既然其他先王、先公的□要祭祀，伊尹的□自然也要祭祀了。所以伊□也会在卜辞中出现。

十二、□、□、□、□、□与□

有的古文字不止使用一个提示符号，提示符号的点、划有的时候也不一样。但是，只要它们表意是一致的，就是同一个字。如甲骨文有□、□、□、□、□、□字，该字在卜辞中是一种祭祀活动：

《合集》5280："壬子卜，史贞：王□，惟吉，燕，八月。"

《合集》27850："甲子卜，何贞：王□，惟吉，燕。"

《合集》30528："乙丑卜，何贞：王□，惟吉，不遘雨。"

《合集》27863："己巳卜，何贞：王往，于日不遘雨。□，惟吉，允雨不遘，四月。"

从这几条卜辞看，□应当是一种祈求天不下雨的祭祀活动。后两条非常明确，□祭的目的是不要遇到雨。前两条的验辞都是燕。总观《殷墟甲骨刻辞类纂》所罗列的相关卜辞材料，□都是希望天不下雨。燕作为验辞，也应与天气有关。

《合集》12751："…贞：惟雨。燕。"

占辞说要下雨，验辞记曰"燕"。显然这个燕也应该说天气的。《说文》："曣，星无云也。"桂馥《义证》曰："增韵引作'日生无云也'。"古书竖写，"日生"合并为"星"。所以，卜辞中的燕应该读为曣，即天晴。

① 参考赵诚《甲骨文与商代文化》93—97页，辽宁人民出版社2000年版。

商王的活动，与天气关系很密切。比如狩猎，若是遇上大风大雨的天气，不但破坏了好的心情，有的时候还很危险。

《合集》28491："乙丑卜，狄贞：今日乙，王其田，蒙日，无灾，不遘大雨。大吉。"

《合集》28556："今日辛，王其田，不遘大风。大[吉]。"

我们从《殷墟甲骨刻辞类纂》罗列的"王田"卜辞中发现，占卜涉及到雨的有42条，涉及到风的有7条。可见，商王的活动要力求避开风雨天气。

既然可以通过祭祀向上天求雨，当然也就可以通过祭祀让上天在商王有活动时不要下雨。于是就出现了祈求不要下雨的祭祀。

明白了□的字义，我们要谈谈该字的结构。为了讲清楚该字的结构，我们有必要简述一下古代的求雨祭祀。

古代求雨祭祀，可分为文求和武求两类：所谓文求，就是向主管下雨的神献牺牲，请求下雨；或是焚人求雨，以博取雨神的同情。所谓武求，就是将管下雨的神放到烈日下去曝晒，逼迫上天下雨。如见于卜辞的作土龙求雨等等。①

求雨之祭如此，那么祈求不下雨之祭则应反其道而行之。怎样才能告知雨神不能再下雨了呢？如果是文求的话，人们应该装出不堪大水之苦的样子：身上穿上蓑衣，腰间系上葫芦，表示雨水太多，到处都是深不可涉的水流。这样，管下雨的神就不会下雨了。□正象人身上穿蓑衣之形。□、□也是表示身被蓑衣之意。□恒系于腰间，表示系葫芦于腰间之意。近代南方少数民族悬葫芦渡水，就用木棍捆住四个筐如"井"字形，四个筐中各置葫芦，然后将井字形架捆在腰间，以涉深水。②这捆在腰间的井字形架侧视之正是□之象。所以，□、□、□、□、□、□都表示人身上穿上蓑衣，腰间系上葫芦之形，"丶"表示蓑衣垂下的草之类的东西，"丶"或多或少，其表意是一致的。所以□、□、□、□、□、□应该是同一个字。

① 陆忠发、杨云《古代焚人求雨祭祀的文字学再探讨》，《杭州师范学院学报》2000年4期。

② 参看席龙飞《中国造船史》第一章，湖北教育出版社2000年版。

第四章　形声字发展问题研究

第一节　向光忠、黄德宽先生的形声字发展问题研究

过去，文字学界对形声字的研究主要是从共时的角度研究其类型，这样做并不能探明文字“孳乳浸多”的原因。向光忠先生从历时的角度研究形声字的发展问题，揭示了汉字由表意向表意加表音方向发展的历程。向先生考察文字演进的历程，探寻汉字蕃衍的踪迹，通过对各式各样孳乳之字的考察，探明文字“孳乳浸多”的原因在于增益形符与增益声符两种情况，而主要的是增益形符。破除了学界长久以来陈陈相因的关于形声之产生原由于汉字表音需要的悖于实际的陈旧观念。这是我所读到的研究方法中最合理、结论最可靠的研究成果，这是形声字研究今后得以深入下去的最好路径。所以我要着重介绍向光忠先生的“形声缘起增益形符示义”新说。

增益形符，滋生新字，原本是为了易于辨识而具有示义作用。这可别为两种情况：

一、增形别义

汉字在沿用过程中，因同音假借或涵义引申，造成了大量形同义异的现象。为作到以形别义，便增形进行分化。向先生考察了“鬲—隔、膈、槅、搹”、“栗—慄”、“疑—擬（儗）、凝”、“而—耏（髵）”、“原—源”、“耆—嗜”、“質—櫍（鑕）”、“屬—囑、矚”、“西—栖”、“州—洲”、“冄（冉）—䫇（髯、頾）、姌（妠）、苒”、“勹—包—胞—苞、庖、匏”、“共—龔、供、恭、拱、拲（栱）”、“受—授”、“監—鑑（鑒）、矙”以及“北—背—揹”、“午—杵”、“正—征”、“反—返”、“屰—逆”、“乎—評”、“来—徠”、“豆—梪”、“益—溢”、“介—界”、“叟—傁”、“丞—拯”、“各—佫”、“嗇—穡”、“象—像”、“須—鬚”、“爰—援”、“奉—捧、俸”、“要—腰”、“竟—境”、“孰—熟”、“然—燃”、“责—债”、“縣—懸”、“族—鏃”、“委—倭”、“禽—擒”、“嘼—獸（狩）”、“田—畋、佃”、“景—影”、“息—熄”、“取—娶”、“昏—婚”、“求—裘”、“制—製”、“复—復”、“主—炷”、“豈—愷”、“新—薪”、“曾—增”、“顷—倾”、“辰—晨”、“畫—劃”、“衰—蓑”、“鄉—饗”、“戚—慼”、“因—茵”、“隊—墜”、“賴—懶”、“厨—橱”、“百—佰”、“方—舫”、“閣—擱”、“它—蛇”、“爲—僞”、“魚—漁”、“臭—嗅”、“道—導”、“引—紖”、“告—誥”、“舁—輿”、“具—俱”、“見—現”、“廣—曠”、“欲—慾”、“帚—埽（掃）”、“勺—杓”、“賓—儐”、“當—襠”、“召—招、詔”、“童—僮”、“夕—汐”、“廷—庭”、“争—静”、“冥—暝、瞑”、“非—誹”、“遂—隧”、“列—栵”、“彎—灣”、“函—涵”、“井—阱”、“囱—窗”、“去—祛、胠”、“至—致”、“解—懈”、“章—彰”、“易—蜴”、“匡—筐”、“辰—蜃”、“間—澗”、“舍—捨”、“屋—幄”、“賈—價”、“韋—違”、“萬—蠆”、“冬—终”、“申—電”、“云—雲”、“左—佐”、“右—佑、祐”、“坐—座”、“扇—搧”、“府—腑”、“藏—臟”、“四—駟”、“五—伍”、“十—什”、“耳—珥、珥”、“文—纹、雯”、“果—菓、裸”、“参—摻、驂”、“牟—哞、眸、侔”、“回—迴、徊、洄”、“蒙—曚、朦、矇”、“陰—蔭、廕”、“采—採、寀、彩、綵”、“兩—輛、緉、裲”、“兼—縑、鶼”、“支—枝、肢”、“卷—捲、棬、鬈”、“敬—警（儆、憼）”、“句—鉤、枸、笱、軥、拘、痀、朐”、“辟—僻、闢、擘、擗、璧、避、襞、甓、譬、霹、甓”等等多组汉字的孳乳情况，其结论信而有征。今录其五组如下：

1. 鬲—隔、膈、槅、搹

“鬲”，甲骨文作（《殷契粹编》一五四三），金文作（盂鼎），《说文》：“鬲，鼎属……象腹交文，三足。”《尔雅·释器》：“鼎款足者谓之鬲。”《汉书·郊祀志上》：“其（鼎）空足曰鬲。”

原本指“炊器”：

（1）鲁有俭啬者，瓦鬲煮食。（《孔子家语·致思》）

（2）夫釜鬲而爨者。（柳宗元《非国语·三川震》）

假借指“阻隔”：

（3）法令不得至于民，疏远鬲闭而不得闻。（《管子·明法》）

故增“阝”（阜）为“隔”，以专指“阻隔”：

（4）欲隔绝汉。（《汉书·常惠传》）

又借指“膈膜”：

（5）心烦头痛，病在鬲中。（《素问·五藏生成论》）

故增“月”（肉）为“膈”，以专指“膈膜”：

（6）其支者复从肝，别贯膈，上注肺。（《灵枢经·经脉》）

又借指“大车轭”：

（7）彻广六尺，鬲长六尺。（《周礼·考工记·车人》）孙诒让正义：“鬲即槅之借字。”

故增“木”为“槅”，以专指“大车轭”：

（8）商旅联槅，隐隐展展。（张衡《西京赋》）

又借指“把握”：

（9）苴绖大鬲。（《仪礼·士丧礼》）郑玄注：“鬲，搤也。中人之手，搤围九寸。”

故增“扌”（手）为“搹”以专指“把握”：

（10）苴绖大搹。（《仪礼·丧服》）郑玄注：“盈手曰搹。搹，扼也，中人之扼围九寸。”

2. 栗—慄

“栗”，甲骨文作（《殷虚文字乙编》二七六二），石鼓文作。《说文》："栗，木也。从木，其实下垂。"

原本指"栗树"：

（1）山有漆，隰有栗。（《诗经·唐风·山有枢》）

假借指"战抖"：

（2）周人以栗，曰使民战栗。（《论语·八佾》）（前一"栗"谓"栗树"，后一"栗"谓"战抖"。）

故增"忄"（心）为"慄"，以专指"战抖"：

（3）临其穴，惴惴其慄。（《诗经·秦风·黄鸟》）

3. 疑—擬（儗）、凝

"疑"，甲骨文作（《殷虚书契前编》七·一九·一），金文作（疑觶），象人侧首凝神拄杖伫立道旁而彷徨难定，踌躇不前之状。《说文》："疑，惑也。"

原本指"疑惑"：

（1）疑思问。（《论语·季氏》）

假借指"比擬"：

（2）不以公卿为宾，而以大夫为宾，为疑也。（《礼记·燕义》）

故增"扌"（手）或"亻"（人）为"擬"或"儗"，以专指"比擬"：

（3）管仲富擬于公室。（《史记·管仲列传》）

（4）儗于天子。（《汉书·文三王传》）

又借指"凝结"：

（5）履霜冰坚，阴始疑也。（《周易·坤》）

故增"冫"（仌）为"凝"，以专指"凝结"：

（6）冬则凝冰。（《墨子·辞过》）

4. 而—耏（髵）

"而"，金文作（於赐钟），石鼓文作，《说文》："而，颊毛也，象毛之形。《周礼》曰：'作其鳞之而。'"《周礼·冬官·梓人》郑玄注："之而，颊也。"戴震补注："颊侧上出者曰之，下垂者曰而，须鬣属也。"《庄子·田子方》："昔者寡人梦见良人，黑色而頾。"段玉裁《说文解字注》：

"其象形,则首画象鼻耑,次象人中,次象口上之頾,次象承浆及颐下者,盖而为口上口下之总名,分之则口上为頾,口下为须。""引申假借之为语词,或在发端,或在句中,或在句末,或可释为然,或可释为如,或可释为汝,或释为能者,古音能与而同,假而为能。"因此,为别于借义,则于本义增"彡"为"耏":

(1)师子有 耏。(孟康《汉书注》)颜师古曰:"耏亦颊旁毛也。"

(2)沙漠之北,葱岭之西,冒耏之类,跋涉悬度。(《后汉书·章帝纪》)李贤注:"《字书》曰:'耏,多须貌,音而。'言须鬓多,蒙冒其面。或曰西域人多著冒而[须]长,故举以为言也。" 古剃颊须之刑亦曰"耏",盖由"颊须"之义所派生,故也可证"耏"即"而":

(3)令郎中有罪耐以上请之。(《汉书·高帝纪下》)颜师古注引应劭曰:"轻罪不至于髡,完其耏鬓,故曰耏。古耐字从彡,发肤之意也。"

(4)孝景二年,侯修嗣,七年,有罪,耏为司寇。(《汉书·功臣表》)

"而"或增"髟"为"髵",《说文》"而"下徐铉曰:"今俗别作髵。"

(5)猛毅髬髵。(张衡《西京赋》)薛综注:"髬髵,作毛鬣也。"李善注:"髵,音而。"

5. 原—源

"原",金文作[illegible](克鼎),小篆作[illegible]。《说文》:"原,水泉本也,从灥出厂下。原,篆文从泉。"段玉裁注:"后人以原代高平曰邍之邍,而别制源字为本原之原。"

"原"为"源"之本字:

(1)木水之有本原。(《左传·昭公九年》)王筠曰:"以本承木,以原承水。"(《说文句读·"原"》)

(2)资之深,则取之左右逢其原。(《孟子·离娄下》)朱熹注:"原,本也,水之来处也。"

(3)原流泉浡。(《淮南子·原道》)高诱注:"原,泉之所自出也。"

(4)逢涌原泉,沕潏曼羡。(司马相如《封禅文》)

(5)犹塞川原为潢洿也。(《汉书·食货志下》)颜师古注:"原,谓水泉之本也。"

（6）原必塞。(《汉书·五行志下之上》) 颜师古注："原，谓水泉之本也。"

（7）乃堙洪原。(《汉书·司马相如传下》)颜师古注："水本曰原。"

后借"原"指广平之"邍"，则增"水"为"源"以示区别：

（8）命有司为民祈祀山川百源。(《礼记·月令》) 郑玄注："泉水始所生为百源。"

（9）三王之祭川也，皆先河而后海，或源也，或委也，此之谓务本。(《礼记·学记》)

郑玄注："源，泉所出也；委，流所聚也。"孔颖达疏："河为海本，源为委本。"陆德明《经典释文》作"或原"，释曰："本又作源。"

（10）涓涓源水，不雝不塞。(《荀子·法行》)杨倞注："源水，水之泉源也。"

（11）犹浊其源而求其清流。(《汉书·礼乐志》)颜师古注："源，水泉之本。"

（12）或沿波而讨源。(《文选·文赋》)李善注："源，水本也。"

向先生研究认为，这种为别义而增形的孳乳之字，同本字分担着不同的表意职能：

本字表本义，增形示借义，如"辟"——"譬"等；

本字表借义，增形示本义，如"求"——"裘"等。

本字表本义，增形示转义，如"取"——"娶"等；

本字表转义，增形示本义，如"益"——"溢"等。

二、增形显义

向先生研究发现汉字在发展过程中，因造形模糊或形体变异，存在着不少形晦义隐的现象。为做到以形显义，则增形加以衍化。如：

从—㣥—從

"从"，甲骨文作𠓜(《殷虚书契前编》四·三七·六)，后增形作㣥(《战后京津新获甲骨集》一三七二）；金文作𠓝（宰梳角），亦增形作𢓮（遽從角）。本是以二人一前一后之状表示"随行"之义，但是，这种构形，难免产生歧义。所以，尽管小篆同卜辞、铭文的形体一脉相承，无甚变异，可是精通文字之学的许慎竟然也会误解，而以转义为本训，《说文·从部》："从，相听也，从二人。"只是从增形中许氏才悟出了本义，《说文·从部》："從，随行也。从辵、从从，从亦声。"

㝵（㝵）—得

"㝵"（㝵），《说文》古文讹变为"㝵"，《说文·見部》："㝵，取也，从見、从寸，寸，度之，亦手也。"徐铉案："彳部作古文得字，此重出。"《说文·彳部》："得，行有所得也，从彳，㝵声。㝵古文省彳。"朱骏声《说文通训定声》："按古有㝵无得，小篆加彳，实一字也。"其实，古文早已增形为"得"，甲骨文作𢔶（《殷虚书契菁华》五·一），亦作𢔶（《殷虚书契前编》八·一三·三）；金文作㝵（克鼎），亦作𢔶（父乙觚）。这是由于以手持貝之状，既可以会意为"有所得"，也可能理解成"有所取"，而增形为"得"，则"行有所得"之义较显明。而许慎之所以误别为二篆，段玉裁等学者也傅会其说，则还在于古文与小篆将"貝"讹变成了"見"、将"又"演变成了"寸"。

诸如此类的字例，还有很多，如：

乙—乿　朿—策　乂—刈　寽—捋　互—笠

冓—構　夗—祭　毌—貫　宁—貯　氐—抵、柢

殸—磬　啚—鄙　㡭—隙　𤔔—亂　启—啟

㴊—淵　𠂢—派　羕—漾　仌—冰　罒—蜀

隶—逮　公—伀　冎—骨　匈—胸　県—縣

百—首、頁　𦣝—頤、齫、䐛　厶—厷—肱

㐭—稟—廩

向先生研究的结果是，在孳乳字中，由增益声符而构成形声的，也并非没有，其较之增益形符而演为形声者，则为数甚少，如：

“齿”，《说文·齿部》：“齿，口断骨也，象口齿之形，止声。”“[illegible]，古文齒字。”甲骨文作[illegible]（《殷虚文字甲编》二三一九）、[illegible]（《铁云藏龟》八〇·三）、[illegible]（《殷契佚存》四〇五）、[illegible]（《殷虚文字乙编》五八八三），原为象形，后期金文作[illegible]（战国中山王方壶），此即篆文[illegible]之由来。

根据上面的考证，向先生认为形声原是滥觞于增益形符示义。先民从增形示义而读若原音的这类孳乳字中得到了启示，便进一步地悟出了“以事为名，取譬相成”的形声法，而有意识地造出了“一体主义，一体主音”的形声字。因此，向先生指出“形”、“声”相合而“义”、“音”并重，确是这种形声造字方法的特性。既然如此，谓之“象声”或曰“谐声”，就失之于偏；称为“形声”，才名副其实。

向先生还讨论了形声字与转注字的区别：“形声字”与“转注字”虽然都包括“义”、“音”两个成分，实则功能互不相同：“形声”生发于“增益形符示义”，其主要渊源是“增形别义”。而“增形别义”乃是就字形进行分化，以辨别音相近同而义有差异之词的。由此脱胎出来的“形声”，便是区分同（近）音异义词的一种孳乳新字的方法。“转注”则是标记同义异音词的一种孳乳新字的方法。向先生举例说：

“永”，甲骨文作[illegible]（《殷虚文字甲编》六四一），《说文·永部》：“永，水长也（此从小徐本，大徐本作“长也”），象水巠理之长（此从大徐本，小徐本作“象水巠理之长永也”）。诗曰：‘江之永矣。’（此引毛诗《周南·汉广》文）”段玉裁注：“引申之，凡长皆曰永。”《尔雅·释诂》：“永，长也。”《方言》卷一：“永，长也……施于众长谓之永。”历代注家亦皆训“永”为“长”，如《周易·讼》虞翻注、孔颖达疏，《尚书·尧典》孔安国传，《诗经·周南·卷耳》与《汉广》、《小雅·常棣》、《大雅·文王》毛亨传，《诗经·卫风·考盘》、《唐风·山有枢》、《小雅·楚茨》、《大雅·下武》与《既醉》、《周颂·振鹭》郑玄笺，《周礼·春官·大祝》、《仪礼·士冠礼》、《礼记·中庸》郑玄注，《左传·襄公十三年》杜预注，《论语·尧曰》何晏集解引包注，《孟子·公孙丑上》赵岐注，《楚辞·天问》、《怀沙》、《逢纷》王逸注，等等。此外，《尚书·皋陶谟》“慎厥身修思永”，《史记·夏本纪》作“慎其身修思长";《尚书·金縢》"惟永终是图",《史记·鲁周公世家》作"维长终是图"。

"羕",金文作𦍒(羕史尊),《说文·永部》:"羕,水长也,从永,羊声。诗曰:'江之羕矣。'(此引韩诗《周南·汉广》文)"段玉裁注:"引申为凡长之称。"《尔雅·释诂》:"羕,长也。"

考察古文字形,参验经籍用例,印证注家解诂,"永"、"羕"二篆相通。《尔雅·释诂》"永、羕"并列,同训为"长",《尔雅义疏·释诂上》:"'羕'者与'永'同意。"朱骏声《说文通训定声》"羕"下曰:"'永'、'羕'实一字。"王筠《说文句读》"羕"下曰:"'羕'为'永'之分别文。"《说文》引毛诗作"永"而韩诗作"羕",铭文"永"、"羕"亦通用无别:

1. 子子孙孙永宝用享。(伊簋)

2. 子子孙孙羕宝用享。(齐镈)

推求古音,"永"属阳部、匣纽、上声,"羕"属阳部、喻纽、去声。喻三归匣,原本一词,由于音变,一分为二,这样,一语之转,同源异词,在文字上,便相应地由初文之"永",而衍生出"羕"。王筠《说文句读》"永"下曰:"《释诂》、《方言》皆曰'永,长也',毛诗传笺并同。许君加水者,兼说字形也,'永'篆与'水'篆相似,但屈曲引长之耳,且'羕'下亦云"水长也",又同引一诗,但殊其音以为别,而后'永'、'羕'二字之古合今分,源流了然矣。"又"羕"下曰:"释诂'长也'一条内,'永'、'羕'并出,则"羕"为"永"之分别文,由来久矣。"

"詠",金文作𧧒(詠尊),《说文·言部》"詠,歌也,从言、永声。咏,詠或从口。"古代注家亦均以"歌"训"詠":

1. 搏拊琴瑟以詠。(《尚书·益稷》)郑玄注:"以詠者,谓歌诗也。"

2. 詠而归。(《论语·先进》)何晏集解引包咸曰:"歌詠先王之道而归夫子之门。"

3. 陶斯咏。(《礼记·檀弓》)郑玄注:"咏,讴也。"《说文·言部》:"讴,齐歌也。"段玉裁注:"谓齐声而歌,或曰齐地之歌。"

"詠(咏)"义为"歌",《礼记·乐记》曰:"故歌之为言也,长言之也。说之,故言之;言之不足,故长言之。"《诗经·周南·关雎·序》:"吟詠情性。”孔颖达疏：“长言曰詠。”《尔雅·序》：“叙诗人之兴詠。”邢昺疏引郑司农云：“詠者，永言也。”《汉书·礼乐志》：“诗言志，歌咏言。”《艺文志》：“诗言志，歌詠言。”颜师古注曰：“咏，古詠字也。”“詠者，永也；永，长也，歌所以长言之。”

如前所述，“永”本训“水长”，引申为泛指，而“歌之为言也，长言之也”，故早先即作“永言”，《尚书·舜典》：“诗言志，歌永言。”孔安国传：“谓诗言志以导之，歌詠其义以长其言。永，徐音詠，又如字。”孔颖达疏：“作诗者直言不足以申意，故长歌之，教令歌詠其诗之义以长其言，谓声长续之。定本经作‘永’字，明训‘永’为‘长’也。”《诗经·魏风·硕鼠》：“谁之永号。”郑玄笺：“永，歌也…… ‘咏’本亦作‘永’，同音詠。”孔颖达疏：“‘永’是‘长’之训也，以‘永’‘号’共文，传云‘号，呼’，是歌之呼，《乐记》及《关雎·序》皆云‘永歌之’，《舜典》云‘声依永’，故以‘永’为‘歌’，歌必长言之故也。”陆德明《经典释文》第五《毛诗音义》上《魏风·硕鼠》作“咏”，曰：“咏，本亦作永，同，音詠，歌也。”徐灏《说文解字注笺》：“詠之言永也，长声而歌之，所谓‘声依永’也。永詠古今字。”于此可见，“永”、“詠（咏）”本为一源，而“长言”之曰“永言”，乃“永”义之引申，金文增形为“咏”，小篆更形为“詠”，则是用以专指“长言”之义，以别于“永”之其它所指。

显而易见，就语源关系而论，“羕”与“詠（咏）”均由“永”所派生；就内部质素而论，“羕”与“詠（咏）”都有义音成分。但是，就构成原理而论，“羕”受义于“永”，而音转若“羊”，“詠（咏）”增形从“言（口）”，仍音读为“永”。在《说文》里，“羕”隶属“永”部，乃“建类一首”；“詠（咏）”别归“言”部，乃“以事为名”。所以，“羕”是“转注字”，“詠（咏）”为形声字。由此看来，“形声”与“转注”是“迥然有别”的，既不能像郑樵那样，将“转注”混入“形声”，也不宜像姜亮夫先生那样，让“形声”渗入“转注”。①

① 以上材料详见向光忠《考文字之孳乳 溯形声之滥觞》。本文是向先生于20世纪80年代初的研究成果，论证“形声缘起增益形符示义”新说，原题为“‘形声’溯源”。1985年夏出席中国语言学会第三届年会（昆明）曾宣读并散发，而后也在一些高等院校与学术场合讲述。《第一届国际先秦汉语语法研讨会论文集》（岳麓书社）辑入改为此题，例证略有削减。《文字学论丛》第一辑（吉林文史出版社）载入全文。

向先生的工作具有开创价值。如果我们按照此方法从表意的甲骨文一路追寻下去，把甲骨文、金文、战国文字作对比，看看形声字发展情况，这样我们就可以知道形声字到底是怎么发展起来的了。我详细介绍向先生的研究，目的就在于此。向先生另有《汉字的蕃衍规律与发展趋向》[①]、《论汉字对汉语的适应性》[②]、《论语词的滋生与文字的孳乳》[③]等文均基于"形声缘起增益形符示义"之论旨的拓展研究，推究了汉字的其他增殖现象，探明了汉字之"孳乳而浸多"的普遍性规律，并运用此规律切实地究明了一些相关的文字问题，廓清模糊意识，匡正谬误看法。这些恕不一一详述了。

如果说向光忠先生从发展的角度研究形声字的发展，找准了研究形声字的基本方法，那么，我们就不能不再介绍一下黄德宽先生的形声字发展问题研究。

黄德宽先生的形声字研究，有以下三、四两点应该重点说一说。

三、动态地、多角度地研究形声字

黄德宽先生说："古汉字阶段，正是形声结构发展完善的阶段，不仅每个字有自己发生、发展的历史，整个形声体系也在发展、变化，而且社会、思维、语言及汉字系统的发展，也都对形声结构发生影响。因此，仅作静态的分析是不够的，还必须从形声结构的发展变化，以及影响其发展的各个方面进行动态的分析和多角度的观察，才能对形声系统的各种复杂现象作出较为合理的解释。"[④]

基于这样认识的研究，黄先生得出了许多重要的基本结论：思维能力的不断抽象化，思维概括程度的日益提高，使形符表义由具体趋于抽象和概括。表现为：某些早期表义范围十分确定的形符，表义范围

---

① 辑入《汉字问题学术讨论会论文集》，语文出版社 1988 年版。

② 辑入《汉字汉语学术研讨会论文集》，吉林教育出版社 1991 年版。

③ 辑入《纪念王力先生九十诞辰文集》，山东教育出版社 1991 年版。

④ 《汉字理论丛稿·古汉字形声结构的动态分析》110 页，商务印书馆 2006 年版。下面引黄先生各文，均见于《汉字理论丛稿》。

逐渐扩大；表义具体的形符通过改换而趋向类化或变得更为概括。而汉语对形声字的影响，则表现为：一、语音系统的发展，造成同谱系的形声字的读音分歧；语义的发展促进形声结构的孳乳分化；新词的迅速产生，相应地出现大批新的形声字。汉字形体的发展，也影响和制约着形声结构的发展，这集中表现在形体演进造成“讹形”、“讹声”；简化规律造成“省形”、“省声”；规范化促使异体淘汰。①

四、全面地占有材料

从《汉字理论丛稿》所载文章看，黄先生全面掌握了从殷商到战国这段时期出现的已识形声字两千多个，从中可以看出形声字有加快发展之趋势。② 在此基础上，制作了《基本形符表》、《基本声符表》以揭示形符和声符的发生、发展、分化情况。

在全面掌握古文字阶段形声字材料的基础上，黄先生探讨了形声字产生的原因是早期会意字个别构形部件的经常性游动而形成的声义分工。③ 形声结构有“注声式”、“形声同取式”和“注形式”三种基本结构类型。④ 形声字形符与字义的关系，主要有四种：一、形符完全或基本表义；二、形符表示类属意义；三、形符与字义相关联；四、形符与字义关系模糊。因此，从作用上看，形符通过物质符号刺激人们的视觉，规定、指示人们联想的方向，以造成对相同语音符号的区别；就性质而论，形符只是一种与字义相关的约定俗成的区别性（标示性）符号。⑤ 形声字声符的根本职能是记录语音，具有相对稳定和单一性的特点，在形声结构中居主导和核心地位。⑥ 形声结构的性质是一种依靠形符标

① 《汉字理论丛稿 ·古汉字形声结构的动态分析》，商务印书馆 2006 年版。
② 《古汉字形声结构的动态分析》。
③ 《形声起源之探索》。
④ 《形声结构的类型》。
⑤ 《论形符》。
⑥ 《古汉字形声结构声符初探》。

示的表音文字符号。①

黄德宽先生对形声字的研究,其态度方法和结论都是值得重视的。

向先生和黄先生的形声字研究，方法上的相同之处是从发展的角度去研究，结论也有许多相似之处，如向先生说“形声缘起增益形符示义”，黄先生说形旁在形声字中的作用是“标示”。我认为，这样的研究已经从总体上揭示了形声字的本质。

第二节　关于形声字的若干问题

按照向先生和黄先生的方法分析字的孳乳情况，有以下事实我们不难看到：

一、类形声字结构的会意字

有的字的结构与形声字类似，但是，分析之后就会发现，这些字中被认为是形旁的部件，其实直接参加表意，所以它们应该是会意字，然而被错误地认为是形声字。

如祭，甲骨文作,或从示作。徐中舒先生《甲骨文字典》对祭的解释如下：“甲骨文祭不从示,示为后加之意符。甲骨文祭字以手持，即肉，或以数量不等之点象血点之形，会祭祀之意。”② 前面所引向先生说也把祭字看成是形声字。这样理解其实是有问题的。表示以手持肉献给祖宗，这里的“示”表示祖宗牌位，是直接参加造字的部件，它的意义是具体的、实在的,不能看作是形旁。

甲骨文“祝”字作,象人在祖宗牌位前祝祷之形,这里的“示”也表示祖宗牌位,是直接参加造字的部件,它的意义是具体的、实在的,不能看作是形旁。

① 《论形声结构的组合关系、特点和性质》。

② 四川辞书出版社 1988 年版,第 18 页。

甲骨文“疑”作，也作，后者增加，按照目前文字学界的理解，后者应该是增加形符的形声字。但是，这样的理解是错的。是个提示环境的提示符号，用“一个老者在道路上四处张望不知所往”表示“疑惑”的概念。也是直接参加造字的部件，它的意义是具体的、实在的，不能看作是形旁。

教，甲骨文作、。，利用上下结构表达前后位置关系，因此，可以理解为孩子两手放在前面编织东西（表示需要学习的东西之类），攴示师长持杖督促之意。合起来表示督促孩子学习之意，此教之本义。理解了“教”，“学”就不难理解了。学，甲骨文作、。，即屋子，示双手练习编织，合起来用“孩子在屋子前练习”表达“学习”的概念。金文“学”作，从子。“子”是个提示符号，提示在练习者乃孩子。

类似上面的字，过去都被理解成了形声字，但是，这些字仍然是会意字。

二、部件与字义无义类关联者

我们知道，形声字的形旁与形声字的字义都有义类上的关联。不过，黄德宽先生研究认为形旁中有一部分与字义无关联，如“风（風）”为什么以“虫”为形旁，实在说不出道理来。其实，我现在研究的结果是：风所从的本是风筝的象形，被误书为“虫”。造字用“飘飞的风筝”表达“风”的概念，这个方法我在前面介绍汉字表达概念的方法时已经介绍了。为提示字音，加“凡”声为“风（風）”。当然，风的形体还是比较复杂，今略考如下。

风，甲骨文假（凤）为之，三期甲骨作，也作（A）、（B）、（C）、（D），增为声，此假借“风”而添加提示声音的符号，使别于原字。问题是，各形体又添加的、、是什么？

风本无可象形，故初假“凤”为之。凡假借字，为与被借者相区别，二者往往加提示符号以区别一字之二用，于是加为声，以表“风”之概念。因之，字作，为表达“风”的概念的后起本字。三期卜辞又作A、

B、C、D 形者，所从之□、□、□皆象飘飞之物，故皆提示其尾翼□、□、□。□、□、□皆以飘飞之物（如风筝）表达导致其飘飞之原因——风。这是人们为表达“风”的概念所造的专字，与□无关。□、□、□是独体会意，□是为区别于“风”而造的形声字。

□、□、□表达“风”的概念，可各自独立成字，为独体会意字。但是，为使其表意不致产生误解，造字者乃加□、□提示声音成为形声字。这些字体，演变到后来就是□（碧落文）之本。同为形声字，□、□、□、□四字与□字只是表达的概念相同，它们表达概念的方法是完全不同的。

古人往往因形造字，飘飞之风筝象□，故字又作□（长沙子弹库帛书文字编）；飘飞之物象□，故字又作□（王庶子碑）；飘飞之物象□，故字又作□（《切韵》）；飘飞之物象□，故字又作□（碧落文）；皆以飘飞之物加□声以表“风”的概念。此与□、□、□、□四字表达概念的方法是完全相同的。

所以，如果是形声字，它的形旁与字义还应该是有关联的。如果一个被认为是形旁的部件与形声字的字义无义类上的关联，那么，这个部件就不能看成是形旁。

“从”，甲骨文作□，亦作□；增加的□表示道路，道路与跟随没有义类上的关联。□是个提示环境的提示符号，不是形旁。向先生前面举的“得”字从□也不应该分析为形旁。□以手持贝会意，“得”的本义是“获得”、“有所得”。“获得”、“有所得”的概念既容易表达又非常难以表达，手上随便拿着什么，都可以说是“获得”、“有所得”的。但是，造字所选定的形体必须能够涵盖所有的情况，那么，拿什么才能够表示所有的“获得”、“有所得”呢？拿钱！有了货币就可以无所不有。所以，造字就用“手持贝”表示“获得”、“有所得”的概念。因为拾到东西的情况往往都是发生在走路的时候，所以又加了提示环境的符号□，□与“获得”、“有所得”之间没有义类上的关联，所以，□不是形旁。得仍然是会意字。《说文·彳部》：“得，行有所得也，从彳，㝵声。□古文省彳。”

□应该分析为从□、从□的会意字。道路与迎接也没有义类上的关联。□也是个提示环境的提示符号，它表示在道路上，□（表示一个走过去的人)迎接走过来的屰。所以，彳不是形旁。但是，现在的文字学界不是这样分析的。

三、真正的形旁没有被看成是形旁

从，金文作⿱从止，显然是从增止，止是行走器官，与“随从”之义有义类上的关联，应该看成是形旁。所以，⿱从止字应该分析为从止，从声的形声字。同样的，“走”，甲骨文作夭，我们前面把它分析为会意字。后来增加止，止与“奔跑”当然有义类上的关联。所以，走应该分析为从止、夭声的形声字。但是，《说文》：“走，趋也。从夭止。”这些都是没有把应该看成形旁的偏旁当作形旁。

四、后代认定的形旁有的违背了汉字字体演变的史实

從，现在文字学界分析为从辵从声的形声字。如前所述，这违背“从”字字体演变的史实。“逆”，《说文》分析成为从辵屰声的形声字，这也违背“逆”字字体演变的史实。逆字本作⿱屰止，用“二人相向而行”表示“迎接”的概念。后增加彳以提示道路。“御”，《说文》分析成为从辵卸声的形声字。事实是，御，甲骨文作卩，用跪着的人表示“迎候”之义①，本为独体会意字。后来为了标示其读音，加提示声音的符号午（午），作⿰午卩；又加提示环境的提示符号彳作⿲彳午卩，再加止作⿱⿲彳午卩止，这就是“御”字的源头。所以，御应该分析为从止，⿲彳午卩声。

五、形声字产生于添加提示符号用来提示声音或者提示意义

前面，向先生用了大量的例子说明形声字产生于增益形符与增益

① 御表示“迎候”，逆表示“迎接”，御是静态的，逆是动态的，此二者之别。1986年，湖北荆门包山2号墓出土战国时期一漆奁，奁身绘有反映贵族礼制活动的《聘礼行迎图》，图中第三段为使者到达出使国近郊，出使国派人迎候的场景，这一段使者（居左）、御者（居中）、车右三人均站在轼前行扶轼礼，迎候的人则跪在道路旁边迎候客人。

声符，如果把向先生的说法纳入到我的文字学体系中来，我们可以说形声字产生于添加提示符号用来提示声音或者提示意义。我再举几个例子。

服，甲骨文作𠬝，用“人被按住屈服之形”表示“屈服”的概念。在卜辞中用作人牲，表示屈服的人。

《合集》22047：“癸未卜，御余于祖庚羊、豖、𠬝。”

后来为了提示字音，加提示符号“凡”作[illegible]，这就是“服”的古体。服，分析为从𠬝、凡声的形声字是可以的。

疑，金文作[illegible]（康侯簋）、[illegible]（疑觯），[illegible]字很显然是在[illegible]字基础上添加[illegible]以提示行走的动作。与“疑惑”没有义类上的关联，所以，[illegible]还是会意字。[illegible]则是在[illegible]的基础上添加“牛”声的形声字，古音牛、疑均“语其切”。战国时期的大良造鞅方量作[illegible]，从[illegible]从止从子，这是“疑”字的今体所本。于省吾先生考“子”为“牛”之讹。“牛”与“牛”通。[1]

这些都是为了提示字的读音使会意字发展成为形声字。

前面，我们说过，甲骨文御表示“迎候”之义，迎迓鬼神的祭祀也叫御：

《合集》22047：“癸未卜，[illegible]余于祖庚羊、豖、𠬝。”

后为专门表示迎迓鬼神的祭祀之“御”，加了提示字义的符号“示”作[illegible]：

《鄴》三·三七·八：“其[illegible]妣辛。”

古代也用舞进行祭祀求雨：

《合集》14207正：“贞：舞岳，有雨。”

《合集》12831正：“贞：呼舞，有从雨。”

《合集》30029：“弜呼[illegible]，亡大雨。”

加“雨”的舞则是用舞进行祭祀求雨的专字。

再如，[illegible]本义为开门，引申为“开”，所以，云开雾散也叫[illegible]：

《合集》13449：“辛丑卜，[illegible]，翌壬寅[illegible]？壬寅雾。”

---

① 于省吾《释“[illegible]”和“亚[illegible]”》，《社会科学战线》1983年1期。

《合集》13112:“贞:翌辛巳有□。”

后来为了专门表示云开雾散开太阳的□，加日作□:

《合集》30190:“今日辛大□。”

这些都是为了提示字的意义使会意字发展成为形声字。

以上种种情况说明，我们过去认为的形声字有的应该分析为形声字,有的则不能分析为形声字。很多人都认为甲骨文阶段,汉字中的形声字已经有20%了。[①] 我没有仔细地做过统计，但是我估计20%可能太多了。有许多都是属于上述一、二类情况的字被当成了形声字。还有一部分会意字在考释的时候就被误认为是形声字，象著名古文字学家于省吾先生就把一些会意字考释成了形声字。如:□应该是会意字,但就被误认为是形声字。

□,甲骨文仅二见,其辞为:

《合集》14517:“庚戌卜,贞:有□秋惟帝令□。”

《合集》14518:“庚戌卜,贞:有□秋告……丁四月。”

于省吾先生曰:“卜辞□字系由庶字所孳乳的从众庶声的形声字,也就是典籍中众庶的本字。”[②] 今谓于先生说字义是，而说字形非。□并非从众庶声的形声字,甲骨文众作□或□,不作□,此其一;二,甲骨文庶(煮之本字)作□或□,象火烧石之形,于先生考为煮之本字[③],可从。但□字所从□当为山丘字,并非火(□)字,故□非“庶”字。因此,□不从庶声。□当为会意字,□示岩穴,□为提示符号,示□为大山中的岩穴,以别于□(石),甲骨文中□可表岩、石,但单作□则义不明,故加□提示□所处环境为山丘之中。人类本居于岩穴之中，后来有权力有财力者别造宫室,而穷困者无力营造宫室,当仍聚居于岩穴之中。□字用在岩穴中聚居的人表示“庶(奴隶)”之概念。

---

① 殷寄明同志认为在一千余已识的甲骨文中,形声字448个,占20%左右(见殷寄明《论形声字的一种重要构成方式》,《南京师大学报》,1992年2期),而台湾学者李孝定在《汉字史话》中的统计结果为27.24%(见李国英《小篆形声字研究》,北京师范大学出版社1996年版)。

② 于省吾、陈世辉《释庶》,《考古》1959年10期。

③ 于省吾、陈世辉《释庶》。

"廷",甲骨文作□,于省吾先生认为□字是从□□声的形声字[①],□,即古听字。按:□不同于其他的房屋,它是古代君臣朝会处理政务之所,所以造字就从□从□会意,意思是"听政的房屋"。所以,□应该是会意字中的合意字。

甲骨文有□、□二字。□,《说文》训为"慕欲口液",是也。这是个绘形加提示符号的象形字,即今字"涎"的古体。□则在□的基础上加提示环境的符号"皿"。这个字不能理解成人站在器皿里面口液外流。我们前面说过,甲骨文中,上下关系往往表示前后位置关系。所以,这个字应该理解成一个人站在器皿面前口液外流。所以,□字仍然应该是会意字。但是,于省吾先生认为此字从皿□声[②],就错了。

再如:

粟,甲骨文作□,《甲骨文编》释为"粟"。于省吾释为穧,即"谷子"。于氏的根据是粟字所从之□是古文字齐字。[③]温少峰、袁庭栋先生认为粟字所从之□与古文字齐(□)相去甚远,故□不是□。卜辞中以□为"谷子"之专名。因为禾本为谷子,用为谷类作物泛称之后,为了使之与作为专名之禾有所区别,遂于禾上加指示符号□,表示其为结实之粟,用以表示作为"谷子"的专称。[④]从卜辞中看,此植物为一种重要的粮食作物。

《库》1029:"受□年?三月。"这是问"□"是否会丰收。

《摭续》106:"王弗□?"

"王其□?"这是问王要不要种"□"。

《粹》166:"甲午登□高祖乙?"这是问要不要向高祖乙献"□"。

凡谷类结实皆有谷穗。禾,为单穗,故字形作□,象根、茎、叶及下垂的谷穗形。黍往往有多个散穗,故字形作□,象根、茎、多个散穗形。

---

① 《甲骨文字释林·释□、□》,中华书局1979年版。

② 《甲骨文字释林·释□、□》。

③ 《甲骨文字释林·释穧、□》。

④ 《殷墟甲骨卜辞研究——科学技术篇》168页。四川社会科学院出版社1983年版。

尗象在植物的枝上到处都结满果实之形，故其物不可能是谷类。粟长的是长长的单穗，其植株不可能象尗形。那么，尗到底是什么农作物呢？我们认为它就是菽，字象豆类作物的植株之形。所以，尗是象形字，于省吾作形声处理，不确。

这些往往都是因为不注意分析汉字的表意方法造成的错误。于先生尚且如此，其他人就更加容易判断错误了。

按照向光忠、黄德宽先生的方法重新研究字的孳乳情况，将有许多字的结构会被重新认识。这项工作，二位先生开了个头，大量的工作还有待我们去深入研究。等这些问题做完之后，形声字的形旁、声旁的功能等问题，也将有必要重新做总结。

第五章　汉字与历史文化研究

第一节　汉字应被看作研究中国历史文化的第三种重要资料

研究中国历史，过去人们最重视的是历史文献。考古学兴起之后，考古资料又成为第二种重要的历史研究资料。然而，以上两种资料，都存在着一定的缺陷。中国古文献，对于人们日常习用之物，习见之事，往往不加记载，如过去人们吃东西怎样用筷子？尸祭的具体情形是怎样的？生活中什么时候有了桌子椅子？等等，史料中均找不到记载。用历史文献研究历史，不能不留下很多难解之谜。考古资料也因系统性太差、偶然性太强而难以准确而又系统地再现历史，如古人衣食住行娱各方面的事事物物，考古很难系统地获得；再如原先人们认为长江流域古代没有先进的稻作文明，然而继江苏、江西等地发现稻田和大量农具之后，人们的认识一下子发生了突变！甚至有的时候，考古资料还会歪曲地再现历史。例如，中国出现玻璃，应当在汉代以后，然而考古却找到了战国时期的玻璃，难道这表明战国时代中国就已经有了玻璃？我们分析认为，战国时代的玻璃应当是汉代凿通西域之后，将阿拉伯人制造年代相当于中国战国时代的玻璃古董传入中国所致。因此，利用历史文献和考古资料研究中国历史，仍将不可避免地存在着许多缺憾。

汉字结构中凝聚着中国文化的信息，利用汉字可以研究中国历史。汉字应该被看作是研究中国历史文化的第三种重要资料，这是因为：

一、汉字反映文化较历史文献更加直观

汉字直接用一个象简笔画一样的形体结构将历史现象凝固起来，展示在我们面前，所以汉字能将历史直观地再现在我们面前。而历史文献的记载，有时会省去一些细节，从而使事件的某些方面显得模糊不清。

如，考古已发现了商代的青铜犁，1973年秋，山东济南市物资回收公司在废品中拣选出一件铜犁头，经鉴定是商代的铜犁。[①] 1989年秋，江西新淦又出土两件青铜犁铧[②]，有了耕犁，就必须有犁耕。但文献中还找不到记载商代有犁耕的材料。然而，商代有犁耕之事，在古文字中却得到了反映。

甲骨文中有一“[illegible]”字：

《合集》7362：“……卜，亘贞：呼[illegible][illegible]次。”

[illegible]即子，表示人，[illegible]象犁形，合起来表示人牵挽犁耕作。温少峰、袁庭栋先生说：“[illegible]象以人负引犁而耕之，可释为‘耕’之初文。人拉犁而耕，可称之为‘人耕’。《说文》：‘耕，犁也。’《齐民要术》卷一引《说文》则作‘人耕曰耕，牛耕曰犁。’[illegible]字象人负犁而耕，正是‘人耕曰耕’之义，其为耕之初文，当无疑议。”[③]

① 详《济南市发现青铜犁铧》，《文物》1979年12期。

② 详《江西新淦大洋洲商墓发掘简报》，《文物》1991年10期。

③ 详温少峰、袁庭栋《殷墟甲骨卜辞研究——科学技术篇》193页，四川社会科学院出版社1983年版。

二、汉字反映文化较历史文献所载有时更为可靠

历史文献记述历史事实，因记述者记载不详，或因文献本身经传抄而致讹，使得文献所载之事，有时变得十分不可靠，象《吕氏春秋·察传》所载“晋师三豕涉河”之事，《水经注》有“水流松果之上”之景①，皆不可信。而汉字所体现出来的文化，应该是可信的，因为它直接取象于社会生活，生活中没有的事，是象不出来的。例如，中国古代把弦乐管乐器统称为丝竹，这表明管乐器都是用竹管做的。那么中国古代有没有铜管乐器呢？文献缺载，我们从虢叔钟之龢从金作这个汉字结构中找到了铜管乐器的证据。又如，中国古文献记载日晷的最早文献是《汉书·律历志》，说公元前104年，由司马迁主持召开了一次天文会议，会上决定要“立晷仪”。那么，中国出现日晷的年代真的就这么晚吗？不是的，事实上，商代已经有了日晷。我们从甲骨文“昃”字的结构中找到了这个证据。

鉴于汉字反映文化有如上妙处，我们研究中国历史文化就不能不重视汉字。我们应该把汉字看成是研究中国历史文化的第三种重要资料。事实上，汉字在中国历史文化研究中发挥着无可替代的作用。有些历史问题，离开汉字，就永远得不到解决。例如，尸祭的真正情形，文献中没有详细的记载。考古曾在江苏六合程桥的东周墓中获得一块尸祭残片②，从图中看，尸是坐在一个形状象[illegible]的东西上的。这东西不象是坐具，因为，当时人们席地而坐，生活中还没有这么高的坐具。那么，尸所坐的到底是什么东西呢？我们将[illegible]与表示祖宗牌位的“示”的甲骨文形体——[illegible]相对照，可以看出尸是坐在祖宗牌位上的。这样，我们就明白了，所谓尸祭就是让一个人坐在祖先的神主上，代表祖先接受祭祀。尸也正因为是坐在神主上的，他才具有了代表祖先的资格。大概

---

① 戴震尝云：“《水经注》‘水流松果之山’，钟伯敬本山字讹作上，遂连圈之，以为妙景，其可笑如此。松果之山见《山海经》。”此据段玉裁《戴东原先生年谱》引。

② 详江苏省文物管理委员会《江苏六合程桥东周墓》，《考古》1965年3期，图片已见前面第三章第二节。

人死之后，古人认为亡者灵魂无所依凭，特为之设主（示），当祭祀时，乃献祭品于神主前，请死者享用，然而祭品总是一点也没被动过。这样，祭祀者可能认为亡者并未享用，所以才想出让活人坐在神主上，代表亡者把祭祀者所献的祭品吃掉，这就表示亡者接受了生者的祭祀了。而这个坐在神主上的人，因其体形是[illegible]，就被称作为[illegible]（尸）。《仪礼·士虞礼》："祝迎尸。"郑玄注："尸，主也。孝子之祭，不见亲之形象，心无所系，主尸而主意焉。"正道出了有了神主之后还要用尸的真正原因。

三、与考古资料相比，汉字反映文化系统性稍强

前文说过，考古具有较大的偶然性，系统性不强，而汉字反映历史文化的系统性较考古资料可以强一些。我们可以通过排比归纳，将汉字中同类概念的字汇集到一起，这样，汉字所代表的文化现象就会系统地呈现在我们面前。例如，我们把甲骨文中表示农作物的字罗列到一起，就会有禾、稌、秜、穓、黍、来、麦等字①，说明商代粮食作物已是五谷俱全了。胡朴安考《说文》之中染色的名词有绛、绌、纁、绖、缙、缇、缥、紫、红、繐、蓝、綥、绀、缲、绿、绢、缬、缥、黄、綟、缁、缫、素、缚、缟等二十多。②就单个字来看，并无什么显眼之处。而将这几十个字罗列到一起，我国古代丝织品染色之丰富，就可以想见了。

当然，汉字反映历史文化，也有其不足之处。要言之，主要有以下两点：

1. 汉字所反映的文化现象，时代难断。因为造字年代往往是说不清楚的。因而，早期汉字形体所凝固的文化信息，其年代也是说不清楚的。

2. 汉字所反映的文化事实，有时也有模糊之处。用一个字形来反映社会生活，只能抽象出社会生活中主要的东西来象其形，很多具体细

---

① 详温少峰、袁庭栋《殷墟甲骨卜辞研究——科学技术篇》175—177页，四川社会科学院出版社1983年版。

② 胡朴安《从文字学上考见古代辨色本能与染色技术》，《学林》1941年3期。

节无法一一表现出来。如上文提到的昼字，表明至迟在商代已有日晷。但这日晷是现在所见到的汉代日晷还是原始平地日晷，我们从字形上是看不出来的。

可见，古文献、考古资料和汉字作为研究历史的资料都有一定的不足。因此，研治中国历史，须将三种资料结合在一起综合研究。

第二节 汉字与中国历史文化研究的成果

应该说，把汉字运用于中国历史文化的研究，这方面已经有了不少成果。这方面我不展开进行介绍。在古文字考释的同时研究中国历史文化，研究历史的时候结合古文字材料，是一直坚持的传统；专门进行汉字与文化的研究，著作也很可观：除了有很多个人专著外，何九盈、胡双保、张猛先生主编的《中国汉字文化大观》，胡厚宣、王宇信先生先后主编的《甲骨文与殷商史》，都是汉字与中国文化研究成果的集中展示。向光忠先生与李圃先生、傅永和先生用了十年时间主编的一部大型的汉字文化著作也将在最近由广东教育出版社出版。可见，汉字与中国历史文化研究的成果很丰富，有的已经出版，有的即将出版。但是，这些成果都是在汉字形义研究还不深入的历史条件下完成的，其中必然会存在或多或少的错误。在充分把握汉字形义关系的基础上纠正过去研究中存在的错误，发现并探讨新的历史文化问题，这是今后应该继续努力的方向。

第三节 古代历史研究需要注意的几个问题

古代历史研究利用汉字材料、历史文献、考古资料等材料对历史原貌进行复原，难度很大，稍有不慎，便会产生错误。有几个问题尤其值得重视。

一、应该引入实验的观念，努力使结论与历史实际一致

社会科学研究不像自然科学那样用实验得出结论，所以主观性的东西就比较多。也由于这个原因，许多结论错了，我们自己都不知道。如，大家都认为，我们今天所说的筷子，古代叫箸。从考古所获早期箸的实物看，古代的箸比现在的筷子更细，一般直径在0.4cm左右。最细的箸足部只有0.15cm。湖北云梦大坟头出土的竹箸最细部为0.2cm，最粗部为0.3cm。辽宁速平张家营子勿沁吐鲁辽墓中的箸直径仅0.08cm–0.2cm。辽阳三道壕一座金墓中的箸首足均为0.15cm。用只有0.15cm粗的这种细棍子去夹东西，也很难用上力。可见古人制造的箸，本来就不是准备用于夹取食物的。这说明箸不是筷子。我们只要简单地做一下实验，就不会再说箸就是筷子了。

《礼记·曲礼上》："饭黍无以箸。"董琨先生在《筷子史话》中说："筷子产生以后，最初在使用上有所讲究和限制。吃饭不用筷子，也许是因为黍米饭粒细小，夹起来容易洒得到处都是，不雅观的缘故吧。"其实，黍米饭粒细小，但是粘性很好，比大米饭更不容易洒得到处都是。这也是没有实验导致的错误。

二、解决问题应该以基本文献为依据

解决文献中的问题，应该认真研究文献本身，这个道理人人都明

白。但是,在解决具体问题时,人们却常常不这样做。

《诗·大雅·生民》记述的姜嫄弃子一事,成为原始社会史、中国文学史上的一桩公案。[①] “诸家聚讼,莫多于《生民》之诗”。[②] 历史上关于姜嫄弃子一事就有“遗腹说”、“速感说”、“早生说”、“晚生说”、“难产说”、“易生说”、“父弃说”、“怪胎说”、“卵生说”、“避乱说”、“不宁说”、“轻男说”、“触忌说”、“犯禁说”、“杀长说”、“图腾考验说”、“生存能力检验说”诸说。其实,姜嫄弃子,本并无深意。大概后稷生下来时是与常儿不同,姜嫄以为不可养,便弃之。初,弃之于人所常出常入的隘巷,大概寄希望于有好心人或收养之。自己却常暗中观察,看是否有人将他领走。牛羊经过巷子,小牛小羊要吃奶,大牛大羊便停下来,姜嫄远远地看过去,以为牛羊在庇护他,并喂他吃奶。[③] 牛羊尚不忍让他饿死,作为生母的姜嫄生下后稷却不能喂奶给他吃!此时的姜嫄,情何以堪!她跑过去,抱起了后稷:既然无人来养你,就让你去自生自灭吧。因为作为母亲,姜嫄实在不忍心看着后稷就这样死在这里。于是她抱着后稷,向林中走去。正巧林中有人在伐木,于是她又来到水边,将后稷放在冰冷的地上,然后就伤心地跑开了。[④]

那么,后稷出生时到底有什么异常,导致他不被生母育养呢?答案就在诗中。

后稷被放在冰冷的地上之后,正在觅食的鸟儿飞下来找吃的,姜嫄以为是鸟儿在用翅膀来为后稷取暖。紧接着就见鸟儿一下子飞走了。后稷也大哭起来了,声音又长又大,连远远的路上都能听得见!于是姜

---

① 萧兵《姜嫄弃子为图腾考验仪式考——〈诗·大雅·生民〉〈楚辞·天问〉疑义新解》,《南开大学学报》1978年4、5期。

② 成瓘《读诗随笔》。转引自萧兵《姜嫄弃子为图腾考验仪式考——〈诗·大雅·生民〉〈楚辞·天问〉疑义新解》。

③ 其实牛羊不可能喂后稷吃奶,牛羊是站着喂奶的,后稷当时尚小,也没有站起来的可能。

④ 从后稷名弃这一点来看,他生而被弃,是可以肯定的。他自生至被弃的经过是可以相信的,但具体细节不免会有夸张渲染的成分,既是神话传说,就不免会有这种成分存在,如置之寒冰,实无道理。也许姜氏只随手将其丢弃在地上,当是地上还有冰冻,于是传说过程中便被传成了将其置于寒冰之上了。

嫄赶紧跑回去,把后稷抱回了家。

我们知道，古汉语中语气词矣的作用是强调事物发展的过程,《生民》诗曰"后稷呱矣",说明在后稷生下来至被丢弃在寒冰上这些时间内一直没有哭过,直至鸟儿啄了他,他才放声大哭起来。

后稷实是因为生而不哭才被丢弃的，也是因为哭并且声音很大才又重新被抱回去育养的。从《生民》诗的语言中看，全诗特别强调后稷的哭和他的哭声。诗中述牛羊字之，仅二句。述欲弃之树林，亦二句。而述弃之寒冰,则用六句。若是鸟图腾考验,则仅用二句,至"鸟覆翼之"就足以说明已通过鸟图腾考验，下边四句便全是多余。从这个对比中，我们不难看出《生民》诗特别强调后稷的哭和他的哭声，这足以证明后稷生而被弃是因为一直没哭。为什么生而不哭便要遭弃呢？我请教过妇产科专家。据称新生儿不哭,往往要先给他一定的刺激,比如打或掐他的屁股,使之感到疼痛而哭泣。若经刺激而仍旧不哭,一般是因为先天性功能发育不全。这样的孩子,即使能够存活,将来也必然体弱多病。绝大多数人一生下来就会哭，只有极少数人因种种原因不哭。人类在繁育后代的过程中，应该会注意到新生儿不哭将会导致夭折或一生体弱多病,并对这种现象进行带规律性的总结,进而对生而不哭的孩子作一定的处置,如丢弃。"婴儿降生不哭,古者用灌暖水,捋脐带或用葱白慢慢鞭打的办法,使婴儿发生啼声,如果婴儿降生后,较长时间无声响,便是凶厄的征兆了。古医道有忌婴儿啼声断绝、散、深的说法，以为婴儿初生时啼声连续紧凑者寿，啼声断绝或时断时续或又突然很急迫者不寿，啼声散者不成人，啼声深者不成人。"①后稷生下不哭，使姜嫄大失所望,只得忍痛将其丢弃,但仍寄希望于能有什么人会收养他,所以,最初把他弃置于人们往来必经之所——隘巷。最终因确定后稷可以哭,

① 任聘《中国民间禁忌》210页,作家出版社1991年版。

并且声音既连续又响亮，才又收养了他。[①] 这个例子说明，在解决问题时，读懂原文是解决问题的关键。[②]

甲骨学和商史研究也存在这样的问题，如，周代的文献中，禾指的是粟，于是，从事甲骨学和商史研究的先生们便一致认为商代卜辞中的禾也是粟。但仔细分析卜辞中的禾，我认为禾专指水稻。

从字形方面说，禾象粟的植株形，但禾同时又象水稻的植株形。

从字义方面说，过去，研究者一般认为因为禾是商代种植最广泛的作物，所以甲骨卜辞中的禾与年都是谷物的泛称。如于省吾先生说："甲骨文中所见的禾都是广义的。甲骨文凡言受某年者，年上一字必为谷类专名，但从未有受禾年者。足见禾不是专名。《说文》：'年，谷熟也。'《穀梁传·桓公三年》：'五谷皆熟为有年。'年乃就一切谷物全年的成熟而言。"[③] 其实这个观点不能成立。因为卜辞中年、禾也与来、黍等对举，将泛指与具体的指称相对举，是说不通的。如：

《合集》29："辛未卜，𠂤贞：黍、年有足雨？贞：黍年有足雨，贞：王饮有害？……饮亡害。"此以年与黍对举。

《甲》3587："求年来，其卯上甲，三，受年？"

《粹》887："亥卜，受来禾？"此又以年、禾与来对举。

因此，我认为，禾肯定不能看成是谷物的泛称。年，其字作人荷禾形，本义盖指禾的收成，其字义有两个引申方向：1. 由"禾的收成"引申指禾，我以为卜辞中有大量的受年、求年卜辞，这里的年都相当于禾。2. 引申泛指谷物丰收，卜辞中凡言"受某作物年"，年均是泛指谷物丰收。

---

① 清·马瑞辰《毛诗传笺通释》以为后稷生下时没有从胚胞中出来，所以一直没有哭出声来，至鸟来啄，他才从胞中出来，虽然已说出了后稷被弃或是因为没有离胞而哭。但马氏所述过程，实令人难以接受，子从母体分娩之后，若不能从胞中出来，便早就窒息而死了。后来又怎么会哭出来呢？郭沫若《中国古代社会研究》第 90 页（科学出版社 1954 年版）说后稷生下来是假死，所以直到后来才哭出来，果真如此，姜嫄有可能直接就把他葬了，也不会认为牛羊会字之。

② 拙著《现代训诂学探论》125—131 页有详考，请参考，浙江大学出版社 2008 年版。

③ 于省吾《甲骨文字释林·释禾年》，中华书局 1979 年版。

我们从关于求禾、求年的卜辞中发现了一个普遍的现象——求禾、求年最终是为了下雨。有许多直接与雨有关，如：

《合集》22346："……子其求年于河，雨。"

《屯》3083："贞，其求禾于示壬羊，雨。"

根据姚孝遂、肖丁先生主编《殷墟甲骨刻辞类纂》所列卜辞统计，求禾的卜辞虽均不完整，但仍有5条有关于雨的记载；求年的卜辞，命辞或占辞或验辞尚完整的多一些，于是可以看出，有关于雨的记载共21条。但是，耐旱作物如黍以及不在水田中生长的作物如麦、菽等几乎没有求的卜辞。这反过来也表明，禾的生长对水的依赖性很大，如果没有足够的水，禾就长不好，甚至没有收成。所以卜辞中才有大量的为禾（年）求雨的卜辞。粟对雨水的要求与黍相当，《管子·地员》："五粟之土，在陵在山，在坟在衍，其阴其阳，尽宜。"《齐民要术》卷一谈种谷之法，也提到"山泽有异宜"。可见粟适宜在除水田之外的任何土地中生长。既不专为黍求雨，当然也就不会专为粟求雨，那么求雨便是为了稻了。所以禾一定指稻。我考虑这个错误的产生，原因就在于研究者没有从卜辞的实际出发去研究商代的农作物，轻信了前人的说法。

三、有关商代历史研究，周代传下来的文献并不完全可靠，应该多方参证

关于商史研究的材料，最可靠的就是甲骨文字和甲骨卜辞，其他材料都只能作为参考。汉字的造字历史虽然可以上推至8000年前①，但仍然有许多文字是依据商代的历史现实造的，许多甲骨文字的结构所反映的内容都可以作为研究商代历史的重要材料；甲骨卜辞是商代人写的，它当然是研究商代历史的最直接材料。《尚书》中的许多文章虽然可以确定为商代的作品，但都已经过周代人的改动。经改动过的文献当然只能作为参考资料，不能据以下结论。我可以举一个最明显的例子：

① 陆忠发《汉字起源的历史年代》，《寻根》1999年6期。

关于商代的“天”神,目前的意见极不一致。一种观点认为,商代根本就没有“天”神。如郭沫若、胡厚宣、陈梦家等先生都认为商代没有天神。郭沫若先生在《中国史稿》中说:“天”字在商代一般只用为“大”的同义字,没有神秘的含意,周人才把天奉为有意志的人格化的至上神。① 胡厚宣先生《甲骨学商史论丛·殷代之天神崇拜》一文说:卜辞虽亦有“天”字,但若“天邑商”“天戊”之“天”皆用为“大”,与“天帝”之“天”无关。陈梦家先生《殷虚卜辞综述·宗教》章也强调:卜辞的“天”没有作“上天”之义的。“天”之观念是周人提出来的。

而另外一些学者则依据《尚书》和《诗经》中的相关材料,得出了商代不但有“天”神,而且这“天”神还是至上神的结论。如刘文英先生据《诗·商颂》“天命玄鸟,降而生商”和《尚书》之《微子》、《西伯勘黎》等篇的材料,认为殷人的上帝崇拜和天命观念十分清楚,周人的天命观最初是与殷人相同的。② 詹石窗先生也认为“‘天’在殷商是很重要的概念”。③《尚书》和《诗经》已经周人改动,用以研究商代的历史,固不足据。我在前面有详细的考证,请参考。

四、使用甲骨卜辞和甲骨文材料以及甲骨卜辞和甲骨文研究资料应该慎重

在使用甲骨卜辞和甲骨文材料以及甲骨卜辞和甲骨文研究资料时还是有两个问题值得注意:

1. 关于怎样使用甲骨卜辞的问题

我以为应该对相关卜辞作全面的把握。就以本书第二章第五节关于众的身份问题的研究为例,过去一般认为众的身份是奴隶。④ 如果对关于众的卜辞作了全面分析,就不难发现众也任“史”之职。这最起码会促使我们进一步去考虑众到底是不是奴隶。但是,我们的研究人员

① 《中国史稿》273页,人民出版社1962年版。

② 刘文英《中国哲学史》28页,南开大学出版社2002年版。

③ 詹石窗《新编中国哲学史》18页,中国书店2002年版。

④ 参考王宇信、杨升南《甲骨学一百年》481页,社会科学文献出版社1999年版。

并没有这样去做。如果我们对关于“□”的卜辞做过全面分析，我相信也就不会有人说“□众”就是屠杀“众”了。[①]

2. 关于怎样使用已有的研究成果问题

我们可以毫不夸张地说，由于对甲骨文字如何表意的理论认识还不深入，也由于甲骨卜辞的搜罗还不全面，过去的商史研究成果有许多都是错的。我们利用已有的成果来研究新的问题，就必然存在着如何取舍的问题，或者说我们对已有的成果应该进行分析，确定其正确无误之后，才能作为证据使用。我还以关于众的身份问题的研究为例，“□”字，王国维解释为“刺杀”，只是合乎字形，施诸卜辞则无一例可通。这说明王国维的解释是错误的。但是，使用者并没有做这样的分析，没有确定其正确与否，拿过来就用，以证明卜辞中的“□众”就是屠杀“众”、“众”是奴隶。[②] 胡厚宣先生《商代的史为武官说》的观点明明已被《甲骨学一百年》的作者所接受[③]，那么，卜辞之中明明有以“众”为史的记载，这就表明“众”不可能是奴隶。然而，《甲骨学一百年》的作者在论述“众”为奴隶时又忘记了商代“以众为史”的事实。若不是没有对关于“众”的相关卜辞作全面的把握，那就是在寻求证据时没有对证据进行认真地分析，没有确定其正确与否，就用到文章中去了。卜辞又有“□众”，“□”字字义，于省吾先生一开始以为当读为屠杀之“屠”，但于先生后来又放弃此说，认为“□”读为屠杀之“屠”是不正确的。[④] 事实也证明“□”读为屠杀之“屠”确实是不正确的。我新的考证结论是：“□”为“会聚”之义。

□或作□，旧释途。此字从□、□，象亭子之形，从□代表行走的人，人往亭子方向行走。古者道边有亭，乃行人会聚休息之所，□、□正会“会聚”之义，字可径定为“聚”。

《合集》6033 反：“贞：翌庚辰王往聚首。”

---

① 王宇信、杨升南《甲骨学一百年》481 页，社会科学文献出版社 1999 年版。

② 王贵民《商代“众人”身份为奴隶说》，《中国史研究》1990 年 1 期。

③ 参考《甲骨学一百年》460 页。

④ 于省吾先生曾在《殷契骈枝》三编读途为屠杀之屠，但于先生后来著《甲骨文字释林》时又放弃此说，是于先生经过进一步考察，认为途读为屠杀之屠是不正确的。

聚首当是与诸侯国首脑会晤。

《合集》68："贞：王聚众人。"

谓王与民众聚会。

《合集》32773："庚子贞：王、[illegible]聚子妻。"

谓王、[illegible]与子妻聚会，大概是军队会合之事。

《合集》17055反："王曰惟老，惟人聚遘……兹卜惟其㐱。"

聚与遘连文，聚亦遘之义。

《合集》35902："……卜，大贞，王其聚[illegible]、牛其……用于我……"

[illegible]象一种头比较大的动物，此辞占问聚[illegible]、牛为牺牲祭祀之事。

《合集》6477反："翌乙酉王往聚。若。"

此辞从语法上确定"聚"是个具有动作性的动词。前引卜辞释为"聚合"、"聚会"之义皆可通，以字形之表意分析之，亦聚，则[illegible]、[illegible]当即今"聚"之古体。

当然，被放弃的说法不一定都是不正确的。但是，如果我们不加分析，拿来就用，其结果往往是错误的结论也拿来作为证据使用了。

以上几点，应该引起足够重视。

第四节　运用汉字研究中国历史文化的原理与方法

为什么可以利用汉字研究中国历史文化，怎样利用汉字研究中国历史文化，请参考拙著《汉字文化学》[①]，在这部著作中，我着重论述了造字与文化、用字与文化、释字与文化的关系以及汉字文化学研究的方法等问题。这里不再重复。这方面的著作还有不少，如何九盈先生《汉字文化学》、王玉鼎 先生《汉字文化学》等等，我也不一一详述。向光忠

① 吉林人民出版社2001年版，又2005年第二版。

先生《论汉字生成机理与汉字文化蕴涵》① 一文又将汉字文化研究引向深入，从理论上阐述了汉字文化研究，这是汉字与中国文化研究领域最重要的理论文章。请读者自己参阅，我也不再引述。

① 辑入向光忠主编《文字学论丛》第二辑，崇文书局 2004 年版。此文也以《论汉字文化蕴涵》为题，辑入《纪念王力先生百年诞辰学术论文集》，商务印书馆 2002 年版，有删节。

附　录

忠发按：关于汉字起源问题，由于现在的材料还不是很充分，我们还不能把它作为汉字学研究的一个领域提出来。但是，这个问题很重要，学者们的探求已经开展很长时间了，我们有必要了解其研究情况，以便找到今后研究的突破口。这个问题很复杂，我委托研究生邵碧瑛同志作了研究，现将其成果附录于此供朋友们参考。

研究生夏利亚同志在语言认知与古文字表达概念方法研究方面颇有心得，我让她作《语言认知与古文字表达概念之方法探究举例》，今亦附于书后，希望对读者有所启发。

两位研究生的文章只代表她们自己的观点，特作说明。

本书释古文字，多散见书中，从目录中难觅其出处，故附上索引供检索之用。

汉字起源问题

邵碧瑛

文字是文化的载体，是文明的重要标志，探求汉字起源对于探求中华文明的开端具有重要作用。自战国时期起，汉字起源问题就曾引起人们的关注，但由于受当时生产力发展和人们认识水平等多方面的限制，现在看来那些对于文字起源的思考和探索，多数只能归于远古的传说。20世纪50年代以来，随着原始遗址陶器刻符的陆续发现以及一些学者对发展较迟的少数民族原始记事方法的关注，汉字起源问题有了新的研究视角和契机。国学大师王国维先生曾倡导二重证据法，但就汉字起源问题而言，却碰到了文献不足征，地下出土材料又少得可怜的尴尬境地，以及由此而导致的考古文字学家对刻符定性不同，汉字起源问题至今还处于推测阶段，尚未达成统一意见。

《现代汉语词典》关于“起源”一词有两个解释：❶开始发生；❷事物发生的根源。[①] 具体到汉字的起源问题就是说汉字开始于什么时候，又是由什么发展而来的？本文讲汉字起源问题，主要围绕这两方面展开：第一节谈有关汉字起源的说法；第二节谈的是关于汉字起源的年代问题。

---

① 中国社会科学院语言研究所词典编辑室编《现代汉语词典》1001页，商务印书馆1996年第3版。

第一节 关于汉字起源的说法

一、文献流传的传统说法

早在战国时期，汉字起源问题就引起人们关注，二千多年来人们对汉字起源提出过许许多多不同的推测和遐想，比较有影响的有仓颉造字说、结绳说、八卦说，下面我们逐一分说。

1. 仓颉造字说

这种说法盛传于战国时代。传世文献中有这样的记载：

古好书者众矣，而仓颉独传者，一也。(《荀子·解蔽》)

古者仓颉之作书也，自环谓之厶，背厶谓之公。(《韩非子·五蠹》)

奚仲作车，苍颉作书，后稷作稼，皋陶作刑，昆吾作陶，夏鲧作城，此六人者所作当矣。(《吕氏春秋·君守》)

苍颉作书。(《世本》，转自孔颖达《尚书正义》)

黄帝之史仓颉见鸟兽蹏迒之迹，知分理之可相别异也，初造书契。(《说文解字·叙》)

然而，传世文献对于仓颉的确切年代及除此之外的其他事情至今没有发现任何记载。我们现在对仓颉的了解也仅限于片言只语，因而仅据此就认为汉字是由仓颉创造的，很难具有说服力。对此，我们的观点是仓颉造字只不过是一个年代久远的传说。理由如下：

首先，就发生学的角度，文字作为记录语言的符号，是一个相当复杂的系统，不可能在一时一地产生，更不能由一个人造出来。文字的产生在于随着社会的发展，人们交际交往的日益密切，而语言由于时空等方面的限制已经不能满足人们进一步交流的需要。所以，就文字产生的大前提来看，它不可能落实到由某个人去完成，而必定是部落群体中的人们共同完成的。如果硬要说仓颉和文字有什么关系，我们倒倾向于说仓颉是文字的整理者而不是创造者①。因为文字既然是人民群众为了交际和交流的需要共同创造的,它们在创造之初必然不成体系,或体众多,比较凌乱,需要整理和规范。而仓颉则是在整理和规范文字过程中贡献突出、发挥重大作用的代表性人物,后人为了纪念他,故以之命名。事实上,整理规范汉字也绝非一个人能完成的。鲁迅先生在其杂文《门外文谈》中曾说过:“但在社会里,仓颉也不止一个,有的在刀柄上刻一点图,有的在门户上画一些画,心心相印,口口相传,文字就多起来,史官一采集,便可以敷衍记事了。中国文字的由来,恐怕也逃不出这例子的。”尽管鲁迅先生说于文字产生的过程现在看来有些过于简单,但他所认为的文字不是由个别人创造,而是人民群众共同创造的观点还是可信的。

其次,对于仓颉其人是否真正存在,还是可以商榷的。早期社会的人们并不像文明社会的人一样有明确的私名,传说中的上古人物名称,大抵是后人根据某种特征另起的名字。其中很重要的一个起名因素是发明创造的功绩,例如“有巢氏”指发明造房屋的最早祖先,“燧人氏”指钻燧取火的发明者,“烈山氏”指最早发明烈山造田的民族,“神农氏”指最早开创农业的民族。詹鄞鑫先生于是据此推测,“仓颉”很可能是同样性质的名称,它是后人对创造文字的古代史官的一种追称。②我们认为这样的推测有一定道理。

再次,孔颖达在《尚书正义》中搜罗的其前众多关于仓颉其人其事的说法,也足以说明仓颉造字不过是一种传说而已。

其仓颉则说者不同,故《世本》云:“仓颉作书。”司马迁、班固、韦诞、宋忠、傅玄皆云:“仓颉,黄帝之史官也。”崔瑗、曹植、蔡邕、索靖皆直云:“古之王也。”徐整云:“在神农、黄帝之间。”谯周云:“在炎帝之世。”卫氏云:“当在庖牺、苍帝之世。”慎到云:“在庖牺之前。”张揖云:“仓颉为帝

---

① 当然,仓颉在整理规范汉字过程中,改革和创造某些汉字也完全有可能。(见赵诚《甲骨文字学纲要》18页,中华书局2005年版)

② 詹鄞鑫《汉字说略》43—44页,辽宁教育出版社1991年版。

王,生于禅通之纪。”……如揖此言,则仓颉在获麟前二十七万六千余年。是说仓颉,其年代莫能有定。

2. 结绳说

有关结绳的记载最早见于《易·系辞》、《庄子》等书。《易·系辞下》:“上古结绳而治,后世圣人易之以书契。”《庄子·胠箧篇》:“昔者容成氏、大庭氏、伯皇氏、中央氏、栗陆氏、骊畜氏、轩辕氏、赫胥氏、尊卢氏、祝融氏、伏羲氏、神农氏,当是时也,民结绳而用之。”后来,东汉许慎对此作了发挥,认为神农氏发明了结绳之法,而仓颉创造了书契之法,他在《说文解字·叙》中这样叙述:“及神农氏结绳为治而统其事,庶业其繁,饰伪萌生,黄帝之史仓颉见鸟兽蹏迒之迹,知分理之可相别异也,初造书契。”但是,将结绳当作汉字起源的说法,最早见于宋代郑樵《六书略·起一成文图》一文,认为一切文字由“一”起,变而为丨、丿、㇏、㇕、𠃊、乚、⅃、∧、∨、<、>、冂、凵、匚、コ等其他图形,再由这些图形,繁衍成为一切图形。刘师培在《小学发微》中则阐发了郑氏之说,认为绳形为结绳时代的文字。

事实上,结绳只不过是一种原始的记事方法,它与文字起源无涉。郑玄《周易注》曰:“结绳为约,事大,大结其绳;事小,小结其绳。”李鼎祚《周易集解》卷十五引《九家易》也说:“古者无文字。其有约誓之事,事大,大其绳,事小,小其绳。结之多少,随物众寡,各执以相考,亦足以相治也。”可见,古人“结绳”主要是为了帮助记忆。结绳记事这种方法在我国一些少数民族中都曾使用过,如广西的瑶族遇到双方说理,各用一绳,说出一个道理打一个结,谁的结多便能取胜;西藏的僜人邀集宴会,向亲友送绳,以绳上的结数表示宴会在几天后举行。① 但是,不管怎样,结绳只能起到辅助记忆的作用,它本身不可能独立而完整地记录事情,更不可能表示语言中的读音,这有悖于文字是记录语言的符号系统这一基本原理。

汉字起源于结绳这种观点,可能是因为某些字直接或间接地取形

---

① 李学勤《古文字学初阶》15页,中华书局1985年版。

于结绳。比较有代表性的是数字“十”和“十”的倍数，它们都像结绳的形象。在商周金文中，“十”写作 ⼁，“廿”写作 ⋃，“卅”写作 ⋓，“四十”写作 ⋓，像若干打结的绳。甲骨文则分别写作 丨、U、Ш、Ш，有绳无结，这可能是为了契刻的方便而省了笔。“世”字则间接取形于结绳，金文作 ⋓，篆文作世，是由“卅”略加变而成。《说文》也曰：“世，三十年为一世”，可见其取形于“卅”。但是，个别汉字采用结绳形象作为汉字和构字符号，充其量只能说明结绳记事法对汉字的产生有一定程度的影响，却不能得出汉字起源于结绳的结论。正如詹鄞鑫在《汉字说略》[①]一书中所说：“汉字既是以象形符号为基础的文字，从原则上说，它的字形可以任何事物的形象作为构字符号，结绳只不过是万事万物中的一种而已。”由此也可见将结绳作为汉字起源也不具备充分的说服力。

3. 八卦说

古书说八卦，最早见于《易·系辞传》：“古者庖牺氏之王天下也，仰则观象于天，俯则观法于地，观鸟兽之文，与地之宜，近取诸身，远取诸物，于是始作八卦，以通神明之德，以类万物之情。”很显然，八卦并非文字，也与文字无涉，只是用来通神明之德的一种东西。将八卦说成汉字的起源，不知始于何时，现在所能见的最早文献记载可能要数宋代郑樵的《六书略》。他在《论便从》中有言：“文字便从不便衡，坎、离、坤，衡卦也，以之为字则必从。故☵必从而后成水，☲必从而后成火，☷必从而后成巛。”

八卦不可能是汉字的起源，这是很多文字学家的共识，并举出了不少理由。如唐兰先生说，八卦中只有水字最容易使人相信汉字有可能来源于八卦，但即便如此，在六国文字中水旁也有作☵的，而商代则只作 ʃ，有时加点，但大都不加，照此则很难附会了。他认为八卦的起源，是巫者用算筹排列出来的方式象征事物，和文字无关。[②]这一点，与姜亮夫先生不谋而合，姜先生也认为“八卦只是卜卦用的长短两种筹箅，

① 詹鄞鑫《汉字说略》39—40 页，辽宁教育出版社 1991 年版。

② 唐兰《中国文字学》49—50 页，上海古籍出版社 2001 年版。

即—与- -之积数，与文字无涉”。[①] 与此同时，姜先生还认为八卦一名的使用当在春秋以后，因而批判“以八卦为汉字起源者，未免是历史观念不清”。[②] 赵诚先生根据地下出土材料，认为古代八卦不是由表示阴的符号- -和表示阳的符号—结合而成，而是由数字排列而成。古八卦既是由数字组成的，当然只能产生在数字之后，因而也无法推出汉字来源于古八卦。且从符号学的角度看，汉字和上古八卦并不是同一的符号。[③]

二、现代学者的观点

随着科技的进步，认识的深入，考古事业的蓬勃发展，特别是上世纪50年代以来，有关汉字起源的原始刻符相继出土，对汉字起源问题的探讨和研究又掀起了一股新的高潮。但是，由于历史久远，地下出土的材料又十分贫乏，加之考古出土具有很大的偶然性，尽管对于汉字起源问题研究得越来越深入，但出现的问题也不少，分歧也很多。尤其是因为对原始刻符是否是汉字的不同定性，汉字起源出现了一元说和多元说的对立。一元说中有主张汉字起源于图画的，也有主张汉字起源于记号的。多元说中主要是两元论，但也有提出三元论的。

1. 一元说

(1)图画说

持这种观点的人很多，其代表人物是梁东汉、李孝定。梁东汉先生在其《汉字的结构及其流变》一书中认为“图画是文字的唯一源泉，余者皆非”。李孝定先生虽然没有明确表述汉字源于图画，但他十余年间在多篇文章中都强调汉字起源的一元(单元)性，可谓是汉字一元说的坚定论者。其所谓的一元性，是建立在对西安半坡陶文、河南偃师二里头

---

① 姜亮夫《古文字学》3—4页，云南人民出版社1999年版。

② 姜亮夫《古文字学》4页。

③ 赵诚《甲骨文字学纲要》20—23页，中华书局2005年版。

陶文等多种史前和有史早期陶文与甲骨文的对照研究上的①，其实说的就是文字起源于图画，这在他反对杨建芳的汉字起源于指事和图画两个系统，特别是反对其中郭沫若先生的汉字起源于指事文字的说法中尤为可见。②

持此观点的还有姜亮夫先生。他在《古文字学》一书中提出了“绘画是文字的先驱”这样的观点③，还专门为此写了一个章节。但是，其论证比较简单，或者说不够充分。其主要论据就是安特生《甘肃考古纪》所载辛店时期的四个彩陶花纹，姜先生认为它们“画”得多，“写”得少，因而是图画而不是象形文字，但是它们与后代的甲骨文、金文又一脉相承，故而“这种比画简单，比文字繁的东西，应是象形文字的先驱，也是无疑问的。”④似乎，只要通过外形的复杂与否就能区分图画和文字的标准纯粹是看符号外形的复杂与否，这显然是不科学也不可靠的，而其原因在于没有抓住问题的实质——是否记录语言。

（2）契刻说（记号说、指事说）

持此说法的人不多，笔者目前仅见海萌辉一家。他认为汉字起源只有一源，那就是指事，即契刻。他说：“新石器时期普遍存在着的刻划符号，是我国古代脱离了‘结绳记事’之后，使用的最早的文字。”“这一时期文字的形式特点是以‘指事’字为主。它是汉字发展史中最初的阶段。”“对于‘指事’和‘象形’的区别，段玉裁解释为：象形只象‘一物’，指事则包括‘众物’。……它符合文字产生的早期阶段的特点。在原始社会由于生产的不发达，人们用文字表达客观事物的能力还比较低，不可能将每一个事物和每一件事情，都用一个特定的符号来表示，而只能用有限的符号，来泛指生活中某一类事物和某一些事情。这也就是‘指

---

① 李孝定《从几种史前和有史早期陶文的观察蠡测中国文字的起源》、《再论史前陶文和汉字起源问题》，《汉字的起源与演变论丛》，联经出版事业公司 1987 年，71 页，225—226 页。案：前文原载于《南洋大学学报》1969 年 3 期，后文原载于《史语集刊》第 50 本第 3 分，1979 年。

② 李孝定《汉字起源的一元说和二元说》，见《汉字的起源与演变论丛》。

③ 姜亮夫《古文字学》第 6 页，云南人民出版社 1999 年版。

④ 姜亮夫《古文字学》7 页。

事’字所以产生的很早的一个原因。”而从刻划到象形，是“一脉相承”，“循序发展”的。①

但就记号说的萌芽而言，时间很早，可以追溯到20世纪30年代，当时首先由刘大白先生提出。不过，刘先生是从记号简单、图画相对繁杂，事物总是由简到繁这样发展的角度说的。刘先生说：“至于图画，是比较繁复分明的工作，比用结绳的方法作简单浑括的记号难得多；要等到发明了刻画记号的方法以后，更进一步，才能发明图画的方法。先有记号，后有图画，正与从简单到繁复，从浑沦到分明的进化通则相合。所以我们可以知道，文字是发生于记号和图画二源的，而记号一源，更早于图画。换句话说，也可以说图画是由记号演进的。”②刘先生的这种说法，貌似合理，事实上是将人类学画和造字两个不同时期的不同事件混同起来了。

2. 二元说

主张这种观点的人认为汉字的发展不是单一的、直线形的，而是有两个源头。代表人物有郭沫若、赵诚、杨建芳、唐兰等人。同是主张汉字有两个源头，他们中有的主张汉字起源于象形和指事两个系统，有的认为汉字起源于图画和记号，还有的则认为汉字起源于书契，不仅名称表述上不一致，在具体内涵上也有所区别。

半坡陶符的发现引起了考古学界和语言学界广泛的注视。1972年，郭沫若先生根据西安半坡陶文的材料，发表了《古代文字之辩证的发展》③，提出了著名的汉字起源二源说，最早明确主张汉字起源于两个系统。他不仅认为汉字起源于象形和指事两个系统，而且认为两个系统在时间上有先有后。郭先生说：“随意刻划必先于图形。”“指事先于象形也就是随意刻划先于图画”“根据种种地下资料，现存民俗和文

---

① 海萌辉《从新石器时代的刻划符号谈“指事”在“六书”中的次第》，《郑州大学学报》1983年第2期。

② 刘大白《文字学概论》16、17页，开明书店1933年版，转引自喻遂生《文字起源二元说质疑》，《达县师专学报》1994年第1期。

③ 郭沫若《古代文字之辩证的发展》，《考古》1972年第3期。

献记载等参证起来看，中国文字的起源应当归纳为指事与象形两个系统，指事系统应当发生于象形系统之前。”也正因为此，在六书先后次第上，郭先生认为《说文解字叙》中的排序较之《汉书·艺文志》正确。

赵诚先生则主张汉字起源于记号和图画，而且两者并重，没有主次、先后之分。他说光讲汉字起源于图画或记号都是各执一偏，“从现存最早的成系统的汉字——甲骨文来看，既有记号，也有图画。由此往前探索，完全可以认为，汉字形体当主要由记号和图画发展而来，或者是由图画和记号发展而来的。”①

唐兰先生在《中国文字学》中指出“最初的文字，是书契，书是由图画来的，契是由记号来的。可是，单有记号，单有图画，都还不是文字，文字的发生，要在有了统一的语言以后。”② 可见，唐先生在主张汉字有两个源头的同时，更强调文字是在语言的基础上产生，单纯的刻划并非文字。

杨建芳先生也认为汉字起源存在两个系统，但两个系统一开始是彼此独立的，后来因为文化间交流和影响，两个系统有融合也有消亡。他说：“在古代黄河流域，实际存在两种不同的文字系统。一种是指事文字或刻划文字，另一种是图画文字或意符文字。两种文字出现都相当早，而且流行于不同的地区。大约在龙山文化时期，由于文化的互相影响，指事文字传播到山东一带，而图画文字则输入中原地区。到了商代早期及中期，图画文字系统融合一部分指事文字，形成商周流行的文字，也就是早期的汉字。原来盛行于中原地区的指事文字逐渐消失，但在甘、青地区却仍然较长期被利用。” ③ 我们认为杨氏的这种说法是经不起进一步推敲的。因为文字是为了适应语言和交际的需要而产生的，不同地区、不同文化间的需要应该是有共性的，不可能说在某一时期

---

① 赵诚《甲骨文字学纲要》26 页。

② 唐兰《中国文字学》55 页，上海古籍出版社 2001 年版。按：不过，唐先生三十年代的《古文字学导论》中持的是“文字的起源是图画”的观点。

③ 杨建芳《汉字起源二元说》，香港大学《中国语文研究》1981 年 10 月第 3 期。转引自李孝定《汉字的起源与演变论丛》260 页。

齐鲁大地只有对图形文字的需要，不需要数字概念，而中原地区则有对指事文字的需要，不需要图形文字。如果真的要这样说，六书中的其他四书又是在什么文化上产生的呢？不同地区、不同文化之间的相互影响，是可以促进文字之间的相互传播和演化，但不能因之忽视同一文化自身需要对文字产生所起的强大促进作用。此外，杨氏之说虽然尊重了目前考古发现的事实，却很难解释中原地区的指事文字逐渐消失，而甘、青地区长期使用的现象；也很难保证地下材料不断出土对这种解释的冲击，因为现在出土的材料是很有限的，而且考古出土还具有很大的偶然性。

詹鄞鑫的观点与杨建芳有类似之处。他在《汉字说略》一书中说："华夏民族是中原地区各民族互相融合的产物，因此，华夏文化的来源是多元的，汉字的来源也可能是多元的。"① "以商代文字为标志的大体成熟的汉字，其来源应该是多元的。其中以指事为特征的数字，也许来源于关中地区仰韶文化的原始记事符号；而其中以象形会意为特征的汉字主体部分，可能在商民族祖先的少皞氏时代就已经以族徽的形式大量出现了。在华夏族形成的过程中，随着东西方民族的融合，民族文化也互相融合，并由此形成早期的汉字。"② 据此看来，汉字早期发展的主要原因在于各民族融合，而不是汉字为适应汉语和交际的需要。

3. 三元说

认为汉字起源于三种记事方法，此说以汪宁生为代表。他在《从原始记事到文字发明》一文中指出："文字是由三类记事方法引导出来的，而不是仅仅起源于图画。" ③ 他所说的三类记事方法指的是对象记事、符号记事和图画记事。这种观点实际上说的是记事对文字产生过重大影响，或许是为了跟主流的文字起源说法接轨，下面又细分出图画、符号、对象三类记事方法。且不说汉字的产生不局限于记事的需要，而且

---

① 詹鄞鑫《汉字说略》47 页，辽宁教育出版社 1991 年版。

② 詹鄞鑫《汉字说略》50 页。

③ 汪宁生《从原始记事到文字发明》，《考古学报》1981 年 1 期。

将对象、符号、图画三者并列有些不伦不类。也正因为此，此说的赞同者很少。

总而言之，一元说和二元说是目前诸多汉字起源说法中的主流。两者的对立，归根结底就是刻符（记号）是否应归于文字；如果刻符是文字，那么其中的图画和记号有主次、先后之分呢，还是并重的。一元说中主张汉字起源于图画是主流，汉字起源于契刻是支流。二元说由于涉及文字、图画、记号三者如何区分的问题，目前又面临材料缺乏，存在不少分歧。

三、分歧背后的原因探讨

各家各派对于汉字起源的说法之所以会有如此重大的分歧，我们认为问题的关键在于对原始刻符的不同定性，而之所以会有不同看法，主要是因为目前考古出土材料的相对贫乏，文字学家、考古学家对于刻符与文字或不加区分，或各持己见，因此即使是面对同一材料，各家观点也未必一致。考古发现的原始陶器刻符很多，其中较为重要的有西安半坡刻符、临潼姜寨刻符、大汶口刻符、城子崖刻符、半山马厂刻符、乐都柳湾刻符、偃师二里头刻符以及属于殷商早期的郑州南开外刻符、藁城台西村刻符、江西清江吴城刻符等。① 自 1978 年裘锡圭先生首先根据刻符的外形特征、对汉字形成的不同影响，将跟汉字有关的考古资料作了两大分类后②，后人谈及汉字起源和形成问题，基本都沿用这种思想。前一类陶符以仰韶文化为代表，后一类陶符以大汶口文化为代

---

① 详见李孝定《从几种史前和有史早期陶文的观察蠡测中国文字的起源》、《再论史前陶文和汉字起源问题》,《汉字的起源与演变论丛》,44—57 页，192—224 页。按：由于对于陶器上的符号性质未定，保险起见，本文称之“刻符”而不用“陶文”。

② “一种是原始社会晚期的仰韶、马家窑、龙山和良渚等文化的记号，一种是原始社会晚期的大汶口文化的象形符号”（裘锡圭《汉字形成问题的初步探索》,《中国语文》1978 年第 3 期）。按：在 1989 年《文字的起源和演变》（阴法鲁、许树安主编《中国古代文化史》第四章，北京大学出版社 1989 年版，127 页）章节中，裘先生根据外形上的特点，又对这些符号作了新的区分：一类是象实物之形的，一类是几何形符号（包括非几何形但也不像是象实物之形的符号），前者称乙类，后者称甲类。下文叙述也沿用此说。

表。下面我们分别以西安半坡仰韶文化刻符和莒县陵阳河大汶口文化刻符为例,分述各家对刻符性质的不同看法。

1954 年，在陕西西安半坡村的仰韶文化遗址中出土了一批彩陶和黑陶,在上面发现零零星星地刻有若干符号,但对这种陶符的性质大家看法并不一致。有些学者认为它们是文字。如郭沫若先生曾讨论过半坡的刻划符号，他认为:“刻划的意义至今虽尚未阐明，但无疑是具有文字性质的符号,如花押或者族徽之类。我国后来的器物上,无论是陶器、铜器或者其他成品,有‘物勒工名’的传统。特别是殷代的青铜器上有一些表示族徽的刻划文字,和这些符号极相类似。由后以例前,也就如由黄河下游以溯源于星宿海,彩陶上的那些刻划记号,可以肯定地说就是中国文字的起源，或者中国原始文字的孑遗。”① 李孝定先生认为它们是“中国早期较原始的文字”②,主要根据是这些刻符中的“纪数字”与后世的甲骨文在写法上完全一致。而且，这些“纪数字”不仅在半坡遗址中出现，而且为其他遗址所共有，出现次数的百分比也很高，如山东城子崖、河南偃师二里头、小屯殷虚等遗址中都存在。③ 于省吾先生不仅认为它们是“文字起源阶段所产生的一些简单文字”，而且还直接将之与商周古文字相联系,如释 × 为五，+ 为七,T为示,个为矛,屮为艹,阜为阜等等。④ 王志俊先生认为它们包含了数字刻符和象形文字刻符两类,“已属简单的文字”,并释巾为巾,豕为豕,爪为爪,市 为市（韍),羊为羊等。⑤ 有些学者则认为它们还不是文字，如发掘者根据多种类同的符号往往在同一窖穴或同一地区发现，且在其他仰韶文化遗址中也发现作风与作法完全相同的符号这一现象，认为它们“可能是代表器物

---

① 郭沫若《古代文字之辩证的发展》,《考古》1972 年第 3 期。

② 李孝定《从几种史前和有史早期陶文的观察蠡测中国文字的起源》,《汉字的起源与演变论丛》69 页。

③ 李孝定《汉字的起源与演变论丛》64—69 页。

④ 于省吾《关于古文字研究的若干问题》,《文物》32 页，1973 年第 2 期。

⑤ 王志俊《关中地区仰韶文化刻画符号综述》,《考古与文物》1980 年 3 期。

所有者或器物制造者的专门符号”。[①] 汪宁生先生认为这些符号“对后世文字的发明有一定的影响，但本身决不是文字”，“它不过是为标明个人所有权或制作时的某些需要而随意刻画的”。[②] 裘锡圭先生认为，“这种符号所表示的决不会是一种完整的文字体系”[③]，而且连原始文字的可能性也非常小。因为“我们丝毫没有掌握它们已经用来记录语言的证据。从民族学的角度看，也难以相信原始社会时期使用的几何形符号会具有真正的文字的性质”。[④] 裘先生还反对把这种刻符的形体与商周古文字相比附。[⑤] 李学勤先生也认为“凡对简单的几何线条符号用后世的文字去比附，总是有些危险的，不能得到令人信服的结论”。[⑥]

1959 年，考古工作者在山东莒县陵阳河等地发现一些属于大汶口文化晚期的陶尊，陶尊上刻有刻符。关于这些陶器刻符的性质，同样存在不同的看法。多数学者认为它们是文字，有些学者还对它们作了考释。如台湾学者许进雄在他的《中国古代社会——文字与人类学的透视》（台湾商务印书馆 1988 年版）一书中，认为大汶口文化遗址出土的象形符号是汉字的雏形。他说：“以大汶口陶文为汉字的雏形，甲骨文的前驱，要较之以西安半坡仰韶文化一类的纯记号刻画为中国文字之始，是较平实而可靠得多。”[⑦] 唐兰、于省吾、李学勤等学者都认为它们是早期汉字，还对它们作了分别考释，但结果不完全相同。[⑧] 持类似

---

① 转引自李孝定《从几种史前和有史早期陶文的观察蠡测中国文字的起源》，《汉字的起源与演变论丛》，联经出版事业公司 1987 年版。

② 汪宁生《从原始记事到文字发明》，《考古学报》1981 年 1 期。

③ 裘锡圭《文字学概要》23 页，商务印书馆 1988 年版。

④ 裘锡圭《文字学概要》23 页。

⑤ 裘锡圭《文字学概要》23 页。

⑥ 李学勤《古文字学初阶》18 页。

⑦ 转引自刘德增《关于中国原始符号与中国文字起源的论争》，《齐鲁艺苑》2001 年第 1 期。

⑧ 唐兰《关于江西吴城文化遗址与文字的初步探索》，《文物》1975 年第 7 期；于省吾《关于古文字研究的若干问题》，《文物》1973 年 2 期；李学勤《古文字初阶》20 页。

观点的，还有高明、詹鄞鑫等人。[①] 当然也有人不认为它们是文字，甚至不是原始文字。如裘锡圭先生对这种陶符的性质随着研究的深入，观点有所调整和转变。他在 1978 年的《汉字形成问题的初步探讨》[②] 中认为"大汶口文化象形符号应该已经不是非文字的图形，而是原始文字了"，并认为它们和古汉字之间"似乎存在一脉相承的关系"。而在 1989 年的《文字的起源和演变》[③] 一章节中，他将象形符号从"原始文字"定位为"我国已发现的最像古代象形文字的一种符号"，"无疑可以看作原始文字的先驱"。而到了 1993 年，裘先生则认为那些象形符号"很可能都不是文字"。[④]

为什么面对同一材料，有的人认为是符号，有的人则认为是文字？到底应该如何区分符号与文字呢？是否有一定的标准呢？

将陶符认为文字的人，多数是从外形上的比附得出结论的。但光从外形的相似是不具说服力的，特别是那些简单的刻符，总共就几画，重复的概率相当高。如果简单地与商周甲金文字相比附，就会发现它们外形酷似，但它们所代表的意义可能根本不一样，如纳西东巴文中用"×"表示十，用"十"表示百。[⑤] 汪宁生先生也曾举过类似的民俗学的例子：云南红河哈尼族由于不会使用文字，在订立买卖契约的时候，用 ⋇、×、|、· 四种符号分别代表一百元、五十元、十元和一元，要表示五元就点五个点。[⑥] 可见，不同的符号在不同的民族，不同的时代尽管形貌相似，但代表的意义未必相同，其意义是由使用这些符号的社群约定俗成，硬性规定的。简单比附不仅不能说明问题，相反还会出现很多

① 高明《论陶符兼谈汉字的起源》，《北京大学学报》1984 年第 6 期；詹鄞鑫《汉字说略》第 1 章《汉字的起源》，辽宁教育出版社 1991 年版。

② 《中国语文》1978 年 3 期。

③ 见殷法鲁、许树安主编《中国古代文化史》第一册第四章，北京大学出版社 1989 年版，135 页。

④ 裘锡圭《究竟是不是文字——谈谈我国新石器时代使用的符号》，《文物天地》1993 年第 2 期。

⑤ 见周有光《世界文字发展史》，上海教育出版社 1997 年版，49 页图表 3—02 东巴文中的指事字举例。

⑥ 汪宁生《从原始记事到文字发明》，《考古学报》1981 年第 1 期。

新的问题，甚至会闹出笑话。因为甲骨文、金文中很多字是有正体和简体之分的，这种简单比附，往往用的是甲骨、金文中的简体而不是正体。由正体到简体是要经过一段比较长的时间的。在早于商代三千多年的仰韶文化，当时尚处母系氏族社会，若真产生了文字的话，亦必处于初级阶段，而不可能产生简体。如有人将“[illegible]”、“[illegible]”、“[illegible]”、“[illegible]”等符号释为“阜”，这是不可靠的，因为“阜”在商周的正体尚作[illegible]。[①]

也有人尝试着提出了几条区分符号和文字的标准，但可操作性都不强。如唐兰先生曾用是否与语言结合来区分，他说：“文字不同于图画，也不同于记号，记号是代表某种思想或帮助记忆的，但它们都没有跟语言结合，所以不是文字。”[②] 他还用能否用声音读出来来区分文字与图画，他说：“文字本于图画，最初的文字是可以读出来的图画，但图画却不一定能读。”[③] 由于年代久远，声音稍纵即逝，是否记录语言，能否用声音读出来，现在都是不可能辨别与鉴定的。

高明先生在《论陶符兼谈汉字的起源》一文中将陶器上的刻划符号分作陶符和陶文两类，提出陶符不是汉字的若干理由：①文字必须在一定的社会经济条件下才能诞生，新石器时代母系氏族内部不能产生文字；②文字与语言结合并表达语言，陶符不能表达语言；③文字随着语言不断发展，陶符孤立存在停滞不前；④陶符与文字是两种不同的事物，各有不同的用途，并认为大汶口文化陶器上的刻符是文字。但遗憾的是他也仍旧未给出区分陶符和汉字的具体标准。

赵诚先生也提出过确定一个符号是一般性质的符号还是汉字的两个标准：一是有否系统性，二是是否和语音相联系，而两者之间更为关键的是体系性。[④] 有否系统性较之是否与语音相联系，具有可操作性，但系统性是要建立在考古出土材料比较丰富的情况下的，资料贫乏，其总结出来的系统性也不可靠。

---

① 高明《论陶符兼谈汉字的起源》，《北京大学学报》1984年第6期。

② 唐兰《关于江西吴城文化遗址与文字的初步探索》，《文物》1975年7期。

③ 唐兰《中国文字学》55页，上海古籍出版社2001年版。

④ 赵诚《甲骨文字学纲要》29—30页，中华书局2005年版。

也有人试图跳出传统的语言、文字的关系去研究文字起源。如黄亚平先生认为汉字起源、形成研究用纯文字学的理论是不够的，“不能只用建立在音义文字研究基础之上的普通语言学理论，而不顾汉字的实际”，还需要用人类学的眼光。他猜测汉字一开始“压根儿就不是记录语言的符号，而是与语言、音乐、舞蹈、绘画等原始艺术平行的符号体系之一。文字既然不是记录语言的符号，也就没有整合音义的功能，一个字就像一幅图画，意义是由欣赏他的人们赋予的。起初，对意义的理解也许会有多种，但我们不用担心多样的理解会导致意义的漫衍无边，因为大脑的认知结构会自然修正他的偏离。直到有一天，该符号被某些团体或部落持续赋予相对固定的含义，他于是便成了图画性的文字。因为是图画性的，所以常常被当做崇拜的对象，有着图腾记号一般的功能；又由于有约定俗成的意义，所以包含文字符号的性质，存在变为纯文字符号的可能性”。① 此说虽然听来合理，但毕竟目前只是一种猜测。大胆猜测可以，但与此同时少不得小心求证。当然，黄先生引进其他学科的知识来研究汉字起源的思路是可取的，可为我们以后继续研究提供借鉴。

看来，真的要区分是很难的，也难怪乎仁者见仁，智者见智，众说纷纭。李济先生曾说过：“文字与符号，完全从客观的条件说，是不容易分别的一件事；很多彩陶的文饰，所常用的花纹与图案，也许是有意义的，既有意义，也许就是一种符号。但要证实这些推论，现在尚没有充分的材料。”② 王辉在其《汉字的起源及其演变》一书中则较为详细地论述了刻划符号与文字的复杂关系，他说：“一方面，这些符号在每件陶器上大多只出现一种，没有成为词语，更没有形成一句话，既然没有语言环境，就没有充分证据证明它们具备文字的特征与功能。而且，在汉字已高度发展的西周、春秋时代，这类符号仍同时存在，这就证明其中的很大一部分只是一种符号，而不是严格意义上的文字。但另一方面，

---

① 黄亚平《汉字的性质及其有关汉字形成的假说》，《汉字文化》2000 年第 1 期。

② 李济《中国考古报告集之二·殷虚器物甲编·陶器》上辑 123—128 页《符号与文字》章，转引自李孝定《汉字的起源与演变论丛》56 页。

这些刻划符号中的一部分在不同地域、不同时代的陶器上反复出现，又决不是偶然的事，它们可能已经比较固定地用来表示某种意义了。正因为此，有的学者认为，这些符号是汉字的萌芽，是其来源之一。”①

考古材料的缺乏，就目前来看，要将文字起源解释清楚是有困难的。如果如李孝定先生一样假设大胆些，②那么刻符就是文字；如果象裘先生那样保守些，以是否记录语言为衡量标准，那么即使是大汶口文化晚期象形程度很高的刻符也只能是“最象古代象形文字的一种符号”。③ 我们期待着越来越多的有力的地下材料的出土，来验证我们的假设和推进我们对汉字起源的研究。此外，汉字起源研究，不能仅仅局限于文字学领域，还需要用人类学、艺术学、文化史等其他学科和领域的知识来开阔我们的视野。

第二节　汉字起源的年代

汉字起源年代是和汉字起源说法密切相关的一个问题，不同的汉字起源说法就有不同的起源年代。由前一节的内容可知，汉字起源之说众说纷纭，莫衷一是，接下来讲的汉字起源年代问题也存在类似的情况。

传统文献流传的汉字起源说法，由于多为片言只语，缺乏可靠的文献记载，其年代多不可考，也不可信，在此不加展开。现代学者探求汉

① 王辉《汉字的起源及其演变》5—6页，陕西人民出版社1999年版。

② 李孝定先生从甲骨文、金文材料因受记载内容、书写材料、客观保存条件等的局限性出发，认为陶文数量之少，“除了因为文字萌芽时期，文字数量本就很少之外，也受了铭刻习惯和内容的局限，我们目前所能见到的古文地下资料，只能让我们说，彼时已有此字，却不能说，彼时必无此字，这点认识，对远古陶文的讨论，尤为重要。研究考古的人，因为资料太少，假如不利用合理的推测，许多问题，是无从讨论的。”《汉字起源的一元说和二元说》，见《汉字的起源与演变论丛》247页。

③ 阴法鲁、许树安主编《中国古代文化史》第一分册135页，北京大学出版社1991年版。

字起源年代，多数立足于考古文物资料，但是由于对这些资料的不同定性以及对于汉字起源在阶段上的不同认识，对汉字起源的年代也各不相同。

一、各种起源年代说法

1. 三千多年说

持此观点的人认为20世纪初期发现的殷墟甲骨文是中国最早的文字，这是上世纪80年代影响最大的一种关于汉字起源年代的说法。①甲骨文年代最早的不超过公元前1300年左右，距今也就3300多年。持此说的学者强调文字是记录语言的符号系统，注重文献记载和文物出土的双重印证，几乎不含假设和猜想的成分，固而这样起源年代说法是最保守的。

么些文与甲骨文对照图
（《中国现代学术经典·董作宾卷》586页）

诚如李孝定先生所言，“说甲骨文是现在所能看到的最早的中国文字，这句话大致是正确的，但严格的讲，仍须加以修正”，甲骨文应当是“现在所能看到的最早而且最成熟的中国文字”。②关于这一点，现在学者几乎达成共识。如李学勤先生从字数的

① 李学勤《古文字初阶》16页，中华书局1985年版。

② 李孝定《从几种史前和有史早期陶文的观察蠡测中国文字的起源》，《汉字的起源与演变论丛》43页。

角度出发，认为“甲骨文决不是中国最早的文字”。[①] 他说，尽管对于甲骨文发现了多少不同的字，目前尚难精确统计，暂以现有的甲骨文字典来估计，已发现的字数超过五千。而这五千数的统计，又是相当保守的。[②] 东汉许慎的《说文解字》所收字数 9353 个，今天我们常见的汉字也不过六千左右。可见，当时甲骨文发展已相当完备。有人则从词类系统的角度，认为“甲骨文已经不是初期阶段的文字”[③]。的确，就目前所能见的甲骨卜辞而言，甲骨文的词类系统已相当丰富，不但有表示事物名称的名词，也有表示动作、状态的动词、形容词；此外还有数量众多的虚词，如连词、副词、介词、组词等等。而这些，也绝非文字在初期发展阶段所能具备的。图画起源于文字，但从图画到文字的过程不是一蹴而就的，它有一个相当漫长的过程。董作宾先生则从现存其他文字从图画到文字演进速度之慢来说明甲骨文是相当完备的文字体系。他说，么些文是现居住在云南丽江一带自称“拿喜”的么些民族所使用的一种象形文字，它产生于唐宋时期，到明代已普遍使用，但是经历千余年的历史后，至今还停滞在图画阶段[④]，未能演进成为符号，成为文字，足证从原始绘画发展到甲骨文所经历的时间之漫长和久远。我们现在所见的么些文字中虎、豹、鹿、象、牛、羊、马、犬、豕等兽类字，还描绘细致生动，四足完全绘出；而甲骨文则相对简单多了，它只有大致的轮廓和特征部位的描写，而且兽足都简化为二（见图）。不仅如此，在书写方式上，除鹿字直立，牛、羊正面外，甲骨文为适合当时的书写习惯皆作侧书。这一点的意义尤为重大，因为它这就充分表明所写的是文字符号，而不

① 李学勤《古文字学初阶》16 页，中华书局 1985 年版。

② “必须注意到，我们现在能见的甲骨，不过是当时全部甲骨的一小部分，还有许多迄今埋藏地下，没被挖掘出来，另外一定又有许多当时已毁弃了。即使能看到全部甲骨，由于甲骨本身的性质限制，当时使用的文字也不会统统在甲骨上出现。所以，商代晚期文字的字数肯定大大超过五千之数。”见《古文字初阶》16 页。

③ 王辉《汉字的起源及其演变》1 页，陕西人民出版社 1999 年版。

④ 与甲骨文相比，具体表现在两方面：一则图画描写得相当细致，栩栩如生，大到整体形象，小到细部特征（包括面部特征、身上斑纹等）；二则图画都是横着的。可见，要发展到如甲骨文一样书写简洁，又能照顾到当时书写习惯的文字符号，还有很漫长的路要走。

再是图画，因而不管是横写侧写，其所代表的语言并没有变。[①]

2. 四千—五千年说

持此观点的学者，所运用的证据可验证性较强，换句话说也就是猜测的成分少些。例如唐兰先生，他从文字本身的发生、我国有史时期的记载历史及历法的发明等方面，略往上推测，认为“无论从那一方面看，文字的发生，总远在夏以前。至少在四五千年前，我们的文字已经很发展了”[②]。从文字本身的发展来说，现在能得到的大批材料虽然只有商代文字，但是卜辞里已经有大批形声字出现，“形声文字的产生总在图画文字的后面”[③]。若把形声文字以后的文字，称为近古期，未有形声，只有图画文字的时期，称为远古期。那么，商代文字，只是近古期，离文字出发时，已经很遥远了。“从历史来说，历史是文字很发展以后才能产生的。中国的上古史，目前虽已没有完整的记载遗留下来，但是我们如果说距今四千年前已是有史时期，并不是过分的。卜辞里所记先公先王，一部分是在夏时；《古本竹书纪年》、《世本》、《史记》对夏、商两代的世系、年数和史事，都有过详细的记载；春秋时铜器铭辞记载禹的功绩，孔子称述尧、舜、禹；许多虞、夏的文化，在春秋以后还保存着；这种种都可证明夏代已经是有史时期。同样，我们可以说夏时代，文字一定已很发展。再从历法的发明来说：我们知道商朝盘庚以后，用的是太阴历，有大小月，也有闰月，有六十甲子记日和记旬的方法，这已是一套很完整的历法了。历法当然不是短期里就能发展到这样的。”[④]

裘锡圭先生虽不认为大汶口文化乙类符号为原始文字，但对原始汉字曾生过某种影响，“无疑可以看作原始文字的先驱”[⑤]，尽管对于汉

---

① 参见董作宾《从么些文字看甲骨文》，《中国现代学术经典·董作宾卷》581—585页，河北教育出版社1996年版。

② 唐兰《中国文字学》55—58页，上海古籍出版社2001年版。

③ 唐兰《中国文字学》56页。

④ 唐兰《中国文字学》57—58页。

⑤ 阴法鲁、许树安主编《中国古代文化史》第一册135页，北京大学出版社1991年版。

字如何形成的过程现在还不甚清楚，但据此可推知“汉字形成过程开始的时间可能在公元前第三千年中期”①，即距今4500年左右。此外，裘先生还从商代文字在整个文字发展中所处的阶段——比较成熟又还有些原始，认为汉字发展距今4500年左右是比较客观的。

詹鄞鑫先生从原始陶器刻符以及文化的溯源推测汉字的产生大约在4000年前的少暤时代，又据文献谱牒的产生推定汉字在4000年前的夏初已经用于记载历史。因此，他认为“大约在夏王朝建立的时代，也即四千年前左右，汉字的体系已开始初具规模了”。② 董琨先生据《尚书·多士》“惟殷先人有册有典”也作过一保守推测，认为汉字形成于夏代中期，距今大约4000年左右。③

此外，认为山东莒县陵阳河遗址出土的刻符是汉字，而仰韶文化遗址不是文字的学者，多数持这一观点。高明说“陶器上刻写的文字，据现有资料看，初见于大汶口晚期，成熟于商代中晚期，经过两周和秦汉等各个时期的发展变化，一直使用到今天”。许进雄也持类似观点，详见第一节。

值得注意的是，唐兰先生、裘锡圭先生所使用的材料、证据不一，但得出的结果却基本一致，而且他们在方法上还有一个共同的地方，那就是他们都是从已知最早的成系统的汉字往上推的，这样推出来的结论应该是比较科学，也比较接近实际的。目前，之所以对于汉字起源年代有众多不同说法，而且年代越来越久远，主要在于有些学者只根据陶符与汉字在外形上的相似，采用自上往下的方法推算年代，期间因材料不足而产生的诸多漏洞，则以大胆假设来弥补。

3. 六千多年说

认为西安半坡陶符是文字的学者④，多数持此观点。如郭沫若先生

---

① 阴法鲁、许树安主编《中国古代文化史》第一册145页，北京大学出版社1991年版。

② 詹鄞鑫《汉字说略》51页，辽宁教育出版社1991年版。。

③ 董琨《中国汉字源流》14页，商务印书馆1998年版。

④ 详见第一节第三部分。

认为彩陶上的那些刻划记号是“中国文字的起源，或者中国原始文字的孑遗”，并据碳 14 测得的数据认为汉字发展有 6000 年左右的历史。[①] 李孝定先生将西安半坡等陶符认为是“中国早期较原始的文字”，并说“已知的中国文字，应推半坡陶文为最早，其年代可上溯至 4000B.C.，最晚亦应当为 3500B.C.。[②] 王辉先生虽然没有明确表示半坡陶纹是文字，但也倾向于汉字有 6000 余年的历史。[③] 此外，于省吾先生、王志俊先生还对那些刻符作了释读。

4. 七千—八千年

河南舞阳县贾湖新石器遗址出土的刻符，有人认为“很可能具有原始文字的性质”，其中有一刻符与安阳殷墟甲骨卜辞中的“目”字极为相似，据碳十四方法测定，这些龟甲距今已有七八千年之久了。[④]

5. 八千多年说

刘正成从思考“书法源头”的视觉出发，认为舞阳贾湖龟甲的出土，已动摇了古埃及文字和两河流域楔形文字属于世界最早文字的地位。如果从贾湖文化算起，中国书法就有八千多年的历史。[⑤] 刘先生既称其为书法，无疑已将之认为文字了。

蔡运章先生将考古学、古文字学和易学等领域相结合，从卦象文字的角度论证器物上的单字、刻画符号和图形文字的性质和用途，把中国

---

① 郭沫若《古代文字之辩证的发展》，《考古》1972 年 3 期。

② 李孝定《从几种史前和有史早期陶文的观察蠡测中国文字的起源》，《汉字的起源与演变论丛》，69—71 页。按：由于当时还没有经碳 14 测定数据，其年代是通过跟其他已知遗址年代比照得出。1979 年，李先生在《再论史前陶文和汉字起源问题》一文中引入夏鼐（《碳十四测定年代和中国史前考古学》，《考古》，1977 年 4 期）的碳 14 测定成果，西安半坡遗址年代为 4770±135—4290±200B. C.，距今六千年。

③ 王辉《汉字的起源及其演变》5—7 页，陕西人民出版社 1999 年版。

④ 河南省文物研究所《河南舞阳贾湖新石器时代遗址第二至六次发掘简报》，《文物》1989 年第 1 期。

⑤ 中国文字起源学术研讨会秘书组《中国文字起源学术研讨会综述》，《中国史研究动态》，2001 年第 9 期 19 页。

文字产生的年代提前到距今 8000 多年前的裴李岗文化时代。①

陆忠发先生一文，结合历史传说、考古资料和古文字资料，特别是根据“来”字的结构和本义，考论汉字最早在新石器时代已经出现，从而论定汉字的起源距今至少有 8000 年的历史。②

刘正成、蔡运章先生的原文我们没看到，暂不作评论。至于陆先生的推论，现在看来我们觉得也有些牵强。且不论他仅凭一个字推测整个汉字系统产生的年代是否可靠，纵使可信，在论证上也存在些问题。简单概述一下陆先生论证的大致逻辑：陆先生由“来”的本义为燕麦，首先得出“来”字造字当在人工栽培麦子之前，然后根据我国考古界在 8000 年前的新石器时代发现人工栽培的麦子，于是得出“来”字的造字年代约有 8000 年的历史，从而得出汉字造字有 8000 年历史的结论。其逻辑上的不严密，主要体系在如下两方面：（1）事物的存在并不必然导致要为此事物造字。8000 多年前存在燕麦，似乎并不能说明人们非要为此事物造字。事实上，事物的出现年代充其量只能说明此字造字的上限，而无法说明其确切的造字年代。（2）事物出现的顺序和文字出现的顺序并非简单等同。文字是记录语言的符号，其产生主要取决于两个因素：一是社会的发展；二是人们交际的需要。燕麦确实要比人工栽培的麦子早出现，但这不足以说明表示燕麦的汉字要早于表示人工栽培的麦子。

6. 九千多年说

此说以赵诚先生为代表。他认为在公元前 7000 年左右的新石器时代就已经有了汉字，因为他认为当时已有数字出现。③ 其主要根据的是 1979 年江苏海安县青墩遗址发掘出土的骨角柶和鹿角枝上的八卦刻纹，而这些古八卦是由数字组合成的。并据此作了如下假设：“为了

---

① 见中国文字起源学术研讨会秘书组《中国文字起源学术研讨会综述》，《中国史研究动态》，2001 年第 9 期。

② 陆忠发《汉字起源的历史年代》，《寻根》1999 年第 6 期，另外可参见《汉字起源历史年代考》，见陆忠发《汉字文化学》附录一，吉林人民出版社 2001 年版。

③ 赵诚《甲骨文字学纲要》30—31 页，中华书局 2005 年版。

记录、传达汉语，人们首先创造了数字和急迫需要用的一些汉字。由于汉字尚未成系统，不能满足汉语的需要，于是人们又利用现有的数字组合成八卦以表示某些内容，弥补汉字之不足。也就是说，当时的人们不仅利用汉字，也利用八卦作为符号来记录、传达信息”。①

此结论是根据“八卦”中的“数字”得出的，但9000年前是否就能出现数字和八卦，现在看来证据好象还不足。不仅如此，这好象也有悖于赵先生否认仰韶文化陶符为文字时所持的观点。距今6000多年的仰韶陶符，赵先生认为由于“目前还没有研究出这些符号内部有着某种系统性，也无法证明这些符号是当时汉语的书写形体，是通过语音和意义相联系，所以，只能暂时作为一般符号对待”。那些“八卦”与仰韶陶符，除了出现数量上的区别外，在外形上似乎并没多大区别，然而前者却被认为数字，后者却是一般符号，好象不太说得过去。

汉字起源年代说法之所以说法众多，年代差异颇大，大致有两个原因：其一是对汉字起源阶段的认识不同，其二是材料的选取不同，其关键是对陶符的不同定性。② 从起源的阶段来看，有的学者关注汉字的萌芽阶段，有的关注汉字形成体系的年代，有的则注重汉字体系的最终形成，故而得出的年代也不相同。从选取的材料看，有的是以考古出土材料为立论的主要根据，有的则从文字系统自身发生、发展的规律着眼进行精深的剖析，还有的则综合运用文字、天文、历法等方面的知识多角度阐释。无疑，论据越是多角度，越具说服力。单纯以考古出土材料作为文字起源年代的说法，碰到的一个致命弱点就是没有足够的材料、充分的理由说明那些符号就是用来记录语言的符号，也即它们是否是文字还没有定论，而这有待于地下材料的不断挖掘和研究的进一步深入。因此，正如某些学者所指出的那样：“在我们发现了成篇或成段的符号资料并能够将其与某种后代民族的语言令人信服地联系起来之前，解读陶器刻符的假说就将永远只是个假说。”③ 综合各种因素，我们比较

① 赵诚《甲骨文字学纲要》22—23页。

② 有关陶符的不同定性，详见第一节。

③ 聂鸿音《中国文字概略》47页，语文出版社1998年版。

赞同裘先生从汉字形成体系的时间来确定汉字起源的年代，唐兰从其他角度的论证也应征了裘先生的观点，所以我们的观点是汉字起源距今4500年左右。

二、余 论

我们对汉字起源的年代的探求目的在于如实展现我国汉字的起源及其发展，而不是为了夸耀我们文明的历史。悠久的历史，灿烂的文化，确实可以让每个炎黄子孙引以为豪，兴奋不已，但作为科学研究者更重要的还是要如实或最接近事实地反映现象和问题，而不能因为民族感情而随意夸大或缩小。因此，在汉字起源年代问题上，我们切忌为将汉字年代推前，而在材料尚不充分的情况下过分大胆猜测。我们也殷切地希望地下材料的尽快出土来验证我们的某些大胆猜测。当然，由于考古发现的局限性，我们期待的材料未必都能出现，但与其没有充分证据的夸大，我们宁可保守些。

参考书目：

1. 董琨《中国汉字源流》，商务印书馆，1998年版。

2. 董作宾《从么些文字看甲骨文》，《中国现代学术经典 · 董作宾卷》，河北教育出版社，1996年版。

3. 高明《论陶符兼谈汉字的起源》，《北京大学学报》1984年第6期。

4. 郭沫若《古代文字之辩证的发展》，《考古》1972年第3期。

5. 海萌辉《从新石器时代的刻划符号谈“指事”在“六书”中的次第》，《郑州大学学报》1983年第2期。

6. 河南省文物研究所《河南舞阳贾湖新石器时代遗址第二至六次发掘简报》，《文物》1989年第1期。

7. 黄亚平《汉字的性质及其有关汉字形成的假说》，《汉字文化》2000年第1期

8. 姜亮夫《古文字学》，云南人民出版社，1999年版。

9. 李学勤《古文字学初阶》，中华书局，1985年版。

10. 刘德增《关于中国原始符号与中国文字起源的论争》,《齐鲁艺苑》2001 年第 1 期。

11. 聂鸿音《中国文字概略》,语文出版社，1998 年版。

12. 裘锡圭《汉字形成问题的初步探索》,《中国语文》1978 年第 3 期。

13. 裘锡圭《文字学概要》,商务印书馆，1988 年版。

14. 裘锡圭《究竟是不是文字——谈谈我国新石器时代使用的符号》,《文物天地》1993 年第 2 期。

15. 唐兰《关于江西吴城文化遗址与文字的初步探索》,《文物》1975 年第 7 期。

16. 唐兰《中国文字学》,上海古籍出版社，2001 年版。

17. 汪宁生《从原始记事到文字发明》,《考古学报》1981 年第 1 期。

18. 王辉《汉字的起源及其演变》,陕西人民出版社，1999 年版。

19 殷汏鲁、许树安主编《中国古代文化史》第一册,北京大学出版社,1989 年版。

20. 喻遂生《文字起源二元说质疑》,《达县师专学报》1994 年第 1 期。

21. 于省吾《关于古文字研究的若干问题》,《文物》，1973 年第 2 期。

22. 詹鄞鑫《汉字说略》,辽宁教育出版社，1991 年版。

23. 赵诚《甲骨文字学纲要》,中华书局，2005 年版。

24. 中国文字起源学术研讨会秘书组《中国文字起源学术研讨会综述》,《中国史研究动态》，2001 年第 9 期。

25. 周有光《世界文字发展史》,上海教育出版社，1997 年版。

语言认知与古文字表达概念之方法探究举例

夏利亚

研究古文字表达概念的方法就是对语言符号所蕴涵的意义的认知活动，所以，认知语言学的研究成果有可能对我们研究古文字表意方法有帮助。

一、关于转喻

转喻，又叫“借代”，通常认为是一种修辞手法。认知语言学认为：“转喻不是什么特殊的修辞手段，而是一般的语言现象；转喻也不仅仅是语言现象，而是人们一般的思维和行为方式。我们的思和行所依赖的概念系统从根本上说具有转喻的性质。”① Radden&Kovecses 给转喻下了一个广为学界认可的定义：“转喻是发生在同一认知模型中的认知操作过程，其中一个概念实体为另一个概念实体提供心理通道（mental access）。”② 通俗地说：转喻是一个认知过程，是在同一个认知

---

① 沈家煊《转指和转喻》，《当代语言学》1999 年 1 期。

② 转引自李勇忠《转喻的概念本质及其语用学意义》，《外语与外语教学》2005 年 8 期。

框架内，以一个概念为参照点建立与另一个概念（目标概念）的心理联系。目标概念就是本体，做参照点的概念就是喻体。[①] 具体说来，是用事物的性质、特征、作者、工具、所在、所属、方式等代替该事物，而不直接说出该事物的名称。转喻的理据不是相似性，而是事物间的相关性。[②] Lakoff 和 Langacker 都阐释了转喻的本质，即用突显、重要、易感知、易记忆、易辨认的部分代替整体或整体的其他部分，或用具有完形感知的整体代替部分。转喻之所以被理解是因为突显的转体能激活转喻目标，或提供了该目标的心理通道。[③]

转喻在运作机制上利用的是事物之间的邻近关系，是以 A 代 B，在于指称，即通过某一事物的显著部分或特征，或有特殊关系的邻近事物来理解整个事物。

认知语言学认为，语言作为人类认知的产物和工具，其结构和运作反映了人类一般的认知能力。我们知道，文字是记录语言的书面形式，是人类的思维和行为方式的反映。表意体系的汉字是通过形体反映字义（从认知语言学的术语来说，是以字形体现认知范畴）。某个字义的表达之所以用这种形式而不用另一种形式，是人类认识世界的结果。所以说，文字是人类认知世界的结晶。又因为它有直接的书面形式可以供我们探索和研究，比语言更易把握。所以说，文字，尤其是我们表意体系的汉字，比语言更有资格从认知方面去研究。而且从认知角度分析表意汉字，探索它的内部结构，可以使我们从根本上把握汉字的造字规律，不仅能够明白是什么，还能明白为什么。为古文字的释读提供更直接的我认为也是更正确的思路。

正是基于这样一个认识，我们把认知语言学中所说的转喻引入到对古文字的研究中。那么，转喻在此指的就是：转喻是一个认知过程，在同一个认知框架内，因为某种事物的形象难以直接描摹出来，就用跟

---

① 参见王笑菊《转喻的认知语用分析》[D]. 硕士学位论文，黑龙江大学，2005 年，第 12—13 页。

② 参见刘永红《转喻》，《中学俄语》2006 年 3 期。

③ 参见李昱、崔桂珍《转喻的认知语用研究》，《巢湖学院学报》2006 年 5 期。

该事物有关的性质、特征、作者、工具、所在、所属、方式等代替该事物，从而达到表达该事物概念的目的。

转喻研究必然涉及到分类问题。在认知语言学框架内，目前较为系统和完备的分类是 Radden 和 Kovecses① 提出的。他们根据同一认知域或理想化认知模型中转体与目标的关系，将转喻分为两大类：整体与部分及整体的部分之间互换而产生的转喻。现简述如下，我们的研究也围绕这两大部分展开：

整体与部分之间的转喻有六种：1. 事物与部分之间（thing-and-part）的转喻；2. 标量（scale）转喻；3. 构成（constitution）转喻；4. 事件（event）转喻；5. 范畴与成员之间（category-and-member）的转喻；6. 范畴与其特征之间（category-and-property）的转喻；

整体的部分与部分之间的转喻有七种：1. 工具转喻；2. 因果转喻；3. 生产转喻；4. 控制转喻；5. 领属转喻；6. 容纳转喻；7. 地点转喻。②

转喻的运作有一定规律：A 和 B 转喻关系的成立，不但需要在同一个认知框架（认知框架的建立是转喻形成的条件）内③，而且离不开显著度。④ 也就是说 A 还必须比 B 显著，A 能附带激活 B。所以，认知框架和显著度是转喻成立的重要标准。⑤ 沈家煊以认知框架和显著度为核心给出了转喻的认知模型：

（1）在某个语境中，为了某种目的，需要指称一个“目标”概念 B；

（2）概念 A 指代 B，A 和 B 须同在一个“认知框架”内；

（3）在同一“认知框架”内，A 和 B 密切相关，由于 A 的激活，B（一

---

① Redden, G&Kovecses, Z. Towards a theory of metonymy (A). In Panther&Redden. Metonymy in Language and Thought [C]. Amsterdam/Philadelphia: lohn Benjamins Publishing Company, 1999（原文注）

② 王笑菊《转喻的认知语用分析》[D]. 硕士学位论文，黑龙江大学，2005。

③ 认知框架是人根据经验建立的概念与概念之间的相对固定的关联模式，对人来说，各种认知框架是“自然的”经验类型。说其自然，也就是说，它是人类自然属性的产物。见沈家煊《转指和转喻》，《当代语言学》1999 年 1 期。

④ 显著度是知觉心理学的一个概念，显著的事物是容易吸引人注意的事物，是容易识别、处理和记忆的事物。

⑤ 参见沈家煊《转指和转喻》，《当代语言学》1999 年 1 期。

般只有 B）会被附带激活；

（4）A 附带激活 B，A 在认知上的显著度必定高于 B；

（5）转喻的认知模型是 A 和 B 在某一“认知框架”内相关联的模型，这种关联可叫做从 A 到 B 的函数关系。

沈先生列出了一些主要的认知框架，并举例说明：

容器——内容（胃和胃中食，壶和壶中水） 壶开了。

整体——组成部分（人体和四肢，一年和四季） 一日不见，如三秋兮。

领有者——领有物（学生和书包，小孩和玩具） 小王的（书包）

劳作者——工具（作家和笔，铁匠和锤子） 他是个笔杆子。

物体——性状（桌子和大小，女孩和胖瘦） 苗条的（姑娘）

机构——所在地（美国政府和白宫） 白宫没有表态。

当事——行为 / 经历（宝宝哭，他失败了） 老哭的（孩子）

施事——动作——受事 / 结果（老张开车，小宝写字） 开车的（人），小宝写的（字）

施事——动作——与事 / 目标——受事（玲玲送老师一束花，玲玲送老师的（花） （老张把书放在箱子里） 老张放书的（箱子）

指出事物显著度差异的一些基本规律。例如：一般情况下，整体比部分显著（因为大比小显著）。容器比内容显著（因为可见的比不可见的显著）。有生命的比无生命的显著（因为能动的比不能动的显著），远的比近的显著，具体的比抽象的显著等。并列出了以下几种转喻的显著度效应：1. 整体和部分的相对显著度。即一般情况下整体比部分显著，在概念上，动作和事物的区别是一种比较抽象的整体和部分的区别。形状和事物的区别也是整体和部分的区别。2. 容器和内容的相对显著度。即一般情况下，总是容器比内容显著。3. 恒久性状和临时性状的相对显著度。即恒久性状比临时性状显著。如果要用一类事物的性状来转喻这一类事物，这种性状必须是恒久的性状而不是临时性状。另外又提到了名词和语境的显著度等。因为本文的研究目的所限，所以此处不作介绍。

我们将有选择地利用上述转喻的类别、认知框架和显著度效应来对古文字中利用转喻造字表达概念的方法进行探索。

因为我们把转喻这种认知方式引入到古文字造字表达概念方法的探索中，为了与认知语言学所说的语言中的转喻相区别，我们另命名它为“转代”。是“转喻”和“借代”的合称。我们称汉字利用这种认知方式造字表达概念的方法为“转代表示法”。

“转喻的使用，一般以容易辨认的、可直接获取的形式或概念作为喻体，去理解较难辨识的、不能直接获取的概念或现实”。① 运用在古汉字造字表达概念的方法中指的就是不易以形体直接表现的概念往往以转喻的形式曲折地表现出来。而这类字会意字居多。因此，本文就以会意字为例作一尝试。所知有限，浅陋之处更是难免，敬请有识之士指正。

二、转代在古文字表达概念之方法研究中的运用举例

1. 整体和部分之间的转代

事物大都是由不同的部分组成的，所以事物的整体和组成部分在人脑中形成一个认知框架。这个整体和部分之间的关系，可以是具体的也可以是抽象的。可以用物体的某个组成部分来转代整个物体，也可以用具体的物转代抽象的物的性状或者是因这种物而产生的心理状态，物体本身的功用等。转代物和被转代物之间有密切的联系，一方的激活可以附带激活另一方。

（1）物体转代性状

性状是难以直接用形象表现的。但是，事物往往会具有某种性状，而且事物与所具有的性状同在“整体和部分”的认知框架内，两者密切相关，具有该性状事物的激活常常会附带激活该事物所具有的性状。所以，人们往往用具有该性状的事物（此物体可以是人也可以是物）来

---

① 叶狂、樊朝辉《转喻认知的类型研究》，《浙江万里学院学报》2006 年 4 期。

转代表示性状本身。如：

老，甲骨文作，金文作，《说文·老部》："考也。七十曰老。从人毛匕。言须发变白也。"本义为"年岁大"。与"幼"或"少"相对。从甲骨文字形看，"老" 从从。象一个年岁大的老人弯腰驼背的样子，是拐杖之形。整个字形象老者扶杖徐行之状。①人年纪大时的形象和"老"的词义同在"整体和部分"这样的认知框架内，两者密切相关，一个人弯腰拄杖徐行难免使人想到"老"这个词。所以，老人形象的激活会附带激活"老"这个词义。老人的形象在认知上比"老"这个形容词显著：形象是具体可见的，"老"的特征却是抽象的看不见的。"老"的特征需要借助于老时表现出来的形象来实现，可见的比不可见的显著度高。所以，这里就通过人年纪大时表现出来的形态特征来转代表示"老"这个抽象的词义。

长，甲骨文作，《说文·长部》："久远也。从兀从匕。长久之义也。"事实上，恰如余永梁所言："'长'实象人发长貌。引申为长久之义。……许君所解皆望文生训，非朔谊也。"②余先生所说至确。"人生自少至老唯发无时不长。"③另外，古人认为身体、毛发受之父母，不可弃也。所以除了僧尼，一般情况下，一生不剃发。故年岁愈大，头发愈长。正如叶玉森所言："余氏谓上象发长形，至确。发长之人则年长，古先哲制'长'字与'老'字构造法同。"④显然，在古人的观念里，年纪大必然头发长。可知"长"的本义为"两点之间距离大"。"长久"为引申义。从甲骨文字形看，长从从，象人长发之形，象老人曲背扶杖之形。人老发长的形象和这个形象具有的特征同在"整体和部分"的认知框架内，两者密切相关，人老发长形象的激活会附带激活这个形象所具有的特征"长"。人老发长的形象是可见的、具体的，而"长"是抽象的、看不到的。可见的比不可见的显著度高。所以就用老年人和长发的具体形

① 参见于省吾《甲骨文字诂林》70—71页，中华书局1999年版，第0034字条。

② 参见于省吾《甲骨文字诂林》75页，第0037字条。

③ 朱熹《周易·象辞》卷五，中华书局2006年版。

④ 参见于省吾《甲骨文字诂林》70—71页，第0034字条，中华书局1996年版。

象来转代表示抽象的老人头发之特征：长。

高，甲骨文作高、高，金文作高，《说文·高部》：“崇也。象台观高之形。从冂口。与仓、舍同意。”段注：“山部曰：崇，嵬高也。”从甲骨文字形看，许说字义正确，但说“从冂口”则不对。高从冂从合。冂是高台的象形，合象高大殿阁。整个字象台上建有高大殿阁之形。本义为“离地面远、从下向上距离大”。此抽象的含义难以用字形表示出来。但建在高台上的高大殿阁正具有“高”的形象特征。“高大殿阁”的形象和它所具有的“高”的特征同在“整体和部分”的认知框架内，两者密切相关，“高台上的高大殿阁”形象的激活会附带激活这个形象所具有的特征。形象在认知上比特征显著度高。所以就用具体的高大殿阁之形来转代表示其抽象的特征——离地面远、从下向上距离大。

大，甲骨文作大，金文作大，《说文·大部》：“天大，地大，人亦大。故大象人形。”本义为“大小之大”。大是一个两腿分立、双臂张开、威武的成年人形象，这种带有动势的形象显然与侧身而立的“人”表现手法不同。“人”字侧重于以有头、躯干、四肢的人的具体形象表示含义，而“大”字则是在正面而立的人的基础上，突出其张开的双臂和分立的两腿。人的双腿双臂扩大开来，比原来的形象自然“大”出许多。“大”的表意重点显然在于体现这些变化的部分。即以具体的具有“大”的特征的形象来转喻“大”这个抽象的特征。“大”的形象和“大”的含义同在“整体和部分”的认知框架内，两者密切相关，具有“大”特征的形象的激活会附带激活此形象所具有的性状——大。形象在认知上比性状显著度高。所以，就用具体的“大”的形象来转代表示其抽象的特征——大。

（2）部分转代整体

抓住某个人或物的部分特征，以此特征来转代表示整个人或物。如：

士，甲骨文作士，金文作士，《说文·士部》：“事也。从一十。”本义是“对古代男子的美称”。“士”的甲骨文字形从一丄。丄是竖直的一竖加一横所致，是男性生殖器的象形。① 显然，“士”是以男子的性器官来

① 参见于省吾《甲骨文字诂林》1549页，第1518字条，中华书局1996年版。

转喻男子本身。从认知角度说，男性生殖器和男子在同一个认知框架内，两者关系密切，前者的激活必然附带激活后者，前者是具体的、男子独有的特征，而“男子”一词则是抽象的概念。具体的比抽象的显著度高。所以，就用具体的男子性器官来转代表示“男子”这个抽象的概念。

民，甲骨文作，金文作，本义为“奴隶”。《说文·民部》：“众萌也。”从甲骨文和金文字形看，许说形义皆误。金文字形“民”字从从。是眼睛的象形，是刺目的锐器。象有刃之物刺左目之形。郭沫若说：“周人初以敌囚为民时，乃盲其左目以为奴征。臣民字均用目形为之，臣目竖而民目横，臣目明而民目盲。此乃对于俘虏之差别待遇。”① 可见，在周时，被刺盲左目的人必然是奴隶。这是利用奴隶必刺盲其左目的特点，以盲目来转喻奴隶。从认知角度说，被刺盲左目和奴隶在同一个认知框架内，两者关系密切，前者的激活必然会附带激活后者。前者比后者显著：“刺盲的左目”是具体的形象，而奴隶的身份是抽象的。具体的比抽象的显著，这是一般规律。所以，就用具体的刺盲的左目来转代表示抽象的奴隶的身份。

臣，甲骨文作，金文作，《说文·臣部》：“臣，牵也。事君也，象屈服之形。”本义为“臣服之人”。即“奴隶”。这里是用奴隶伏在地上、还要侧转头来看着旁边训话人时竖起眼睛的特征，来表示“奴隶”这个词。② 从认知角度说，竖起的眼睛和奴隶在同一个认知框架内，前者的激活会附带激活后者。前者是具体的形象，后者是抽象的概念。具体的比抽象的显著度高。所以就用竖起的眼睛来转代表示“奴隶”这个抽象的词。

（3）物体转代功用

这种造字表达概念方法的原理是：物体和它的功用同在整体和部分的认知框架内，两者关系密切，物体的激活会附带激活该物体的功用：物体是具体可见的，功用是抽象的。具体的显著度高于抽象的。所以往往用具体的物转代表示抽象的功用。如：

---

① 参见于省吾《甲骨文字诂林》560 页，第 0608 字条，中华书局 1996 年版。

② 陆忠发《汉字文化学》44 页，吉林人民出版社 2001 年版。

宋,甲骨文作,金文作,《说文·宀部》:“居也。从宀从木。”从甲骨文字形看,“宋”字从从。象屋顶,是树木的象形。整个字形象上古先民们以木为梁柱架设的地上居室之形。这种房屋在六千年前的仰韶时期已经出现:房屋高出地面,屋顶用木椽架起,上面铺草或草和泥土。四周是用木桩、涂泥构成的墙壁。[①] 的本义为“居住”。“居住”的场所是以木为柱建成的。“居住”的含义辗转通过“居住”的场所表现出来。从认知上说,供人居住是房屋自身的功用。房屋和它的功用同在事物和功用的认知框架内,两者关系密切,房屋的激活会附带激活其功能——居住。房屋是具体可见的,而功用是抽象、不可见的,所以就用具体可见的房屋之形来转喻其抽象的功用——居住。“随着华夏民族居室建筑的发展,‘宋’字的本义已经湮灭。在现代汉语中,‘宋’,常用来表示国名、朝代名、姓名,也用来指汉字字体,即宋体或仿宋体。”[②]

奠,甲骨文作,金文作,《说文·丌部》:“置祭也。从酋。酋,酒也。下其丌也。”段注:“置祭者,置酒食而祭也,故从酋丌。丌者,所置物之质也。如置于席则席为丌。”从甲骨文字形看,奠字从在上。是盛酒器即酒尊之形,这里是以盛酒的容器转喻容器的内容物——酒。是放置酒尊的架子。表示置酒尊在架上。本义为“祭神”。在特定场合下,置酒尊于架上必然意味着要祭奠神灵。显然,这是以器具来转喻表示特定场合下器具的功用。器具和器具的功用同在整体和部分这样一个认知框架内,两者的关系密切,前者的激活会附带激活后者,前者的显著度高于后者。所以就拿祭神时必备的器具来转代表示祭神这件事。

帝,甲骨文作,金文作,《说文·上部》:“谛也。王天下之号也。从上朿声。”从甲骨文字形看,“帝”字从从从。是殷商时期柴祭的一种方式,表示放置柴草的架子,是柴草的象形,是指示符号,表示祭祀的对象是居于天空的自然神。整个字形表示以架插薪以祭天。

① 参见陆忠发《汉字文化学》第10页;唐汉《汉字密码》717页,学林出版社2002年版。

② 唐汉《汉字密码》717页,学林出版社2002年版。

本义为"祭天"。[1]显然，"帝"字表达概念的方法是以祭天时的具体物来表示这些物的功用。在殷商时期，插薪于架上必然意味着要祭天。插薪于架上和祭天之间的关系密切，前者的激活会附带激活后者，前者的显著度高于后者。因此就拿祭天时必有的设置物来转代表示祭天本身。

封，甲骨文作，金文作，《说文·土部》："封，爵诸侯之土也。从之从土从寸。"从甲骨文字形看，许说形义皆误。"封"字从●从。●表示土，是树的象形。表示植树于土上。本义为"疆界、田界"。郭沫若说："古之畿封实以树为之也。此习于今犹存。然其事之起，乃远在太古。太古之民多利用自然林木以为族与族间之畛域，西方学者所称为境界林者是也。"李孝定认可郭的说法，认为："封之本义当以郭说为是，许训乃后起之义。字象植树土上，以明经界。爵诸侯必有封疆，乃其引申义。"[2]可见，"封"的含义是通过"植树于土上"的具体物形来表示的。从认知角度说，"植树于土上"的形象和"疆界"在同一个认知框架内。殷商时期，在特定的情形下，植树于土必然是"明经界"。所以，两者关系密切，前者的激活必然会附带激活后者。前者的显著度高于后者。所以，就用"植树于土上"这个具体的物形来转代表示"疆界"这个抽象的词义。

2. 整体的部分与部分之间的转代

整体的部分与部分之间的转代发生在参与事件的实体（entity）之间。实体包括事件的参与者、工具、目的、原因、结果和事件发生的地点等。例如：

（1）工具转代法——以工具转代劳作者或相关的事件

在这种转代法里，工具和工具使用者或其代表的事件在同一个认知框架内。在古代，工具使用者的身份很大程度上可以通过他所使用的工具反映出来（古代不会有现在的工作服），而工具使用者或所代表的事件又难以用形象直接表现，工具的显著度又高于使用者或其所代

① 参见于省吾《甲骨文字诂林》1082页，第1132字条，中华书局1996年版。

② 参见于省吾《甲骨文字诂林》1327—1332页，第1384字条。

表的事件。所以,往往用工具转代工具使用者或相关的事件。例如:

男,甲骨文作，金文作，《说文·男部》:“丈夫也。从田从力。言男用力于田也。”本义为“男人”。甲骨文字形从⊕从。⊕是田地的象形，象原始农具——耒,用于耕作田地。在此起到的是提示场所的提示符号的作用。表示持耒在田间从事农耕。是“男人”耕作时所用的耕作工具。劳作者和工具在同一个认知框架内，工具的显著度高于劳作者。所以，这里以男子从事劳动时所用的工具来转代表示使用工具者——男人。

匠,金文作,其中“匚”是可以装木工用具的方口箱子。“斤”是木工用的斧头。所以在上古只有木工才叫“匠“。匠的本义为“木工”。《说文·匚部》:“木工也。从匚从斤。斤，所以作器也。”木工是一种专门的技术，所以到了后来，具有专门技术的人都可以称为“匠“。如《韩非子·定法》:“夫匠者，手巧也，而医者齐（剂）药。”意思为:那些匠人都是手巧的人,而医生能够配药才行。① 我们知道,木工是一种职业,以形来表示职业显然是困难的。但从认知上讲，工具和劳作者在同一个认知框架内,工具的显著度高于劳作者,所以可以用木工独特的工具来转喻表示劳作者。这里的匚是提示符号,提示斤盛放的地方。说明此斤不是常人所用的斧头,而是匠装在匚里随身携带的专用工具。这样,不但与“斤”字区分开来，而且也达到了以“匠”从事劳动时必备的工具来转代表示“匠”这个概念的目的。

父,甲骨文作，金文作，《说文·又部》:“矩也。家长率教者。从又举杖。”从甲骨文字形看，此说不确。甲骨文的“父”字从从。是斧石之类的工具之形，是手的象形。整个字形表示手拿石斧从事野外劳动的男子。这里,从事野外劳动者和其常拿的工具同在“劳作者和工具”的认知框架内,两者密切相关,“劳作者常拿的工具”的激活会附带激活“从事野外劳作者”。因为职业不同使用的典型工具一般都会不同，人们辨别不同的职业注意力多集中在其使用的工具上。所以

① 参见左安民《细说汉字》85页,九州出版社2006年版。

在认知上工具的显著度比劳作者高，在汉字造字表词的方法上就表现为：以从事野外劳动的男子手里通常拿的工具来转代表示从事野外劳动的人。

婦，甲骨文作，金文作，简化字为“妇”。本义为“已婚女子”。《说文·女部》：“服也。从女持帚洒扫也。”从甲骨文字形看，“妇”字从从。是古人用来洒扫清理地面的工具——“帚”，即现在说的笤帚。象帚身，象帚柄，金文加或为加固帚面之物。象跪跽着的女人之形。[①] 两形会意，表示手拿笤帚扫地的人，即今天所说的妇女。显然，这是以“妇”日常劳作所用的工具来表示“妇”这个词义。此字强调了古代女性以清扫家室为职的特点。

（2）因果转代法

原因和结果可以看作两个相关的抽象事物，因此也可以互相转代。理由是抽象的原因或结果难以直接以形象来描摹，但总有跟它们有关的具体的、可以用较直观的形象来表现的结果或原因。可见的、具体的当然比不可见的、抽象的显著度高，所以往往就用具体的、可见的来转代抽象的、不可见的。在这种关系中，人们常用原因转代结果。当然结果也可转代产生结果的人或物。例如：

①以原因转代结果

这种表示法是以原因来转代结果。之所以用原因来转代结果，是因为结果比较抽象，难以用形象来表现；或者用形象表现出来容易引起歧解，只好描画出由具体的物组成的表原因的画面，以使人们能很容易地通过联想或想象的中介作用，由这个原因推导出必然的结果——想要表示的词义。从认知角度说，是因为原因和结果同在“整体的部分与部分”的认知框架内，两者关系密切，前者的激活会附带激活后者，前者比后者显著度高：原因是具体的，结果相对来说是抽象的。具体的比抽象的显著。所以，就拿具体的原因来转代表示抽象的结果。

畏，甲骨文作，金文作，本义为“害怕”。《说文·由部》：“恶也。

---

① 参见李圃《甲骨文文字学》，学林出版社1995年版。

从由，虎省。鬼头而虎爪，可畏也。”从甲骨文字形看，许说字形为误。“畏”字甲骨文字形从 从 。 是先人心目中鬼的形象， 即杖形。①鬼执杖必然使人畏惧，是产生畏惧的原因。从认知角度说，鬼执杖和畏惧在同一个认知框架内，两者关系密切，前者的激活会附带激活后者，前者比后者显著。所以，就用具体的鬼形和杖形来转代抽象的感觉。也就是用引起畏惧的原因来转代表示畏惧这个结果。

戋，甲骨文作 ，为“残”的初文。象两戈相向。本义为“残害”。②《说文·戈部》：“贼也。从二戈。《周书》曰：‘戋戋巧言。’徐锴注曰：‘兵多则残也，故从二戈。’”从甲骨文字形看，戋字从 从 ，是一正一反两个戈的形状。两戈相向，必然造成极大的伤害。即“残害”。从认知角度说，两戈相向是造成残害的直接原因。所以，两戈相向和残害在同一个认知框架内，两者关系密切，前者的激活必然会激活后者，前者比后者显著：前者是具体的，后者是抽象的，具体的比抽象的显著。所以，就用两戈相向的具体形状来转喻由此引起的抽象的结果——残害。也就是用“残害”的原因来转代表示“残害”这个结果。

七，甲骨文作 ，金文作 ，《说文·七部》：“阳之正也。从一，微阴从中衺出也”。从甲骨文和金文的字形看，许说形义均误。丁山和陈炜湛认为“七”是“切”的初文。丁山说：“七古通作“十”者，利物为二自中切断之象也。考其初形，七即切字……十本象中间切断形。”陈炜湛认为：“十代表从中切断之意。”③ 我们认可这种观点。七是具有抽象意义的象征符号， 代表不确定的物， 代表刀等切割用具的正面直视之形。刀施加于物，结果必然是物被切断。 表示切断之意。显然，这是以具体的原因来转代表示抽象的结果。

㝱，甲骨文作 ，“梦”的初文。本义为“做梦”。《说文·㝱部》：“㝱，寐而有觉也。从宀从疒，梦声。《周礼》：‘以日月星辰占六㝱之吉凶：一曰正㝱，二曰□㝱，三曰思㝱，四曰悟㝱，五曰喜㝱，六曰惧㝱。’”

---

① 参见于省吾《甲骨文字诂林》361 页，中华书局 1999 年版 0323 字条。

② 裘锡圭《文字学概要》177 页，商务印书馆 2005 年版。

③ 参见于省吾《甲骨文字诂林》3577—3579 页 3680 字条。

从甲骨文字形看，“梦”是从从从的会意字。字形，在人形上突出挥舞的双手和睁大的双眼，意在表现人的惶恐。是床的象形。整个字形象人依床而睡，却手舞足蹈。显然要表之义是“做梦”。我们知道，不睡觉做梦是不可能的，所以说睡觉是做梦的前提，或者说是做梦的原因。从造字表达概念的方法上说，这是以原因来表示结果。从认知角度说，依床而睡和做梦同在“整体的部分与部分”的认知框架内，前者比后者显著：依床而睡是具体可见的，而做梦是抽象的且不能离开具体的做梦人而存在。“做梦”之义又很难用字形表示。所以就用做梦的必备条件——“睡觉”来帮助。又为了让人明了表示的词义是“做梦”，就又把床上睡觉人的形象描摹成做梦时表现出的惶恐模样。这样就不会引起歧解了。

②以结果转代原因

寒，金文作，本义为“冷、寒冷”。《说文·宀部》：“冻也。从人在宀下，以茻荐覆之，下有仌。”段注：“冻当作冷。十一篇曰：冻，仌也。冷，寒也。此可证矣。合一宀，一人，二艹，一仌会意。”寒冷是人对温度的感觉，古人合、、、几个形状来表示“冷”的概念。其中，是房屋的象形，指取暖躺卧用的干草，指的是冰。下面的足形是提示符号，提示脚的感受。我们知道，脚对寒冷的感受最强烈的，脚如果冷全身都不会感到暖和。整个字形用外面是冰天雪地，人曲身缩脚在屋内草垫上取暖，但脚还是抵不住地感到寒冷的景象，来辗转表示“寒冷”之义。从认知角度而言，冰天雪地时躲在室内取暖和寒冷同在“整体的部分与部分”的认知框架内，人们看到前面描述的景象自然会想到这是天气寒冷导致的结果。所以前者的激活会附带激活后者，两者关系密切。寒冷时呈现出来的景象比“寒冷”这个词义显著：图景是具体可见的，而寒冷是抽象的不可见的，具体的比抽象的显著。所以，就用导致寒冷的原因来转代表示“寒冷”这个结果。

朝，甲骨文作、，金文作，本义为“早晨”。《说文·倝部》：“朝，旦也。从倝舟声。”段注：“旦者，朝也。其实‘朝’之义主谓日出地时也。《周礼》：‘春见曰朝。’注曰：朝犹朝也，欲其来之早。”《说文》把此字划为形声字。事实上，从甲骨文字形看，朝是一个从茻从⊙、☽的会意字。其中茻是草的象形，⊙代表太阳，☽是月亮的象形。整个字形表示早晨的太阳刚刚升起，而如钩的残月还挂在天边。旭日东升而月亮仍旧悬挂在天空，这一日月并存的自然现象，古人在朔日的清晨经常看到。所以，从认知角度说，早晨时常见的景象和“朝”的含义同在“整体的部分与部分”的认知框架内，两者密切相关，清晨时特有景象的激活会附带激活产生这种景象的原因——清晨。前者比后者在认知上显著：景象是可见的，而“朝”的含义存在于人的头脑里，需要借助于清晨具体的形象来实现，是看不见的。可见的比不可见的显著度高。所以，古人就用早晨时常见的具体现象来转代表示“朝”这个抽象的词。也就是以结果转代引起结果的原因。甲骨文的另一字形更加俭省，只剩下日月共存的现象。金文的“朝”字，已不再有从“月”之象，金文左边的上下部位都是“草”，中间是个太阳，右边是水。表示太阳从地面上升时，潮水上涨了。这也是早晨常见的现象。不过这种现象比日月共存要恒定的多，晴朗时会天天如此。在认知上恒久的性状显著度高，临时的性状显著度低。这也可能是出现这种写法的认知上的原因。由此也可以看出，“朝”字在没有分化出一个形声字“潮”时，具有两个含义，一是表示时间的“朝”，一是表示涨潮的“潮”。

莫，甲骨文作[glyph]，金文作[glyph]，“暮”的初文。《说文·茻部》：“日且冥也。从日在茻中。”本义为：“日落时、傍晚。”如《国语·晋语五》：“范文子暮退于朝”；韩愈《晚泊江口》诗：“郡城朝解缆，江岸暮依村。”从甲骨文字形看，“莫”字从茻从⊙。茻表示草丛，⊙是太阳的象形。[glyph]表示太阳落入草丛中。太阳落入草丛中是傍晚特有的景象。看到这种景象就知是傍晚来临。从认知角度上说，“日落林莽中”这种傍晚时特有的景象和“莫”的概念在同一个认知框架内，两者密切相关，前者的激活会附带激活后者，前者在认知上比后者显著：因为景象是具体、可见的，而“傍晚”的概念却是抽象的。具体的比抽象的显著度高。所以就用傍晚时日落林莽中的具体景象来转代表示“莫”这个抽象的词义。即用结果来转代表示原因。

(3)容纳转代法——以容器转代内容

在认知中，容器和内容在同一个认知框架内，一般情形下，容器的显著度总是高于内容。所以，这类字往往用容器来转代内容。例如：

西，甲骨文作，金文作，本义为“酒”。《说文·西部》：“就也。八月黍成，可为酎酒。象古文西之形”。林义光说：“古酒字皆作西。西本义即为酒。象酿器形，酒所容也。”① 王宁也认为西是以酒器表示酒。② 我们知道，酒是液体，难以以形表示。但酒必然要盛在容器内，而一般情况下总是容器比内容显著。且容器和酒在一个认知框架内。所以，古人就以盛酒的容器来转代表示所盛的内容——酒。

总之，从认知角度探索古汉字造字表达概念的方法，类似的例子还有很多，在此不做一一列举。因为从认知角度探索古汉字造字表达概念的方法，可以说明一些汉字为什么要这样造不那样造的原因，为古汉字的辨识提供另一种思路，因此希图方家更加深入的研究，一定会为古文字的研究开拓更加广阔的空间。

① 参见于省吾《甲骨文字诂林》2685 页，中华书局 1999 年版 2715 字条。

② 王宁《说文解字与中国古代文化》92 页，辽宁人民出版社 2000 年版。

本书所释古文字

索 引

水部

动物

人部

又部

皿部

宀部

土部

日部

木部

火部

戈部

斤部

心部

其他

后　记

这部著作到今天算是写完了。我从 1983 年起接触中国文字学，在李先华先生的指导下认真研读了《说文解字注》，本科毕业时又在张柏青先生和李先华先生的指导下完成了《论〈说文段注〉的同源词研究》，后来分别以《〈说文段注〉的同源词研究》和《试说〈说文段注〉的同源研究在汉语语源史上的意义》为题发表于《古汉语研究》1994 年 3 期和《古籍整理研究学刊》1998 年 2 期，这是我学习文字学取得的最早成果。在杭州大学攻读硕士、博士期间，师从祝鸿熹先生研究文字学，我的第一篇古文字考释文章是 1987 年写的准备提交给“中国古文字学会成立十周年学术讨论会”的《释“个”》，文章论述了仰韶文化刻符“个”是最早的表达“房子”概念的字。祝鸿熹先生和中国社会科学院的黄盛璋先生都肯定了我的结论，但同时也指出了我文章中存在的问题；黄盛璋先生在两张信纸上面密密麻麻地写满了意见。在我刚刚登堂而尚未入室的时候，既有肯定，又给我指出问题，这正是我要特别向黄先生表示感谢的地方。

2000 年起我开始在杭州师范学院教《文字学》课，因为要教学生，那时我开始思考中国文字学方面的问题，发现了中国文字学研究存在的主要问题是没有从汉字如何表意的角度研究汉字。于是，我决定写《汉字理论》一书来阐述我的文字学主张。但是，这个工作靠一人之力很难完成得非常好。所以我现在打算分两步走，先完成这本书，提出一些想法来影响和带动更多的人从事这些新的领域的探研，待研究深入之后再写《汉字理论》。

这些年来，向光忠先生给了我不少支持。每次有文字学会议，向先生都会通知我；南开中国文字学研究中心编辑的所有资料，向先生都赠我一份；在本书写作过程中，向先生又给我提供了许多资料。我还要特别感谢向先生给我写序。我知道老先生们都很忙，其实后学本不应该再给他们添事。但是，我这本书谈的是关于中国文字学发展的大问题，所以我还是要请著名的前辈学者说说这本书好在哪里、不好在哪里，这既是对我的批评指正，也是防止广大读者受到误导的有效方法。好在向先生对中国文字学研究热情很高，每念及此，心里的不安才减轻了一些。

我也希望能够得到学界更多的批评指正。

还有三位同志在本书写作中出了力：郧可晶同志完整地检验了“歼”在卜辞和金文辞中的使用情况，邵碧瑛、夏利亚同志应约研究了一些问题，夏利亚同志还为我校对了部分书稿。在此一并致谢。

陆忠发

2008年1月